在

苦

路

遇見耶穌

黃柏中 著

在苦路遇見耶穌

著　　者：黃栢中
出 版 兼
發 行 者：角聲出版社有限公司
　　　　　香港九龍中央郵箱 71888 號
　　　　　電話：(852) 2386 1223
　　　　　傳真：(852) 3893 0760
　　　　　電郵：info@seedpress.com.hk
　　　　　網址：www.seedpress.com.hk
承 印 者：角聲出版社印務組
二零二一年五月初版

Met Jesus on Vía Dolorosa

Written by P. C. Wong
Copyright © 2021 by **Voice Books Limited**

　　　　　　　　P. O. Box 71888, Kowloon Central, Hong Kong
　　　　　　　　Tel.: (852) 2386 1223
　　　　　　　　Fax: (852) 3893 0760
　　　　　　　　e-mail: info@seedpress.com.hk
　　　　　　　　website: www.seedpress.com.hk
Published by:　　Publishing Department of Voice Books Ltd.
First Edition:　　May 2021

北 美 總 經 銷：國際種籽出版社有限公司
General sole agent in
North America　：International Seed Press Inc.
　　　　　　　　130-11100 Bridgeport Road,
　　　　　　　　Richmond BC, V6X 1T2, Canada
　　　　　　　　Tel.: (604) 233 6655　　Fax: (604) 233 6656

Cat. No. V157
ISBN 978-962-241-157-9
Printed in Hong Kong

目　錄

序 言

　　二零一四年夏天到以色列參加聚會，遊覽耶路撒冷，走完苦路。回來之後得到感動，天天上下班坐車就用手機寫下遊記，研究史料背景，讀聖經的領受，為時三年有多！回頭而看充滿感恩之情！感謝主！現收輯成集——《在苦路遇見耶穌》，公諸同好。

啊！耶路撒冷

　　「萬軍之耶和華如此說，我為錫安心裡極其火熱，我為他火熱，向他的仇敵發烈怒。耶和華如此說，我現在回到錫安，要住在耶路撒冷中，耶路撒冷必稱為誠實的城，萬軍之耶和華的山必稱為聖山。」
（撒迦利亞書8章2節）

　　從來沒有一位神對於一個城市如此深情，如此火熱。無所不在的永生上帝竟要住在一個細小的山城裡面，這個山城叫耶路撒冷（Jerusalem）——即和平之城的意思，建築在錫安山（Zion）上。

　　詩篇125篇1至2節這一篇上行之詩唱詠道：「倚靠耶和華的人，好像錫安山，永不動搖。眾山怎樣圍繞耶路撒冷，耶和華也照樣圍繞他的百姓，從今時直到永遠。」

耶路撒冷（Jerusalem）是一個眾山圍繞的古城，這座山脈共有七座山，錫安（Zion）是這七座山的統稱，稱為耶和華的山。

七座山之中最高的名為摩利亞山（Moriah），據猶太拉比的傳說，摩利亞山是上帝創世時首先出現的陸地，上帝創造人類始祖亞當所用的是摩利亞山的紅泥，摩利亞山亦是伊甸園的中心，亞當死後亦葬於摩利亞山。聖經記載亞伯拉罕在摩利亞山上獻以撒，而大衛吩咐所羅門建造聖殿的地方就是在摩利亞山。摩利亞山的中心就是聖殿的至聖所位置。摩利亞山就是目前耶路撒冷的聖殿山。

在摩利亞山以外，圍繞耶路撒冷的七座山的其中一座山亦稱為錫安（Zion）。錫安這個名稱就是堡壘的意思，亦有往潔白純潔之路的意思。錫安這個地方在聖經第一次出現是在撒母耳記下5章6-10節，當時大衛剛統一猶大與以色列，大衛和跟隨他的人到了耶路撒冷，攻取耶布斯人在錫安山的堡壘，其後大衛住在堡壘裏，給堡壘起名叫大衛城。耶路撒冷是上帝特別眷顧的一座古城，稱為上帝之城。

圍繞耶路撒冷的第三座山名叫伯賽大（Bethsaida），意即憐憫，是愛的根源，帶有和平與平安之意。

圍繞耶路撒冷的第四座山稱為士高拔山（Mount Scopus），希臘文的意思是守望山，是攻城的基地，亦是傳統醫療機構的地方。目前是希伯來大學的所在。

圍繞耶路撒冷的第五座山就是著名的橄欖山（Mount of Olives），有激烈情感之意，帶來更新及美麗。

圍繞耶路撒冷的第六座山名為奧寶山（Mount Opel），希伯來文意思是守護牆的山，在錫安之東。

圍繞耶路撒冷的第七座山是加略山（Mount Ghareb），即各各他山，意思是犧牲、獻祭及贖罪的意思。

歷史的諷刺是，三千年來，耶路撒冷戰亂不斷，就像經常被犁過一樣，剩下的是光禿的山頭和凋零的城垣。

耶路撒冷城就像一位沉鬱的滄桑老人，坐在地中海的東岸，每天從錫安山上遠眺大浪淘沙，回憶着與上帝的愛情，蕩氣迴腸的前塵往事，多少深情，多少背叛，多少悔疚，多少無奈，都已隨風而逝，所餘下的祇有歷史的遺跡，以及令人細味的故事。

在耶路撒冷的街道上，北風蕭瑟，步行著零落的異鄉人，並黑紗蒙面的婦女。原鄉人早已被迫四散世界各地。

耶路撒冷在二千多年前曾經是當時世界的中心，各國慕名而來，要看看那為獨一真神而建造的華麗的聖殿。當時建造者所羅門王為獻殿禱告：

「耶和華以色列的神啊！天上地下沒有神可比你的，你向那盡心行在你面前的僕人，守約施慈愛……。神果真住在地上麼？看哪，天和天上的天，尚且不足你居住的，何況我所建的這殿呢。惟求耶和華我的神垂顧僕人的禱告祈求，俯聽僕人今日在你面前的祈禱呼籲，願你晝夜看顧這殿，就是你應許立為你名的居所，求你垂聽僕人向此處禱告的話。你僕人和你民以色列向此處祈禱的時候，求你在天上你的居所垂聽，垂聽而赦免。」（列王紀下8章23及28-30節）

耶路撒冷曾經有過一段光輝歲月，地中海各國都來朝貢，非洲的示巴女王（今埃塞俄比亞）更遠道帶著大量黃金而來，要一睹這位號稱世上最有智慧的以色列王的風采。

祇可惜這位最有智慧的以色列王所羅門，卻在晚年作了最愚蠢的一件事，就是隨從外邦妃嬪敬拜外邦偶像，惹動永生上帝的怒氣，以色列自此爭鬥不絕，國力一落千丈。

以色列在所羅門王死後分裂成為北國以色列及南國猶大，而且外族不斷入侵。先是埃及，後是亞述，最終於公元前五八七年為巴比倫所滅，猶太人被分散。

　　然而，正如以賽亞書55章8-11節所言，「耶和華說，我的意念非同你們的意念，我的道路非同你們的道路。天怎樣高過地，照樣我的道路高過你們的道路，我的意念高過你們的意念。雨雪從天而降，並不返回，卻滋潤地土，使地上發芽結實，使撒種的有種，使要吃的有糧。我口所出的話，也必如此，決不徒然返回，卻要成就我所喜悅的，在我發他去成就的事上必然亨通。」昔在、今在、以後永在的神仍要與錫安同在。

　　撒迦利亞書14章4-5節預言：「那日，他的腳必站在耶路撒冷前面朝東的橄欖山上。這山必從中間分裂，自東至西，成為極大的谷。山的一半向北挪移，一半向南挪移。你們要從我山的谷中逃跑，因為山谷必延到亞薩，你們逃跑，必如猶大王烏西雅年間的人逃避大地震一樣。耶和華我的神必降臨、有一切聖者同來。」

　　以色列人賴以支撐下來的，正是這樣的一個兩千多年的盼望。

黃栢中

2020年夏天於香港

第 1 章

苦　路

✝

　　耶穌所走過的苦路極其痛苦，但卻成為祂的真正門徒必走之路。對於朝聖者而言，苦路已成為人生重要的旅程。苦路（Via Dolorosa），是朝聖人士到耶路撒冷必走的路，從一世紀開始，已有人在耶穌走過的路上憑弔默想耶穌所作的一切。

　　然而，在持續戰亂的環境下，危機四伏，朝聖者實在冒著極大的危險。到中世紀，十字軍其中一個任務就是要保護朝聖者的安全。

　　在十四世紀，教宗革利免六世（Pope Clement VI）建立了聖方濟各聖地託管組織（Franciscan Custody of the Holy Land），要求方濟各會修士指引及關顧拉丁朝聖者，以及保護天主教在聖地的神龕。自此，聖方濟各修士開始了長達五百年的管理任務，而苦路巡遊的儀式亦由方濟各修士開始。

　　傳統的苦路路線是由羅馬軍營彼拉多審判耶穌的地點開始，至耶穌在各各他受死埋葬的地點結束，全程十四站都在耶路撒冷舊城之內，約五百米左右。

　　方濟各修會每逢星期五下午三時正都會由朝聖接待中心（Pilgrims' Reception Centre）開始苦路遊行，該中心在耶路撒冷舊城穆斯林區，沿獅子門（即聖史提反門，第一個殉道者司提反被猶太人用石頭打死之處）路直入三百米左右。

　　苦路的**第一站是耶穌在羅馬巡撫彼拉多手下受難的地方**，即羅馬時代大希律於公元前十九年所建造的安東尼亞堡壘（Antonia Fortress）旁邊的軍營（Praetorium），現為耶路撒冷舊城穆斯林區獅子門（Lions' Gate）以西三百米的一所伊斯蘭學校，名為 Madrasa al-Omariya。在學校南邊，就是聖殿山西北面的入口。

　　第二站是紀念耶穌背起十架的地方，現方濟各修會的鞭打紀念修院（Franciscan Monastery of the Flagellation），就在軍營舊址對面。此地前身是一個中世紀十字軍的神龕，後成為奧斯曼帝國時期的民居及馬槽，一八三九年建成教堂，並於一九二九年建成現有建築。教堂裡面的彩色玻璃窗描述三個故事：彼拉多洗手，耶穌受鞭打及釋放巴拉巴。

　　修院左邊是天主教方濟各修會的審判及負十架堂（Church of the Condemnation and Imposition of the Cross）。教堂前身是拜占庭式東正教堂，後改為伊斯蘭寺，現在的天主教建築建於一九零四年。

右邊是紀念耶穌交羅馬兵丁鞭打的鞭傷教堂（the Church of the Flagellation），現堂址建於一九二九年。

向西行，就是建於一八五七年的法國聖母院團體的錫安姊妹修院（Convent of the Sisters of Zion），前身是法國猶太人設立的耶路撒冷女孤兒收容所、圖書館及招待所，內藏鋪華石處的石版遺跡（Lithostratos）。石版刻有三角及四方符號，是二世紀羅馬皇帝哈得良（Hadrian）時代羅馬兵丁賭博的記號。該修院包涵「看這個人教堂」（The Church of Ecce Homo），有一個拱門延伸至苦路上，前身是通往二世紀廣場 Aelia Capitolina 的三度拱門之一的建築，自十六世紀開始稱為「看這個人」的拱門（Ecce Homo Arch）。

第三站是紀念耶穌在背負十架時第一次不支跌倒的地方，就在一間波蘭小教堂的位置。

第四站是紀念耶穌在苦路上遇見母親馬利亞，現時有一間亞美尼亞教會，名為亞美尼亞崩潰的婦人教堂（Armenian Church of Our Lady of the Spasm），紀念耶穌母親馬利亞遇到耶穌背負十架時情緒失控的情景。教堂內裡有一個據說是馬利亞的草鞋鞋印。在此教堂旁邊是一座亞美尼亞教會修院。

亞美尼亞是目前土耳其、伊朗與敘利亞之間的一個小民族國家，在亞拉臘山附近，就是傳說挪亞方舟在洪水後停泊的地方。相傳耶

穌十二門徒中的巴多羅買和達太（即雅各的兄弟猶大）在此傳道，
祈禱醫治當地皇帝，全國歸主，令當地成為最早以基督教為國教的地
方，而當地的教會稱為使徒教會（Apostolic　Church），即直接由使徒
承傳，並不是由羅馬天主教發展出來的。

亞美尼亞區是耶路撒冷舊城內四大區之一，早於四世紀，耶路撒
冷已有亞美尼亞人居住，五世紀已有劃分亞美尼亞區，七世紀時，亞
美尼亞人已有超過七十座亞美尼亞修院。在一九四八年猶太人復國
之前有近三萬五千人口，但在以色列立國後，亞美尼亞人因就業情況
不理想，亦身為外族，不斷人口外移，現在亞美尼亞人口約祇有二千
人。

第五站紀念古利奈人西門被兵丁勉強為耶穌背負十架。

路加福音23章26節記載：「帶耶穌去的時候，有一個古利奈人西
門，從鄉下來。他們就抓住他，把十字架擱在他身上，叫他背著跟隨
耶穌。」

這裡有一間方濟各修會的小教堂，建於一二二九年。在建築物轉
右的牆上有一塊凹陷的光滑石頭，傳說是耶穌在此扶手喘息之處。朝
聖者都爭相撫摸此石禱告。此路轉西，就是開始上山的窄路。

**第六站紀念聖維羅尼卡（Veronica）用手帕給耶穌抹臉上的血
汗**，就在小山頂上。該手巾傳說印有耶穌的真像，名為 Sudarium，

現存羅馬聖彼得大教堂。第六站有由希臘天主教「小姊妹」（Little Sisters）組織打理的聖臉教堂（Church of the Holy Face），是聖哥斯摩十字軍修院（Crusader Monastery of St. Cosmos）的一部份。

第七站紀念耶穌第二次跌倒，位置與 Souq Khan al-Zeit 交界，有一座聖方濟各小教堂。

第八站是紀念耶穌安慰耶路撒冷哀慟女子的地方。

路加福音23章27-31節記載：「有許多百姓，跟隨耶穌，內中有好些婦女，婦女們為他號咷痛哭。耶穌轉身對他們說：耶路撒冷的女子，不要為我哭，當為自己和自己的兒女哭。因為日子要到，人必說，不生育的和未曾懷胎的、未曾乳養嬰孩的，有福了。那時，人要向大山說，倒在我們身上，向小山說，遮蓋我們。這些事既行在有汁水的樹上，那枯乾的樹將來怎麼樣呢？」在三十多年後，羅馬軍隊在耶路撒冷平亂，屠殺耶路撒冷居民，有基督徒想起耶穌所說的話，逃離耶路撒冷，避過屠城一劫。

當地有一座希臘東正教聖加拿林博斯修院（Greek Orthodox Monastery of St. Charalambos）。修院牆上刻有十字架及希臘文縮寫 NIKA，代表耶穌安慰耶路撒冷哀慟的女子。該站位處紀念品市集。

聖加拿林博斯（主後89-202）是二世紀小亞細亞希臘麥尼西亞（Magnesia）主教，在小亞細亞傳道多年，其後被羅馬當局隸捕。他公開承認信仰，拒絕向偶像獻祭。羅馬兵丁用鐵鈎撕裂他的身體，切開他的皮膚，但他對兵丁說：「兄弟，多謝你削去我的舊軀體，更新我的靈魂和永恆生命。」有兩士兵被感動公開承認信仰，隨即被斬首；後有三名婦女見狀開始歸榮耀神，亦為此殉道。其後，羅馬軍長親自用刑，手臂神奇脫落；地方長官掌摑他，自己的頭卻向後扭曲。在聖加拿林博斯為他們祈禱後，他們才得醫治，並相信耶穌。最後，羅馬皇帝親自審訊判刑，聖加拿林博斯在刑場祈禱求神賜福他遺體放置的地方免受饑荒及瘟疫，在行刑前魂斷。他的死感動了皇帝的女兒信主，並為他安葬。聖加拿林博斯在希臘東正教奉為聖人。

第九站紀念耶穌第三次跌倒的地方。

這裡有一座科普特主教教堂（Coptic Patriarchate），就在聖墓教堂旁邊。 這裡有一條羅馬柱，標示耶穌跌倒的地方。

耶路撒冷的科普特主教教堂是一座建築群，包括主教教堂（His Eminence's residence），聖安東尼修院（St. Anthony's Monastery）及五座教堂，包括：

1. 聖安東尼科普特正教教堂（St. Anthony's Coptic Orthodox Church），聖安東尼是第一位埃及修道主義僧侶；

2. 聖畢沙科普特正教教堂（St. Pishoy's Coptic Orthodox Church），畢沙（Pishoy）是埃及四世紀的沙漠禁慾主義教父，傳說他充滿愛心，曾接待一位老人家，並為他洗腳，老人家後現身為榮耀的耶穌在他面前。傳說他死後屍體未見腐朽，現存埃及 Nitrian 沙漠的聖畢沙科普特正教修道院。

3. 聖馬利亞科普特正教教堂（St. Mary's Coptic Orthodox Church）；

4. 聖海倫娜科普特正教教堂（St. Helena's Coptic Orthodox Church）——此教堂是設於地下室，由四世紀羅馬皇帝康斯坦丁的母后海倫娜建立，前身是供水予聖墓教堂的地下儲水池。

5. 聖雅各科普特正教教堂（St. Jacob's Coptic Orthodox Church），設於建築群底部，是中世紀十字軍時代延伸至今的教堂。

科普特教會是在北非一帶承傳自使徒及福音書作者馬可（Mark）的教會，於公元四十二年建立，亦可稱為使徒教會（Apostolic Church）。目前，科普特教會是埃及開羅及亞歷山大港最大的基督教會，承傳東方正統教會傳統。科普特教會是初期教會神學及護教學的大本營，四世紀的尼西亞信經主要出自亞歷山大港主教亞他拿修（Athanasius）。

正如以賽亞書19章21-22節的預言：「耶和華必被埃及人所認識，在那日埃及人必認識耶和華，也要獻祭物和供物敬拜他，並向耶和華許願還願。耶和華必擊打埃及、又擊打、又醫治，埃及人就歸向耶和華，他必應允他們的禱告，醫治他們。」

來到第十站，就是耶穌被釘十字架的地方。

眼前是有一千七百年歷史的聖墓教堂（Church of the Holy Sepulchre），苦路的第十站至第十四站全在這著名的聖墓教堂之內。

大門是由一個雙拱門組成，是十字軍時代的建設，目前其中一個入口已由磚牆封閉，後面則為一個鐘樓。

第十站紀念耶穌被兵丁剝奪袍子衣服。

約翰福音19章23節記載:「兵丁既然將耶穌釘在十字架上,就拿他的衣服分為四份、每兵一份,又拿他的裡衣,這件裡衣原來沒有縫兒,是上下一片織成的。他們就彼此說:我們不要撕開,只要拈鬮,看誰得著。這要應驗經上的話說:『他們分了我的外衣,為我的裡衣拈鬮。』兵丁果然作了這事。」

約翰所指的經文是寫於耶穌受難一千年前的詩篇22篇18節:「他們分我的外衣,為我的裡衣拈鬮」。

這個位置就在聖墓教堂入口外右邊的樓梯上,目前有一個名為法蘭斯小教堂(Chapel of the Franks)以作紀念,此處亦紀念悲傷的女子馬利亞(Our Lady of Sorrows)。小教堂是中世紀法國十字軍的建築,從前容許朝聖者在聖墓教堂未開門或無能力付入場費的時候直接上到各各他祭壇還願或懺悔。

在這小教堂之下,是一間希臘東正教教堂,稱為埃及聖馬利亞教堂(Chapel of St. Mary of Egypt),紀念五世紀一位東正教修道聖人。埃及聖馬利(主後344至421年)是一位埃及的修道士,她出生於埃及,生性淫蕩,十二歲開始四處流浪,與不同男人發生不倫關係。其後她隨從朝聖人士到耶路撒冷,試圖在朝聖男人中尋找慾念的滿足。有一次她來到聖墓教堂門口打算進入,卻被一股強大力量阻止她進去。她立時知道自己滿身罪污,令她無法進入聖潔之地。她懊悔不已,祈求上主寬恕,並立願放棄物質世界。之後,她竟然可以進入聖墓教堂,並在教堂內仰望十架。在離開聖墓教堂時,她受到感召要到約旦河那邊然後得享安息。最後,她帶著三個麵包渡過約旦河進入曠野之地進行苦修,麵包吃盡後便在曠野見甚麼吃甚麼。

後來有修院僧侶Zosimas在約旦荒野遇見她,她瘦得不似人形,衣不蔽體。她要求對方給他一件披肩,她會告訴對方她的故事。其後,她叫僧侶明年帶聖餐給她。僧侶依約而來時,竟見到她在約旦河水面

走過來。用過聖餐後，她叫僧侶明年再來。當僧侶再來時，卻發現她原來在用完聖餐當晚已經離世，而屍首卻未見腐化。有一隻獅子路經此地，並為她掘地埋葬。此故事由該僧侶傳回給修道院，其後由一位傳記作家記錄傳世。現時，無論東正教或天主教都有藝術品紀念埃及的聖馬利亞。

在聖墓教堂的入口旁邊，有幾個不同教堂的入口，包括亞美尼亞使徒教會教堂、希臘東正教堂及衣索匹亞正教教堂。

此外，聖墓教堂旁邊有一間希臘東正教修道院，名為客西馬尼麥托西安（Gethsemane Metoxion）修道院。

第十一站是紀念耶穌被釘十字架。

位置就在聖墓教堂入口內右邊的樓梯上拉丁各各他（Latin Calvary）天主教方濟各修會釘十字架小教堂（Catholic Franciscan Chapel of the Nailing of the Cross），即天主教方濟各修會管理的祭壇。這裡有耶穌釘十字架的聖像及來自意大利佛羅倫斯的十二世紀祭壇，有很多朝聖人士在這裡祈禱默想。

路加福音23章33節記載這個地方名叫髑髏地（Golgotha），意思是骷髏頭的地方（The Place of the Skull），各各他（Calvary）是拉丁化的翻譯。按猶太人的傳說，這個地方是埋葬人類始祖亞當（Adam）的骷髏骨頭的地方。相傳挪亞在洪水滅世前把始祖亞當的骸骨帶上方舟，避過洪水破壞。洪水過後，挪亞兒子閃（Seth）把始祖亞當的頭骨埋葬在此地，因此名叫髑髏地。在各各他的祭壇之下，有一間名為亞當小教堂（The Chapel of Adam）紀念此傳說。

在這裡，耶穌被兵丁釘在十字架上，但耶穌禱告上帝說：「父啊、赦免他們，因為他們所作的，他們不曉得。」（路加福音23:34）

耶穌在這裡與兩個罪犯同釘十字架，其中一個罪犯求耶穌記念他，耶穌回答說：「我實在告訴你，今日你要同我在樂園裡了。」

耶穌這時掛念在十架下的母親馬利亞，並交託門徒約翰照顧她，說道：「母親，看，你的兒子！」又對那門徒說：「看，你的母親！」（約翰福音19:26-27）

第十二站紀念耶穌死在十字架上。

位置在希臘東正教各各他骷髏石之上的聖壇。壇下有石灰石洞，相傳是豎立耶穌十字架的地方，這裡亦有磐石崩裂的痕跡。路加福音23章44-45節記載：「那時約有午正，遍地都黑暗了，直到申初，日頭變黑了。殿裡的幔子從當中裂為兩半。」

馬可福音15章34節記載耶穌大聲喊著說：「以羅伊！以羅伊！拉馬撒巴各大尼？」（翻譯出來就是：我的上帝！我的上帝！為甚麼離棄我？）

路加福音23章46節記載耶穌大聲喊著說：「父啊！我將我的靈魂交在你手裡。」

約翰福音19章28-30節最後記載耶穌說：「我渴了。」他們就拿海絨蘸滿了醋，綁在牛膝草上，送到他口。耶穌嚐了那醋，就說：「成了！」便低下頭，將靈魂交付上帝了。

「十架七言」，成為耶穌死前最後的恩言。

第十三站紀念耶穌的遺體在十字架上接下來。

約翰福音 19 章 28-37 節記載，兵丁見耶穌已經死了，就沒有打斷他的腿，有一個兵丁拿槍扎他的肋旁，隨即有血和水流出來。這站的位置在拉丁各各他，旁邊有一個傷心的馬利亞的聖壇。

在聖墓教堂入口的大堂，有一塊六米乘一米的紫紅色大石在地上，名為恩膏石（Stone of Unction 或 Stone of Anointing），傳說亞利馬太人約瑟及尼哥底母在此以香膏沒藥和沉香膏抹耶穌，把耶穌的身體用細麻布加上香料包裹，準備安葬。

第十四站紀念耶穌的安葬。 約翰福音 19 章 40-42 節記載，在耶穌釘十字架的地方有一個園子，園子裏有一座新墳墓，是從來沒有葬過人的。只因是猶太人的預備日，又因那墳墓近，他們就把耶穌安放在那裏。

馬太福音 27 章 57-61 節指出，約瑟把耶穌身體安放在自己的新墳墓裏，就是他鑿在磐石裏的。他又把大石頭滾到墓門口。

按照傳統，耶穌的墳墓在聖墓教堂安那斯特斯主堂（Anastasis）的圓頂（Rotunda）之下聖龕（Edicule）的地下室。聖龕有兩個地下室，一個放置「天使的石頭」，即墓穴封存的大石，另一個是耶穌屍體所放之處。這裡每天都有進行天主教、東正教及亞美尼亞教會的禮儀，而在復活節更在此輪流舉行崇拜儀式。

在聖龕入口的對面，是一間敍利亞東正教小禮堂（Syriac Orthodox），據說是亞利馬太的約瑟的墓穴。在聖龕後面，是一座埃及哥普特教會的小禮堂。

在聖龕的南面，分別有三間小禮堂，以紀念公義者聖雅各（St. James the Just）、施洗約翰（St. John the Baptist）及示巴特四十位殉道者（Forty Martyrs of Sebaste）。聖龕的東面廣場部份，在康士坦丁年代是一個舉行施洗及傅油（Chrismation）儀式的地方。

聖墓教堂是一個神聖的建築群，紀念耶穌受難時每一個細節。

在耶穌墓穴的東面，是一個希臘東正教主教堂（Catholicon）或名叫天使教堂（Chapel of the Angel）。此建築由另外一個圓頂組成，亦稱為世界的中心，在圓頂上有一個大型的耶穌基督圖像，稱為「基督是萬主之主」（Christ Pantocrator）。東正教在此教堂進行耶穌的濯足禮、受難日及復活節燃點紀念蠟燭的儀式，宣告耶穌已經復活。在聖像前設置了座南向北的希臘東正教耶路撒冷大主教的座位，以及座北向南的希臘東正教安提阿（Antioch）大主教的座位。

在聖墓附近，有一間名為基督向抹大拉馬利亞顯現教堂（Chapel of the Appearance of the Risen Christ to St. Mary Magdalene）、或稱為聖抹大拉馬利亞教堂（St. Mary Magdalene's Chapel）、以及幽靈教堂（The Chapel of the Apparition），以紀念復活後的耶穌向抹大拉馬利亞及母親馬利亞顯現。這教堂內有一條名為鞭傷之柱（Column of Flagellation），相傳是羅馬兵丁用以捆綁耶穌施行鞭刑的柱子。

在建築群的東北面，方濟會在此建造了一個「基督的囚室」（Prison of Christ）聖壇，東正教認為此處是主耶穌被捕後被囚禁的地方。不過，被認為是耶穌被囚的地方最少有另外三個地點：希臘東正教認為在苦路開始的軍營修道院（Monastery of the Praetorium），亞美尼亞使徒教會認為在苦路第二站的鞭打教堂，另一個地點被認為在聖彼得雞鳴堂（the Church of St. Peter in Gallicantu）。

在建築群的東面，有另外三間禮堂，分別是：希臘東正教的聖朗直拿斯禮堂（Greek Chapel of St. Longinus），紀念耶穌死後用矛刺耶穌身體的羅馬兵丁，其後信主殉道；亞美尼亞教會的分聖袍禮堂（Armenian Chapel of Division of Robes）；及希臘東正教嘲弄禮堂（Greek Chapel of the Derision）。

在東正教大教堂的東面，是紀念四世紀羅馬皇帝康士坦丁（Constantine）的母后聖海倫娜（St. Helena）的亞美尼亞聖海倫娜教堂（The Chapel of St. Helena），相傳她在羅馬奉基督教為國教之後，到耶路撒冷朝聖，並在聖墓教堂原址附近按傳說挖掘，在地下發現耶穌所釘的十字架。這教堂裡面有一張椅，相傳是海倫娜發現十架時所坐的。教堂有兩座聖壇，分別紀念聖海倫娜和與耶穌同釘十字架的悔改的強盜。這裡亦建有一間名為發現十架教堂（The Chapel of the Invention of the Cross），每年五月七日，教堂都會將耶穌十架的殘骸放在聖壇上展示，以紀念上述發現。聖壇的右邊是一個小水池（cistern），相傳發現耶穌十架的地點就在此水池之下。

這裡有一個十分有趣的歷史傳說，當王后海倫娜按當地口傳歷史尋找耶穌的十架時，她在同一地點找到了三具十字架，可能是屬於耶穌及與祂同釘的兩個強盜。但怎麼知道哪一具才是屬於耶穌的呢？當時耶路撒冷主教建議找一個將要死的病婦來測試。當她觸摸第一具十架時沒有異樣，觸摸第二具十架時也沒有異樣，但當她觸摸第三具十架時，病就好了，由此，耶穌的十字架就被辨認出來。

在七十年代，亞美尼亞使徒教會修葺該教堂時，發現了一個石礦場的遺址，上有二世紀哈德良神廟的地基和四世紀的教堂建築地基，刻有羅馬船隻的石刻。教堂在這裡建築了一間教堂，名為聖華頓教堂（Chapel of Saint Vartan）。亞美尼亞教會奉聖華頓為聖人，四五一年聖華頓帶領國民為信仰獨立與波斯薩珊王朝對戰，最後戰死。

事實上，耶路撒冷在四世紀時，與耶穌時代相比早已面目全非。在耶穌釘十架、死而復活升天之後三十多年，耶路撒冷發生一次猶太

人叛亂,當時羅馬大將軍提多(Titus)率領大軍進入屠城,並將聖殿拆毀,應驗了主耶穌的預言。

路加福音19章41-44節記載,當時耶穌榮進耶路撒冷,受到群眾熱烈歡迎,當時:

耶穌快到耶路撒冷,看見城,就為它哀哭,說:「巴不得你在這日子知道關係你平安的事;無奈這事現在是隱藏的,叫你的眼看不出來。因為日子將到,你的仇敵必築起土壘,周圍環繞你,四面困住你,並要掃滅你和你裏頭的兒女,連一塊石頭也不留在石頭上,因你不知道眷顧你的時候。」

馬太福音24章1-2節的記載是:

耶穌出了聖殿,正走的時候,門徒進前來,把殿宇指給他看。耶穌對他們說:「你們不是看見這殿宇麼?我實在告訴你們、將來在這裡、沒有一塊石頭留在石頭上不被拆毀了。」

果然,三十多年後,聖殿被毀,羅馬兵丁因為要尋找隱藏的金器,將聖殿徹底拆毀,甚至沒有一塊石頭留在另一塊石頭上。

到了主後一三五年,耶路撒冷又再出現由巴刻巴(Bar Kokhba)領導的叛亂,羅馬皇帝哈德良(Hadrian)在平亂後決定把整個耶路撒冷城移平,清除一切猶太人的標記,並重新建造一座羅馬城市,名為 Aelia Capitolina,並禁止猶太人進入新城。Aelia是皇帝哈德良的族名,Capitolina是獻給朱庇特(Jupiter)神殿的意思。從此,耶路撒冷多由外邦的基督徒居住。此外,該省份亦改名為敘利亞巴勒斯坦(Syria Palaestina)。

考古學家指出,各各他山周圍被造城者用大量泥土填平,聖墓亦全被埋在厚厚的泥土之下。在聖墓的原址上,羅馬皇帝德哈良建造了一座宏大的異教神廟,供奉異教主神祇朱庇特(Jupiter),即希臘神話中的宙斯(Zeus)、眾神之主、天空及閃電之神。在其雕像的兩邊,放置了朱庇特的妻子/姊妹朱諾(Juno),即眾神之后,生育及婚姻之神,希臘相對應的是赫拉(Hera);另一邊是朱庇特的女兒密涅瓦(Minerva),即希臘神話中的雅典娜(Athena),智慧、藝術、貿易及

醫治女神。上述三個稱為 Triad on the Capitol。

根據凱撒利亞史家優西比烏（Eusebius of Caesarea）（265-340 年）的記載，在各各他山釘十字架磐石之上，皇帝哈德良建立了一座維納斯（Venus）神廟，即希臘的阿佛洛狄特（Aphrodite）、埃及的依西斯（Isis）、腓尼基的亞斯他錄（Astarte）、或古巴比倫的阿舍拉（Ishtar），是愛、美、性與生育之女神祇。這些神廟成為新城的中心，上面設置祭壇供奉異教神祇，極盡褻瀆。

這樣的情況維持了二百年，直至羅馬皇帝康士坦丁皈依基督，並於四世紀下令拆毀神廟，褻瀆之事才告結束。

其後，王后海倫娜到耶路撒冷朝聖，命人將遮掩聖墓的泥土移除，聖墓才得以重見天日。海倫娜又神蹟地尋回釘耶穌的十字架和鐵釘，並於主後三二六年建立了聖墓教堂的雛形，收藏部份十架及鐵釘的遺跡。此外王后海倫娜亦將部份遺物運返康士坦丁堡（Constantinople），以供瞻仰。

關於聖墓教堂，它本身亦歷盡滄桑。

自主後三二六年聖墓教堂建成後，於六一四年耶路撒冷被如日中天的波斯薩珊王朝（Sassanid Empire）庫思老二世（Khosrau II）入侵，聖墓教堂遭遇火災，耶穌的十字架被擄走。

後來，薩珊王朝征戰不利，庫思老二世兒子在六二八年將父親殺害，並放棄土地使戰爭告終。東羅馬皇帝希拉克略（Heraclius）翌年舉行盛大的儀式將十字架迎回耶路撒冷，並重建聖墓教堂。

與此同時，亞拉伯的伊斯蘭帝國興起，於六五一年結束了薩珊王朝。伊斯蘭君主哈里發歐麥爾‧本‧赫塔卜（Caliph Umar ibn al-Khattab）佔領耶路撒冷，採取宗教寬容政策，並下令禁止伊斯蘭信徒在聖墓教堂祈禱。有一次當他參觀聖墓教堂時，正想在露臺祈禱，但轉念走出到外面才祈禱，以免官員錯誤理解要將聖墓教堂改為伊斯蘭寺。

於七四六年及八零零年左右，聖墓教堂經歷由地震造成的嚴重損毀，於八一零年重建。

八四一年及九三八年，聖墓教堂再遇火災。

九六六年，耶路撒冷發生騷亂，聖墓教堂的主堂部份的大門及頂部又再被燒毀，主教約翰七世亦遭謀殺。

一零零九年，伊斯蘭法蒂瑪（穆罕默德之女）王朝哈里發（caliph，即政教領袖）Al-Hakim bi-Amr Allah 下令拆毀聖墓教堂，以禁止基督教崇拜，令大部份聖墓教堂建築被毀，事件引發歐洲地區基督徒憤慨，成為十字軍的觸發點。

一零二七年，東羅馬拜占庭王朝與法蒂瑪王朝新任哈里發終達成共識，容許重建聖墓教堂。教堂由東羅馬皇帝康士坦丁四世及康士坦丁堡主教出巨資於一零四八年完成。

十字軍時代是由一零九五年教宗烏爾班二世（Pope Urban II）呼籲成立十字軍開始，以回應土耳其王朝對拜占庭王朝的挑戰。於一零九九年七月十五日，第一次十字軍東征成功奪取耶路撒冷及聖墓教堂的控制權。十字軍法國王子哥弗雷（Godfrey of Bouillon）成為耶路撒冷統治者，但他拒絕稱王，衹稱自己為聖墓教堂的守護者「Advocatus Sancti Sepulchri」。

在十二世紀中葉，十字軍在聖墓教堂東面挖掘，發現三世紀的哈德良年代古廟的遺跡，於一一四九年在此建立了聖海倫娜教堂，並將各建築群統一成為一座拉丁式教堂及國家藏經閣。

在一一八七年，伊斯蘭君主撒拉丁（Saladin）再次奪得耶路撒冷，但容許朝聖者繼續到聖墓教堂。

十三世記，法國君主費特烈二世（Frederick II）重拾耶路撒冷控制權。

最後，於一二四四年耶路撒冷再次落入花拉子謨帝國（Khwarezm）手中。

自教宗革利免六世（Pope Clement VI）要求方濟各會修士關顧拉丁朝聖者及保護在聖地的神龕，方濟各會修士於一五五五年大規模修葺聖墓教堂，包括重建聖墓的神龕及周圍的聖室。

一八零八年，一場大火令聖墓之上的圓頂倒塌，並破壞了部份聖龕的外圍。圓頂於一八一零年重建。

在聖墓教堂之內，一千七百年來傳承著不同的基督宗派的歷史，六大派各佔一方，分別有：

1. 希臘東正教會——承傳自保羅、巴拿巴、西拉及提摩太建立的教會；

2. 敍利亞正教教會——承傳自安提阿教會的大雅各及彼得等使徒；

3. 埃及哥普特使徒教會——承傳自北非亞歷山大港使徒馬可建立的教會；

4. 亞美尼亞使徒教會——承傳自使徒達太及巴多羅買在亞美尼亞所建立的教會；

5. 依索匹亞正教教會——承傳自使徒腓力對依索匹亞太監傳道所建立的教會；

6. 羅馬天主教會——承傳自使徒保羅及彼得在羅馬所建立的教會。

六大宗派在聖墓教堂內，時而合作，時而為地方使用權、儀式或教義爭执鬥毆，甚至發生過殺害。

於一八五三年，土耳其蘇丹（Sultan）發出手諭，聖墓教堂的建築及土地分配要維持現狀，「直到永遠」。自此，教堂內任何輕微改動都引起各宗派爭議，最著名的是「不能移動的梯子」，放在教堂大門之上的窗口下百多年而無人有膽移去。

目前，聖墓教堂的大門匙並不是由基督徒所管理，而是由兩個伊斯蘭家族掌匙。埃及蘇丹Malek-Adel任命紐西伯特（Nuseibeh）及猶得（Judeh）家族管理聖墓教堂，並收取入場費。一二四四年，烏茲別克花刺子模（Khwarezmian）帝國入侵破壞了聖墓教堂，當時君主阿諾（Ayyub）寫信給羅馬教宗表示歉意，並承諾重修被破壞部分，並安排兩個伊斯蘭家族繼續為看管人。這些家族世代成為耶穌的守墓人，並成為耶路撒冷的顯赫家族，原因是管理聖墓可以從朝聖者得到滾滾而來的財富，其他人等不容沾手。歷史家記載收費為八十黃金法郎（gold francs），直至一八三一年廢除。

一般情況下，聖墓教堂大門於早上四時打開，十月至三月晚上七時或四月至九月晚上九時關閉。

開關聖墓教堂大門時有一定的儀式，左邊扇門由拉丁、希臘及亞美尼亞教派輪流舉行儀式打開，右邊扇門則由伊斯蘭家族守門人打開。關門亦同樣按照規矩進行，一絲不苟。

在聖墓教堂內，一切都看為神聖而不可侵犯。

在詩篇有一篇關於到耶路撒冷朝聖的詩，記載於詩篇48篇9-14節：「上帝啊，我們在你的殿中想念你的慈愛。上帝啊，你受的讚美正與你的名相稱，直到地極！你的右手滿了公義。因你的判斷，錫安山應當歡喜，猶大的城邑應當快樂。你們當周遊錫安，四圍旋繞，數點城樓，細看她的外廓，察看她的宮殿，為要傳說到後代。因為這上帝永永遠遠為我們的上帝；他必作我們引路的，直到死時。」

第 2 章

門　徒

　　當耶穌受難前的晚上，祂與十二個門徒在馬可樓同進最後的晚餐；之後，他們一同唱詩，然後出去橄欖山客西馬尼園祈禱。在途中，耶穌對他們說：「今夜你們為我的緣故都要跌倒，因為經上記著說：『我要擊打牧人，羊就分散了。』」……彼得說：「眾人雖然為你的緣故跌倒，我卻永不跌倒。」耶穌說：「我實在告訴你，今夜雞叫以先，你要三次不認我。」彼得說：「我就是必須和你同死，也總不能不認你。」眾門徒都是這樣說。（馬太福音26:31-35）

　　事實到最後，當耶穌背負十字架走上苦路的時候，跟隨他三年的十二門徒都已作鳥獸散，剩下耶穌孤單地走上苦路。

　　在各各他的十架下，僅幾個婦女伴着耶穌的母親，並門徒約翰。昔日高言大志的其他門徒，都龜縮得不知所蹤。**然而，耶穌既然愛世間屬自己的人、就愛他們到底。**（約翰福音13:1）

　　門徒一定記得，在最後晚餐的時候，彼得問耶穌說：「主往哪裡去？」耶穌回答說：「我所去的地方，你現在不能跟我去，後來卻要跟我去。」（約翰福音13:36）

　　之後，耶穌對門徒說：「世人若恨你們，你們知道，恨你們以先已經恨我了。你們若屬世界，世界必愛屬自己的；只因你們不屬世界，乃是我從世界中揀選了你們，所以世界就恨你們。你們要記念我從前對你們所說的話：『僕人不能大於主人。』他們若逼迫了我，也要逼迫你們；若遵守了我的話，也要遵守你們的話。但他們因我的名要向你們行這一切的事，因為他們不認識那差我來的。」（約翰福音15:18-21）

　　耶穌接著說：「我已將這些事告訴你們，使你們不至於跌倒。人要把你們趕出會堂，並且時候將到，凡殺你們的就以為是事奉上帝。他們這樣行，是因未曾認識父，也未曾認識我。我將這事告訴你們，是叫你們到了時候可以想起我對你們說過了。」（約翰福音 16:1-4）

　　耶穌早已告訴門徒「僕人不能大於主人」，世人恨耶穌，也要恨祂的門徒；他們逼迫了耶穌，也要逼迫祂的門徒。人要把門徒趕出會堂，凡殺害門徒的還以為是事奉上帝。耶穌所去的地方，門徒現在不能去，後來卻要跟耶穌去。耶穌走過的苦路，門徒亦要走上這條苦路。

　　耶穌曾鄭重地對門徒及眾人說：「若有人要跟從我，就當捨己，背起他的十字架來跟從我。因為，凡要救自己生命的，必喪掉生命；凡為我和福音喪掉生命的，必救了生命。」（馬可福音8:34-35）。如今，十字架的苦路就擺在門徒面前。

當耶穌被出賣之後，門徒作鳥獸散，經歷靈性的低潮；當耶穌被釘十字架，門徒更進入絕望之中。

門徒應記起耶穌在最後晚餐時保證：「我不撇下你們為孤兒，我必到你們這裡來。」（約翰福音14:18）主又說：「我要求父，父就另外賜給你們一位保惠師，叫他永遠與你們同在，就是真理的聖靈，乃世人不能接受的，因為不見他，也不認識他。你們卻認識他，因他常與你們同在，也要在你們裡面。」（約翰福音14:16-17）

對於門徒將來如何，主耶穌說：「但保惠師，就是父因我的名所要差來的聖靈，他要將一切的事指教你們，並且要叫你們想起我對你們所說的一切話。我留下平安給你們，我將我的平安賜給你們。我所賜的，不像世人所賜的，你們心裡不要憂愁，也不要膽怯。」（約翰福音14:26-27）

主耶穌預告門徒有苦難在他們前面：「我將這些事告訴你們，是要叫你們在我裡面有平安。在世上你們有苦難，但你們可以放心，我已經勝了世界。」（約翰福音16:33），但耶穌亦將使命及權柄交予門徒：「我實實在在地告訴你們，我所做的事，信我的人也要做，並且要做比這更大的事，因為我往父那裏去，你們奉我的名無論求甚麼，我必成就，叫父因兒子得榮耀。你們若奉我的名求甚麼，我必成就。」（約翰福音 14:12-14）

第 3 章

他們無故地恨我

耶穌在上十字架以前，早已預知世人要恨祂。

約翰福音15章18-27節記載耶穌說：

「世人若恨你們，你們知道，恨你們以先已經恨我了。你們若屬世界，世界必愛屬自己的；只因你們不屬世界，乃是我從世界中揀選了你們，所以世界就恨你們。你們要記念我從前對你們所說的話：『僕人不能大於主人。』他們若逼迫了我，也要逼迫你們；若遵守了我的話，也要遵守你們的話。但他們因我的名要向你們行這一切的事，因為他們不認識那差我來的。我若沒有來教訓他們，他們就沒有罪；但如今他們的罪無可推諉了。恨我的，也恨我的父。我若沒有在他們中間行過別人未曾行的事，他們就沒有罪；但如今連我與我的父，他們也看見也恨惡了。這要應驗他們律法上所寫的話，說：『他們無故地恨我。』但我要從父那裏差保惠師來，就是從父出來真理的聖

靈；他來了，就要為我作見證。你們也要作見證，因為你們從起頭就與我同在。」

耶穌所指要應驗的經文是詩篇69篇4節：

「無故恨我的，比我頭髮還多；無理與我為仇、要把我剪除的，甚為強盛。我沒有搶奪的，要叫我償還。」

耶穌傳天國的福音，使瞎眼的得看見，瘸腿的行走，病得醫治，使死人復活，為甚麼世人要恨祂？

耶穌說，世人是無故的恨祂。世人若不信，可以不去理會，為甚麼要恨祂？耶穌解釋，世人恨耶穌和祂的門徒，祇因他們不屬世界，所以世界就恨他們。

約翰福音3章19-21節指：「光來到世間，世人因自己的行為是惡的，不愛光，倒愛黑暗，定他們的罪就是在此。凡作惡的便恨光，並不來就光，恐怕他的行為受責備。但行真理的必來就光，要顯明他所行的是靠上帝而行。」

耶穌在約翰福音7章7節亦說：「世人不能恨你們、卻是恨我‧因為我指證他們所作的事是惡的。」

我們一直以為，做基督徒有正面的社會形像，得友儕的稱許，得社會人士的愛戴。但耶穌告訴門徒，『僕人不能大於主人。』他們若逼迫了我，也要逼迫你們。當我們為耶穌作見證，指出世人的惡時，不信的世人都要恨基督徒。

那麼若要與世人保持和諧，不引起衝突的話，自然就是互相尊重，不指出世人的惡，積極作為社會的一部份，基督徒便可以繼續受到世人的愛戴和尊重，繼續在教會的四道牆內歡喜快樂。耶穌豈不是說：「你們若屬世界，世界必愛屬自己的」？

可是，耶穌清楚告訴祂的門徒：「只因你們不屬世界，乃是我從世界中揀選了你們，所以世界就恨你們。」

耶穌被世人恨惡，是因為祂指出世人的惡，顛覆世人的宗教傳統秩序，叫人悔改。

耶穌指出世人的惡，指他們行在黑暗裡，引起最大衝突的人不是稅吏、妓女及其他市井之徒，最恨耶穌的人乃是祭司、文士和法利賽人。耶穌要挑戰的，是「文士和法利賽人的義」，就是文士和法利賽人所堅守的宗教典範及人為傳統。

馬太福音5章17-20節記載耶穌說：「莫想我來要廢掉律法和先知。我來不是要廢掉，乃是要成全。我實在告訴你們，就是到天地都廢去了，律法的一點一畫也不能廢去，都要成全。所以，無論何人廢掉這誡命中最小的一條，又教訓人這樣做，他在天國要稱為最小的。但無論何人遵行這誡命，又教訓人遵行，他在天國要稱為大的。我告訴你們，你們的義若不勝於文士和法利賽人的義，斷不能進天國。」

耶穌不是要廢掉律法，祂指出無論何人遵行這誡命，又教訓人遵行，他在天國要稱為大的。但基督徒要超越文士和法利賽人的義，才能進天國。

「法利賽」（Pharisaios）意思是分別為聖，這批人嚴格按摩西律法生活。法利賽人可能始於主前四百年被擄巴比倫歸回的以斯拉時期，或源於主前二世紀馬加比家族叛變希臘帝國時期拒絕希臘化的哈西典人（Hasideans）。法利賽人熱心保存猶太教傳統，成為猶太人的中堅份子，在社會得到尊敬。然而，由於他們在社會地位崇高，亦成為詮釋摩西律法的老師。尤有甚者，他們不斷將律法的要求延伸，又曲解律法要求當行的責任，去到一個不合理的程度，令信仰成為一連串的行為指引及儀式，卻欠缺了內心對上帝的真誠和對人的愛心。

在馬太福音，作者用了整整一章的篇幅記載耶穌對法利賽人的批評。然而在耶穌的批評之先，耶穌首先肯定法利賽人的教訓：

「那時，耶穌對眾人和門徒講論，說：『文士和法利賽人坐在摩西的位上，凡他們所吩咐你們的，你們都要謹守遵行。但不要效法他們的行為；因為他們能說，不能行。』」（馬太福音 23：1-3）

　　耶穌批評文士和法利賽人衹說不行，在馬太福音23章4節說：「他們把難擔的重擔捆起來，擱在人的肩上，但自己一個指頭也不肯動。」

　　法利賽人凡事都做給人看，故作敬虔，在馬太福音23章5節說：「他們一切所做的事都是要叫人看見，所以將佩戴的經匣放寬，衣裳的繸子做長了。」

　　法利賽人喜愛社會地位，愛被尊為拉比。在馬太福音23章6-7節說：「喜愛筵席上的首座、會堂裏的高位，又喜愛人在街市上問他安，稱呼他拉比 。」

　　耶穌喜悅謙卑的人，馬太福音23章8-12節說：「但你們不要受拉比的稱呼，因為只有一位是你們的夫子；你們都是弟兄。也不要稱呼地上的人為父，因為只有一位是你們的父，就是在天上的父。也不要受師尊的稱呼，因為只有一位是你們的師尊，就是基督。你們中間誰為大，誰就要作你們的用人。凡自高的，必降為卑；自卑的，必升為高。」

　　耶穌斥責法利賽人錯誤的教訓，濫用屬靈的權柄，馬太福音23章13節說：「你們這假冒為善的文士和法利賽人有禍了！因為你們正當人前，把天國的門關了，自己不進去，正要進去的人，你們也不容他們進去。」

　　耶穌斥責文士和法利賽人假冒為善的，內心充滿貪婪，馬太福音23章14節指：「〔你們這假冒為善的文士和法利賽人有禍了，因為你們侵吞寡婦的家產，假意作很長的禱告，所以要受更重的刑罰〕。」

　　法利賽人誤導信徒，馬太福音23章15節：「你們這假冒為善的文士和法利賽人有禍了！因為你們走遍海洋陸地，勾引一個人入教，既入了教，卻使他作地獄之子，比你們還加倍。」

　　法利賽人的教訓扭曲律法，錯誤引伸，馬太福音23章16-22節：「你們這瞎眼領路的有禍了！你們說：『凡指著殿起誓的，這算不得甚麼；只是凡指著殿中金子起誓的，他就該謹守。』你們這無知瞎眼的人哪，甚麼是大的？是金子呢？還是叫金子成聖的殿呢？你們又說：

『凡指著壇起誓的，這算不得甚麼；只是凡指著壇上禮物起誓的，他就該謹守。』你們這瞎眼的人哪，甚麼是大的？是禮物呢？還是叫禮物成聖的壇呢？所以，人指著壇起誓，就是指著壇和壇上一切所有的起誓；人指著殿起誓，就是指著殿和那住在殿裏的起誓；人指著天起誓，就是指著上帝的寶座和那坐在上面的起誓。」

法利賽人注重宗教儀文多於需要付代價的公義、憐憫和信實，捨本逐末，馬太福音23章23-24節：「你們這假冒為善的文士和法利賽人有禍了！因為你們將薄荷、茴香、芹菜獻上十分之一，那律法上更重的事，就是公義、憐憫、信實，反倒不行了。這更重的是你們當行的；那也是不可不行的。你們這瞎眼領路的，蠓蟲你們就濾出來，駱駝你們倒吞下去。」

耶穌直斥文士及法利賽人偽善，內裡充滿不義和道德敗壞。馬太福音23章25-26節：

「你們這假冒為善的文士和法利賽人有禍了！因為你們洗淨杯盤的外面，裏面卻盛滿了勒索和放蕩。你這瞎眼的法利賽人，先洗淨杯盤的裏面，好叫外面也乾淨了。」

耶穌形容文士及法利賽人就像粉飾的墳墓，外面好看，裡面毫無生命。馬太福音23章27-28節：「你們這假冒為善的文士和法利賽人有禍了！因為你們好像粉飾的墳墓，外面好看，裏面卻裝滿了死人的骨頭和一切的污穢。你們也是如此，在人前，外面顯出公義來，裏面卻裝滿了假善和不法的事。」

法利賽人不單不去悔改，還逼害先知和義人，馬太福音23章29-36節：「你們這假冒為善的文士和法利賽人有禍了！因為你們建造先知的墳，修飾義人的墓，說：『若是我們在我們祖宗的時候，必不和他們同流先知的血。』這就是你們自己證明是殺害先知者的子孫了。你們去充滿你們祖宗的惡貫吧！你們這些蛇類、毒蛇之種啊，怎能逃脫地獄的刑罰呢？所以我差遣先知和智慧人並文士到你們這裏來，有的你們要殺害，要釘十字架；有的你們要在會堂裏鞭打，從這城追逼

到那城，叫世上所流義人的血都歸到你們身上，從義人亞伯的血起，直到你們在殿和壇中間所殺的巴拉加的兒子撒迦利亞的血為止。我實在告訴你們，這一切的罪都要歸到這世代了。」

在馬太福音23章37-39節，耶穌慨嘆道：「耶路撒冷阿！耶路撒冷阿！你常殺害先知，又用石頭打死那奉差遣到你這裡來的人，我多次願意聚集你的兒女，好像母雞把小雞聚集在翅膀底下，只是你們不願意。看哪！你們的家成為荒場，留給你們。我告訴你們，從今以後，你們不得再見我，直等到你們說：奉主名來的，是應當稱頌的。」

耶穌基督要救贖的，是這個建立在被扭曲的道德倫理之上的社會，在這個社會，程序比目標重要，手段操控著程序，貪婪及放蕩是根本。社會必須重回上帝的律法，遵行上帝的誡命，按上帝的公義、憐憫和信實去行。

耶穌基督要成全救贖，必須被世人所恨，被親近的人出賣，被釘十字架而死，向世人展示社會的荒謬偽善和宗教道德的崩潰。

上帝叫耶穌基督從死裡復活，勝過死亡的咒詛，叫信祂的人進入上帝聖潔的國度。然而，耶穌清楚告訴祂的門徒，世人因耶穌的緣故也要恨祂的門徒，也要逼迫祂的門徒，這種衝突要一直持續，直至耶穌第二次再來。

馬太福音19章27-30節記載彼得問耶穌：

彼得就對祂說：「看哪，我們已經撇下所有的跟從你，將來我們要得甚麼呢？」耶穌說：「我實在告訴你們，你們這跟從我的人，到復興的時候，人子坐在他榮耀的寶座上，你們也要坐在十二個寶座上，審判以色列十二個支派。凡為我的名撇下房屋，或是弟兄、姊妹、父親、母親、兒女、田地的，必要得著百倍，並且承受永生。然而，有許多在前的，將要在後；在後的，將要在前。」

耶穌的門徒啊，你們都相信嗎？

第 4 章

冥頑不靈的祭司長

　　將耶穌推上苦路的其中一個主要推手，可說是大祭司該亞法（Caiaphas）。按歷史記載，該亞法全名是約瑟·該亞法，於公元十八年至三十六年為猶大地區的祭司長。該亞法是大祭司亞那（Annas）女婿，亞那是公元六至十五年猶大地區的祭司長。亞那是猶太顯赫的祭司族，共有五個祭司兒子。祭司長是撒都該人（Sadducean），是社會上層精英份子，主要職責是管理聖殿，包括舉行獻祭儀式，管理聖殿人事及衛隊，掌控聖殿財政及金庫。祭司長亦是猶太公會（Sanhedrin）主席，作猶太人的代表與羅馬官員接頭。

　　據考古資料，該亞法家住耶路撒冷上城區，是富貴人家的地區，家有亭臺花園，滿佈馬賽克的裝飾。

祭司長該亞法作為猶太建制派，欲去耶穌而後快，究竟是甚麼原因呢？

祭司長該亞法第一次注意到耶穌，始於耶穌叫馬大和馬利亞的兄弟拉撒路由死裡復活，吸引大量追隨者。約翰福音11章45-53節記載：「那些來看馬利亞的猶太人見了耶穌所做的事，就多有信他的；但其中也有去見法利賽人的，將耶穌所做的事告訴他們。祭司長和法利賽人聚集公會，說：『這人行好些神蹟，我們怎麼辦呢？若這樣由著他，人人都要信他，羅馬人也要來奪我們的地土和我們的百姓。』內中有一個人，名叫該亞法，本年作大祭司，對他們說：『你們不知道甚麼。獨不想一個人替百姓死，免得通國滅亡，就是你們的益處。』他這話不是出於自己，是因他本年作大祭司，所以預言耶穌將要替這一國死；也不但替這一國死，並要將上帝四散的子民都聚集歸一。從那日起，他們就商議要殺耶穌。」

祭司長憂慮大量猶太民眾相信耶穌就是彌賽亞，並推舉耶穌帶領他們反抗羅馬帝國，最終引來羅馬以軍隊鎮壓猶太地區，並責難祭司無法撫平民眾，最終可能廢掉祭司代表猶太民眾的地位，進行直接的管治。該亞法認為，除去耶穌可以維持當下的政治平衡和既得利益。

不過，福音書作者的詮釋卻是，該亞法作為當時的大祭司，他的講話是對神的計劃發出先知性預言，耶穌要為猶太人死，並招聚上帝四散的子民歸而為一。

另一個引致祭司長對耶穌動起殺機的直接導火線，是耶穌在逾越節前，進入耶路撒冷城過節，潔淨聖殿對祭司長的直接挑戰。按約翰福音2章13-17節記載：「猶太人的逾越節近了，耶穌就上耶路撒冷去。看見殿裏有賣牛、羊、鴿子的，並有兌換銀錢的人坐在那裏，耶穌就拿繩子做成鞭子，把牛羊都趕出殿去，倒出兌換銀錢之人的銀錢，推翻他們的桌子，又對賣鴿子的說：『把這些東西拿去！不要將我父的殿當作買賣的地方。』他的門徒就想起經上記著說：『我為你的殿心裏焦急，如同火燒。』」

這經文是一千年前大衛王的預言詩，記載於詩篇69篇9節：「因我為你的殿心裡焦急，如同火燒；並且辱罵你人的辱罵，都落在我身上。」換言之，當耶穌為神的殿心裡焦急火燒的時候，有很多人辱罵祂，而辱罵耶穌的人其實是辱罵神。

這裡，耶穌斥責猶太人要尊重聖殿為禱告的地方，不可以作買賣。另一方面，耶穌亦斥責買賣背後的欺詐行為。

福音書馬太福音21章12-13節記述如下：「耶穌進了上帝的殿，趕出殿裏一切做買賣的人，推倒兌換銀錢之人的桌子，和賣鴿子之人的凳子，對他們說：『經上記著說：我的殿必稱為禱告的殿，你們倒使它成為賊窩了。』」

耶穌的說話是引用了兩段經文，第一段是以賽亞書56章7節：「我必領他們到我的聖山，使他們在禱告我的殿中喜樂。他們的燔祭和平安祭，在我壇上必蒙悅納，因我的殿必稱為萬民禱告的殿。」

在這段經文中，神的心意是要祝福在聖殿禱告的人，叫他們喜樂，悅納他們的悔改、贖罪和禱告。

第二段是引自耶利米書7章11節：「這稱為我名下的殿，在你們眼中豈可看為賊窩麼？我都看見了。這是耶和華說的。」

在這段經文中，神厭惡在聖殿所發生一切不法的事情。

耶穌的作為明顯得罪了聖殿的管理人——祭司長，並公開的羞辱他，指他容讓買賣在聖殿內進行，是完全失職及腐敗。他容許兌換聖殿用的奉獻銀錢，賣牛、羊和鴿子給獻祭人士。為甚麼方便朝聖者的靈活安排，被耶穌斥責為把聖殿變為賊窩呢？

當時，聖殿祭司規定，奉獻祇可以用聖殿指定貨幣，不可用其他含銀度較低的錢幣。因此，外地來的朝聖客必須到耶路撒冷兌換聖殿指定的貨幣奉獻。明顯地，祭司容許銀錢兌換販子在聖殿外院經營買賣，從買賣差價取利，收受利益。

此外，聖殿祭司亦按律法書要求朝聖者要奉獻無殘疾的牲畜，祭司透過不義的牲畜檢查過程拒絕朝聖者奉獻自備的牛羊鴿子，並要求朝聖者在聖殿買牲畜奉獻，從中取利。難怪耶穌斥責販子把聖殿變為賊窩！

在潔淨聖殿之後，馬太福音21章14-16節記載其後所發生的事：在殿裡有瞎子瘸子到耶穌跟前，他就治好了他們。祭司長和文士看見耶穌所行的奇事，又見小孩子在殿裏喊著說：「和散那歸於大衛的子孫！」就甚惱怒，對他說：「這些人所說的，你聽見了嗎？」耶穌說：「是的。經上說『你從嬰孩和吃奶的口中完全了讚美』的話，你們沒有念過嗎？」

祭司長和長老憤怒的原因是，按傳統的理解，大衛的子孫就是要來的彌賽亞，要救以色列脫離外族的轄制。換言之，耶穌將要推翻羅馬的統治。不過，耶穌指出，孩童是完全了對神的讚美，與政治的彌賽亞完全不同的層次。可是，祭司長和猶太長老都接收不到。

其後，耶穌進了聖殿，與祭司長和猶太人長老展開了直接的衝突。馬太福音21章23-27節記載：

耶穌進了殿，正教訓人的時候，祭司長和民間的長老來問他說：「你仗著甚麼權柄做這些事？給你這權柄的是誰呢？」耶穌回答說：「我也要問你們一句話，你們若告訴我，我就告訴你們我仗著甚麼權柄做這些事。約翰的洗禮是從哪裏來的？是從天上來的？是從人間來的呢？」他們彼此商議說：「我們若說『從天上來』，他必對我們說：『這樣，你們為甚麼不信他呢？』若說『從人間來』，我們又怕百姓，因為他們都以約翰為先知。」於是回答耶穌說：「我們不知道。」耶穌說：「我也不告訴你們我仗著甚麼權柄做這些事。」

在上述經文中，耶穌反問祭司長和猶太長老施洗約翰的權柄來源。這正刺中他們問題背後的居心。祭司長和猶太長老根本並非希望知道耶穌權柄的來源，而是要挑戰他的作為和妄自教訓民眾。其實，祇要祭司長和猶太長老認真反省自己所問的問題，他們自己早已明

白答案，亦知道耶穌是誰。就是因為祭司長和猶太長老拒絕謙卑承認答案，不願相信耶穌，他們祇能夠不斷發問問題，拖延到達答案的時間，因為一旦到達答案，他們便要面對生命翻天覆地的改變，他們一直賴以安身立命的思想信念便要崩潰。

接著，馬太福音21章28-32節記載：

又說：「一個人有兩個兒子。他來對大兒子說：『我兒，你今天到葡萄園裏去做工。』他回答說：『我不去。』以後自己懊悔，就去了。又來對小兒子也是這樣說。他回答說：『父啊，我去。』他卻不去。你們想，這兩個兒子是哪一個遵行父命呢？」他們說：「大兒子。」耶穌說：「我實在告訴你們，稅吏和娼妓倒比你們先進上帝的國。因為約翰遵著義路到你們這裏來，你們卻不信他；稅吏和娼妓倒信他。你們看見了，後來還是不懊悔去信他。」

在這段經文，耶穌直接指出，稅吏和娼妓比祭司長和猶太長老先進上帝的國。對於這些社會上層人士來說，是何等不留情面的侮辱？

最後，耶穌再引用一個比喻，馬太福音21章33-46節記載：

「你們再聽一個比喻：有個家主栽了一個葡萄園，周圍圈上籬笆，裏面挖了一個壓酒池，蓋了一座樓，租給園戶，就往外國去了。收果子的時候近了，就打發僕人到園戶那裏去收果子。園戶拿住僕人，打了一個，殺了一個，用石頭打死一個。主人又打發別的僕人去，比先前更多；園戶還是照樣待他們。後來打發他的兒子到他們那裏去，意思說：『他們必尊敬我的兒子。』不料，園戶看見他兒子，就彼此說：『這是承受產業的。來吧，我們殺他，佔他的產業！』他們就拿住他，推出葡萄園外，殺了。園主來的時候要怎樣處治這些園戶呢？」他們說：「要下毒手除滅那些惡人，將葡萄園另租給那按著時候交果子的園戶。」耶穌說：「經上寫著：匠人所棄的石頭已作了房角的頭塊石頭。這是主所做的，在我們眼中看為希奇。這經你們沒有念過嗎？所以我告訴你們，上帝的國必從你們奪去，賜給那能結果子的百姓。誰掉在這石頭上，必要跌碎；這石頭掉在誰的身上，就要把誰砸

得稀爛。」祭司長和法利賽人聽見他的比喻，就看出他是指著他們說的。他們想要捉拿他，只是怕眾人，因為眾人以他為先知。

在這個比喻中，耶穌暗示祭司長和猶太長老拒絕承認耶穌是神的兒子，並預言祭司長和猶太長老要把他殺害，最後要受到神的審判，從他們奪去天國的位置。

耶穌比喻自己是匠人所棄的石頭，引自詩篇118篇22節：「匠人所棄的石頭、已成了房角的頭塊石頭。」這篇詩篇是一千年前歌頌耶和華拯救的詩篇，內中預言拯救的根基來自人們所棄絕的石頭。

在以賽亞書28章16節亦記述：「所以主耶和華如此說：看哪！我在錫安放一塊石頭，作為根基，是試驗過的石頭，是穩固根基、寶貴的房角石，信靠的人必不著急。」耶穌就是神所設於錫安山的聖殿房角石，世人都要信靠祂。

約翰福音2章18-21節另外記載：「猶太人問他說：『你既做這些事，還顯甚麼神蹟給我們看呢？』耶穌回答說：『你們拆毀這殿，我三日內要再建立起來。』猶太人便說：『這殿是四十六年才造成的，你三日內就再建立起來嗎？』但耶穌這話是以他的身體為殿。」

耶穌預言他們拆毀聖殿，耶穌三天內要把聖殿重建起來，正是指著祂自己就是被猶太人所棄的石頭，在三天內死而復活，以自己為房角石，重建禱告神的聖殿，人祇可以透過耶穌才可以去到神面前禱告。耶穌亦成為基督教會的基石，新時代的信仰建在其上。

值得注意的是，當耶穌騎騾子進入耶路撒冷城時，民眾揮動橄欖枝，把衣服鋪蓋地上歡迎耶穌，所高唱的就是同一篇詩篇的頌詞，詩篇118篇26節：「奉耶和華名來的、是應當稱頌的。」

可是，熟讀聖經的祭司長與猶太長老礙於自己的身分、地位和傳統，都無法接受眼前所看見的神蹟、耳朵所聽見的預言和所讀聖經的引證。

　　馬太福音26章3-16節記載：「那時，祭司長和民間的長老聚集在大祭司稱為該亞法的院裏。大家商議要用詭計拿住耶穌，殺他，只是說：『當節的日子不可，恐怕民間生亂。』」

　　最後，祭司長和猶太長老終於找到機會，馬太福音26章14-16節記載：「當下，十二門徒裏有一個稱為加略人猶大的，去見祭司長，說：『我把他交給你們，你們願意給我多少錢？』他們就給了他三十塊錢。從那時候，他就找機會要把耶穌交給他們。」

　　果然，在最後晚餐之夜，耶穌帶門徒往橄欖山客西馬尼園去祈禱。猶大從祭司長和民間的長老那裏帶著很多人來捉拿耶穌，用親嘴為記號把耶穌交給他們。

　　當時，耶穌對眾人說：「你們帶著刀棒出來拿我，如同拿強盜嗎？我天天坐在殿裏教訓人，你們並沒有拿我。但這一切的事成就了，為要應驗先知書上的話。」

　　之後，兵丁把耶穌捆綁了，先帶到大祭司該亞法的岳父亞那面前。約翰福音18章12-28節記載：

　　那隊兵和千夫長，並猶太人的差役就拿住耶穌，把他捆綁了，先帶到亞那面前，因為亞那是本年作大祭司該亞法的岳父。大祭司就以耶穌的門徒和祂的教訓盤問他。耶穌回答說：「我從來是明明地對世人說話。我常在會堂和殿裏，就是猶太人聚集的地方教訓人；我在暗地裏並沒有說甚麼。你為甚麼問我呢？可以問那聽見的人，我對他們說的是甚麼；我所說的，他們都知道。」耶穌說了這話，旁邊站著的一個差役用手掌打他，說：「你這樣回答大祭司嗎？」耶穌說：「我若說的不是，你可以指證那不是；我若說的是，你為甚麼打我呢？」亞那就把耶穌解到大祭司該亞法那裏，仍是捆著解去的。

　　來到大祭司該亞法和全猶太公會那裡，馬太福音26章59-68節及27章1-2節則記載：

　　祭司長和全公會尋找假見證控告耶穌，要治死他。雖有好些人來作假見證，總得不著實據。末後有兩個人前來，說：「這個人曾說：

『我能拆毀上帝的殿，三日內又建造起來。』」

馬可福音14章55-65節的記述有些差異：

祭司長和全公會尋找見證控告耶穌，要治死他，卻尋不著。因為有好些人作假見證告他，只是他們的見證各不相合。又有幾個人站起來作假見證告他，說：「我們聽見他說：『我要拆毀這人手所造的殿，三日內就另造一座不是人手所造的。』」他們就是這麼作見證，也是各不相合。

這經文所記載的控訴是十分扭曲的，按約翰福音2章19節記載：「耶穌回答說：你們拆毀這殿，我三日內要再建立起來。」

該控訴則扭曲為「我能拆毀上帝的殿」，無怪乎控訴不能成立。

馬太福音經文繼續：

大祭司就站起來，對耶穌說：「你甚麼都不回答嗎？這些人作見證告你的是甚麼呢？」耶穌卻不言語。

上述經文應驗了七百年前先知以賽亞書53章6-8節的預言：

「我們都如羊走迷；各人偏行己路；耶和華使我們眾人的罪孽都歸在他身上。他被欺壓，在受苦的時候卻不開口；他像羊羔被牽到宰殺之地，又像羊在剪毛的人手下無聲，他也是這樣不開口。因受欺壓和審判，他被奪去，至於他同世的人，誰想他受鞭打、從活人之地被剪除，是因我百姓的罪過呢？」

耶穌亦是在受欺壓時候不開口，像羊羔被牽到宰殺之地。

大祭司不耐煩了，經文繼續記載：

大祭司對他說：「我指著永生上帝叫你起誓告訴我們，你是上帝的兒子基督不是？」

耶穌對他說：「你說的是。然而，我告訴你們，後來你們要看見人子坐在那權能者的右邊，駕著天上的雲降臨。」

大祭司就撕開衣服，說：「他說了僭妄的話，何必再用見證人呢？這僭妄的話，現在你們都聽見了。你們的意見如何？」

他們回答說：「他是該死的。」

他們就吐唾沫在他臉上，用拳頭打他，也有用手掌打他的，說：「基督啊！你是先知，告訴我們打你的是誰？」

到了早晨，眾祭司長和民間的長老大家商議要治死耶穌，就把他捆綁，解去，交給巡撫彼拉多。

路加福音22章66-71節的記載略有差異：

天一亮，民間的眾長老連祭司長帶文士都聚會，把耶穌帶到他們的公會裏，說：「你若是基督，就告訴我們。」耶穌說：「我若告訴你們，你們也不信；我若問你們，你們也不回答。從今以後，人子要坐在上帝權能的右邊。」他們都說：「這樣，你是上帝的兒子嗎？」耶穌說：「你們所說的是。」他們說：「何必再用見證呢？他親口所說的，我們都親自聽見了。」

在上述經文，當祭司長和公會的人聽到耶穌親口承認自己是神的兒子，他們都認為耶穌褻瀆神，是該死的。然而，他們沒有細想這句宣告是否屬實，既不思考所見的神蹟，亦不引證聖經的預言，單單從一些傳統觀念去理解，因而判斷耶穌說了僭妄的話。歸根究底，正如耶穌在惡葡萄園戶的比喻，他們拒絕相信耶穌，是因為眼前所享受著在宗教體制上的既得利益，祇要猶太人繼續做羅馬的順民，祭司長和長老亦繼續可以維持其社會地位和管理聖殿所得的物質利益。

當耶穌被拉到羅馬巡撫彼拉多面前受審，祭司長和長老極力控告耶穌，但祂甚麼都不回答。巡撫知道他們是因為嫉妒才把他解了來。彼拉多就對他們說：「你們要我釋放哪一個給你們？是巴拉巴呢？是稱為基督的耶穌呢？」巴拉巴是當時一個出名的囚犯。

按馬太福音27章20至26節記載：

祭司長和長老挑唆眾人，求釋放巴拉巴，除滅耶穌。巡撫對眾人說：「這兩個人，你們要我釋放哪一個給你們呢？」他們說：「巴拉巴。」彼拉多說：「這樣，那稱為基督的耶穌我怎麼辦他呢？」他們都說：「把他釘十字架！」巡撫說：「為甚麼呢？他做了甚麼惡事呢？」他們便極力地喊著說：「把他釘十字架！」彼拉多見說也無濟於事，反要生亂，就拿水在眾人面前洗手，說：「流這義人的血，罪不在我，你們承當吧。」眾人都回答說：「他的血歸到我們和我們的子孫身上。」於是彼拉多釋放巴拉巴給他們，把耶穌鞭打了，交給人釘十字架。

在這經文，祭司長、長老和群眾在高昂的情緒之下，不經意地對自己和自己的子孫作出了嚴重的咒詛：「他的血歸到我們和我們的子孫身上。」直接承當流義人的血的罪。這個自我的咒詛沒有即時帶來甚麼惡果，但咒詛便從此伴隨著他們和他們的子孫。公元七十年，羅馬大軍在耶路撒冷展開大屠殺，摧毀聖殿，百姓開始四處流徙。咒詛何時結束呢？直到他們悔改，稱「奉主名來的是應當稱頌的」。

當下，兵丁把耶穌戲弄一番，就把祂帶到一個地方名叫各各他，意思就是「髑髏地」，把祂釘在十字架上。這時，祭司長、文士並長老並未肯罷休。馬太福音27章41-43節記載：

祭司長和文士並長老也是這樣戲弄他，說：「他救了別人，不能救自己。他是以色列的王，現在可以從十字架上下來，我們就信他。他倚靠上帝，上帝若喜悅他，現在可以救他；因為他曾說：『我是上帝的兒子。』」

祭司長向耶穌發出得勝的挑釁，與大衛一千年前在詩篇22篇7-8節的預言十分接近：

凡看見我的都嗤笑我，他們撇嘴搖頭，說：「他把自己交託耶和華，耶和華可以救他罷；耶和華既喜悅他、可以搭救他罷。」

然而，耶穌忍受著這最後的屈辱，完成了天父的旨意。

耶穌死的時候，遍地黑暗，地大震動，磐石崩裂，聖殿裏的幔子從上到下裂為兩半。祭司長和長老都清楚看見，可是，這些奇事絲毫沒有改變他們對耶穌的看法。

馬太福音27章62-66節記載：

次日，就是預備日的第二天，祭司長和法利賽人聚集來見彼拉多，說：「大人，我們記得那誘惑人的還活著的時候曾說：『三日後我要復活。』因此，請吩咐人將墳墓把守妥當，直到第三日，恐怕他的門徒來，把他偷了去，就告訴百姓說：『他從死裏復活了。』這樣，那後來的迷惑比先前的更利害了！」彼拉多說：「你們有看守的兵，去吧！盡你們所能的把守妥當。」他們就帶著看守的兵同去，封了石頭，將墳墓把守妥當。

在榮耀的早晨，耶穌按祂的預言復活了。馬太福音28章1-15節記載：

安息日將盡，七日的頭一日，天快亮的時候，抹大拉的馬利亞和那個馬利亞來看墳墓。忽然，地大震動；因為有主的使者從天上下來，把石頭滾開，坐在上面。他的相貌如同閃電，衣服潔白如雪。看守的人就因他嚇得渾身亂戰，甚至和死人一樣。天使對婦女說：「不要害怕！我知道你們是尋找那被釘十字架的耶穌。他不在這裏，照他所說的，已經復活了。你們來看安放主的地方。快去告訴他的門徒，說他從死裏復活了，並且在你們以先往加利利去，在那裏你們要見他。看哪，我已經告訴你們了。」婦女們就急忙離開墳墓，又害怕，又大大地歡喜，跑去要報給他的門徒。忽然，耶穌遇見她們，說：「願你們平安！」她們就上前抱住他的腳拜他。耶穌對她們說：「不要害怕！你們去告訴我的弟兄，叫他們往加利利去，在那裏必見我。」她們去的時候，看守的兵有幾個進城去，將所經歷的事都報給祭司長。祭司長和長老聚集商議，就拿許多銀錢給兵丁，說：「你們要這樣說：『夜間我

們睡覺的時候，他的門徒來，把他偷去了。』倘若這話被巡撫聽見，有我們勸他，保你們無事。」兵丁受了銀錢，就照所囑咐他們的去行。這話就傳說在猶太人中間，直到今日。

祭司長以為自己執行了律法的公義，維護耶路撒冷的和平，卻用上了卑鄙的手段，收買猶大賣主，賄賂兵丁作假見證掩飾事實，以為事件可告一段落。然而，福音卻由這一日開始，傳播到全世界，耶穌基督被尊為萬王之王、萬主之主！

祭司長得到短暫的成功，卻擔當著萬世的污名。根據猶太歷史學家記載，該亞法與彼拉多於公元三十六年一同被羅馬罷免，原因是兩人對猶太地區管理不善，貪污枉法，引起猶太人嚴重矛盾，兩人被免職以安撫猶太人。傳說該亞法晚年住在加利利地區。

一九九零年，有以色列考古學家在耶路撒冷南部二公里 Abu Tor 發現一座家族墓園，其中一個藏骨箱（ossuary），外刻有用亞蘭文寫的姓名「約瑟‧該亞法」。考古學家估計是一世紀的遺物，可能就是祭司長該亞法的遺跡。

二零一一年，美國時代雜誌刊登了一篇文章，報導以色列一位記者所拍的紀錄片，指上述石骨箱底部藏有一世紀的數英吋長鐵釘，情況罕見。記者猜測這鐵釘「有可能」是耶穌被釘十字架的鐵釘。是真是假，無法辨識；不過，若是真的話，這將是十分耐人尋味的事情。

第 5 章

看這個人

　　當眾祭司長和長老捉拿並審問耶穌後，他們把耶穌捆綁，並解去羅馬派駐猶大地區的行政長官本丟彼拉多（Pontius Pilate）軍營（Praetorium）那裡控告耶穌。

　　彼拉多是意大利人，於公元二十六至三十六年受羅馬皇帝提庇留（Tiberius）任命為猶大巡撫，集軍政大權於一身。

　　路加福音3章1-2節記述當時的政治宗教體制：「該撒提庇留在位第十五年，本丟彼拉多作猶太巡撫（governor of Judæa），希律作加利利分封的王（tetrarch of Galilee），他兄弟腓力作以土利亞和特拉可尼地方分封的王（Philip tetrarch of Ituraea and of the region of Trachonitis），呂撒聶作亞比利尼分封的王（Lysanias the tetrarch of Abilene），亞那（Annas）和該亞法（Caiaphas）作大祭司。」

彼拉多以手段狠辣聞名，路加福音13章1-3節記載：「正當那時，有人將彼拉多使加利利人的血攙雜在他們祭物中的事，告訴耶穌。耶穌說：你們以為這些加利利人比眾加利利人更有罪，所以受這害麼？我告訴你們，不是的。你們若不悔改，都要如此滅亡。」彼拉多上任之初，用暴力鎮壓加利利叛亂，並將加利利人的血攙雜在他們祭物之中，褻瀆猶太教。由此可見，彼拉多與猶太人政治張力極大，氣氛緊張。

按猶太史學家若瑟夫（Josephus）記述，彼拉多曾命兵丁偷運凱撒雕像進耶路撒冷，後猶太人群集凱撒利亞軍營示威反對偶像，彼拉多一度要脅屠殺他們，後見猶太人視死如歸，這才退讓取消計劃。又有一次，彼拉多打算掏用聖殿基金去建設引水道，後亦因猶太人激烈反對而告吹。

史學家腓路（Philo）記述，彼拉多管治的政府充滿貪污、賄賂、殘暴、審訊不公等情況，官民關係緊張。

然而，這時祭司長和民間的長老為要治死耶穌，還是要把耶穌帶到彼拉多那裡。

彼拉多出來問他們：「你們告這人是為甚麼事呢？」

他們回答說：「這人若不是作惡的，我們就不把他交給你。」

彼拉多說：「你們自己帶他去，按著你們的律法審問他吧。」

猶太人說：「我們沒有殺人的權柄。」（約翰福音18:29-31）

他們指控耶穌說：「我們見這人誘惑國民，禁止納稅給凱撒，並說自己是基督，是王。」（路加福音23:2）

彼拉多這才認真起來，他問耶穌說：「你是猶太人的王嗎？」

耶穌說：「你說的是。」（馬太福音27:11）

約翰福音有更詳細的記述，耶穌回答說：「這話是你自己說的，還是別人論我對你說的呢？」

彼拉多說：「我豈是猶太人呢？你本國的人和祭司長把你交給我。你做了甚麼事呢？」

耶穌回答說：「我的國不屬這世界；我的國若屬這世界，我的臣僕必要爭戰，使我不至於被交給猶太人。只是我的國不屬這世界。」

彼拉多就對他說：「這樣，你是王嗎？」

耶穌回答說：「你說我是王。我為此而生，也為此來到世間，特為給真理作見證。凡屬真理的人就聽我的話。」

彼拉多說：「真理是甚麼呢？」（約翰福音18:34-38）

此外，耶穌對祭司長和長老的控告，甚麼都不回答。

彼拉多就對他說：「他們作見證告你這麼多的事，你沒有聽見嗎？」耶穌仍不回答，連一句話也不說，以致巡撫甚覺希奇。（馬太福音27:12-13）

於是，彼拉多對祭司長和眾人說：「我查不出這人有甚麼罪來。」

但他們越發極力地說：「他煽惑百姓，在猶大遍地傳道，從加利利起，直到這裏了。」

彼拉多一聽見，就問：「這人是加利利人嗎？」

既曉得耶穌屬希律所管，就把他送到希律那裏去。那時希律正在耶路撒冷。

（路加福音23章4-7節）

路加福音進一步記述希律審問耶穌的過程。

希律十分歡喜看見耶穌，久已想要見他並看他行一件神蹟。希律問了耶穌許多話，但耶穌卻一言不答。然而，在旁站著的祭司長和文士卻極力地控告他。不得要領，希律和他的兵丁就藐視耶穌，

戲弄他，給他穿上華麗衣服，把他送回彼拉多那裏去。（路加福音23:8-11）

回到彼拉多那裡，彼拉多傳齊了祭司長和官府並百姓，就對他們說：「你們解這人到我這裏來，說他是誘惑百姓的。看哪，我也曾將你們告他的事，在你們面前審問他，並沒有查出他甚麼罪來；就是希律也是如此，所以把他送回來。可見他沒有做甚麼該死的事。故此，我要責打他，把他釋放了。」（路加福音23:13-16）

馬太福音記述一個插曲，正當彼拉多坐堂的時候，他的夫人打發人來說：「這義人的事，你一點不可管，因為我今天在夢中為他受了許多的苦。」（馬太福音27:19）

約翰福音記述彼拉多提出交換條件，對他們說：「我查不出他有甚麼罪來。但你們有個規矩，在逾越節要我給你們釋放一個人，你們要我給你們釋放猶太人的王嗎？」他們又喊著說：「不要這人，要巴拉巴！」這巴拉巴是個強盜。（約翰福音18:38-40）

彼拉多說：「這樣，那稱為基督的耶穌我怎麼辦他呢？」

他們都說：「把他釘十字架！」

巡撫說：「為甚麼呢？他做了甚麼惡事呢？」

他們便極力地喊著說：「把他釘十字架！」（馬太福音27:22-23）

當下彼拉多將耶穌鞭打了。兵丁用荊棘編造冠冕戴在他頭上，給他穿上紫袍，又挨近他，說：「恭喜，猶太人的王啊！」他們就用手掌打他。

彼拉多又出來對眾人說：「我帶他出來見你們，叫你們知道我查不出他有甚麼罪來。」

耶穌出來，戴著荊棘冠冕，穿著紫袍。彼拉多對他們說：「你們看這個人！」

祭司長和差役看見他，就喊著說：「釘他十字架！釘他十字架！」

彼拉多說：「你們自己把他釘十字架吧！我查不出他有甚麼罪來。」

猶太人回答說：「我們有律法，按那律法，他是該死的，因他以自己為上帝的兒子。」

彼拉多聽見這話，越發害怕，又進衙門，對耶穌說：「你是哪裏來的？」耶穌卻不回答。

彼拉多說：「你不對我說話嗎？你豈不知我有權柄釋放你，也有權柄把你釘十字架嗎？」

耶穌回答說：「若不是從上頭賜給你的，你就毫無權柄辦我。所以，把我交給你的那人罪更重了。」

從此，彼拉多想要釋放耶穌，無奈猶太人喊著說：「你若釋放這個人，就不是凱撒的忠臣。凡以自己為王的，就是背叛凱撒了。」

彼拉多聽見這話，就帶耶穌出來，到了一個地方，名叫「鋪華石處」（Pavement），希伯來話叫厄巴大（Gabbatha），就在那裏坐堂。那日是預備逾越節的日子，約有午正。

彼拉多對猶太人說：「看哪，這是你們的王！」

他們喊著說：「除掉他！除掉他！釘他在十字架上！」

彼拉多說：「我可以把你們的王釘十字架嗎？」

祭司長回答說：「除了凱撒，我們沒有王。」（約翰福音19:1-19）

馬太福音最後記載，彼拉多見說也無濟於事，反要生亂，就拿水在眾人面前洗手，說：「流這義人的血，罪不在我，你們承當吧。」

眾人都回答說：「他的血歸到我們和我們的子孫身上。」

於是彼拉多釋放巴拉巴給他們，把耶穌鞭打了，交給人釘十字架。（馬太福音27：22-23）

在彼拉多審訊耶穌的過程裡面，出現一個強烈的對比：一方面，彼拉多在猶大地獨攬軍政大權，主宰生死，然而他礙於民情的壓力，孤獨地面對判決耶穌的抉擇，有所不能為，彼拉多表現得煩躁不安。另一方面，耶穌在彼拉多手下受難，眾叛親離，受盡凌辱。他對猶太人的指控，不作一聲，內裡卻是何等的堅定。

耶穌說他特為給真理作見證。彼拉多卻問真理是甚麼。這句說話，成為了無神論者的名句。對於耶穌來說，真理就是神，獨一的生命創造主；然而對於彼拉多來說，真理是世界的定律，絕對而客觀的準則，冷冰冰的規條。難怪，彼拉多像瞎了眼睛，在耶穌基督真理前面，他仍然在問真理是甚麼。

事實上，對於彼拉多而言，眼前在他手下受難的耶穌怎可能是真理的化身，怎可能是猶太人的王，怎可能是神的兒子？對於彼拉多而言，耶穌祇可能是一位觸怒了猶太祭司、長老和文士的宗教狂熱瘋子。然而，耶穌面對凌辱、控訴及鞭打所表現出的堅定，卻令彼拉多越來越擔心。彼拉多心裡沒有神，祇有不停的利害盤算和行政的計謀。然而，彼拉多在耶穌的面前，一切的謀略都瓦解了，他越來越感受到耶穌王者的風範，他更不能輕易對耶穌作出判決；相反，彼拉多似乎感受到來自耶穌審判的眼神。猶太人控告耶穌，指祂以自己為上帝的兒子。聖經記載，彼拉多聽見這話後，並不是輕視、嘲諷，而是「越發害怕」。

彼拉多向耶穌重申祂的權柄：你不對我說話嗎？你豈不知我有權柄釋放你，也有權柄把你釘十字架嗎？耶穌卻回答：若不是從上頭賜給你的，你就毫無權柄辦我。彼拉多這才發現，在他之上有更高的權柄。

在羞怒下，彼拉多下令兵丁將耶穌鞭打。歷史告訴我們，羅馬兵丁所用的鞭是九尾鞭，每條鞭都帶著九條有鉤的鞭子，每鞭一次，耶穌身上就帶著九個傷口，皮開肉綻，血流如注，痛入肺腑。兵丁又用荊棘編造冠冕戴在祂頭上，尖刺插在頭上，登時痛不欲生，血流披面。兵丁之後給祂穿上紫袍，嘲諷祂說：「恭喜，猶太人的王啊！」，又用手掌打祂，極盡凌辱。

這時，人性的醜惡、權力的腐化、血腥的快感、嘲諷的傲慢，當下全表現出來。這就是人內裡真實的性情。

七百年前，先知以賽亞早對耶穌的經歷發出預言。以賽亞書53章1-8節預言：「我們所傳的有誰信呢？耶和華的膀臂向誰顯露呢？他在耶和華面前生長如嫩芽，像根出於乾地。他無佳形美容；我們看見他的時候，也無美貌使我們羨慕他。他被藐視，被人厭棄；多受痛苦，常經憂患。他被藐視，好像被人掩面不看的一樣；我們也不尊重他。他誠然擔當我們的憂患，背負我們的痛苦；我們卻以為他受責罰，被上帝擊打苦待了。哪知他為我們的過犯受害，為我們的罪孽壓傷。因他受的刑罰，我們得平安；因他受的鞭傷，我們得醫治。我們都如羊走迷，各人偏行己路；耶和華使我們眾人的罪孽都歸在他身上。他被欺壓，在受苦的時候卻不開口；他像羊羔被牽到宰殺之地，又像羊在剪毛的人手下無聲，他也是這樣不開口。因受欺壓和審判，他被奪去，至於他同世的人，誰想他受鞭打、從活人之地被剪除，是因我百姓的罪過呢？」

是的，耶穌被藐視，不被尊重。他擔當我們的憂患和痛苦；我們卻以為他自討苦吃。我們如羊走迷，偏行己路，上帝使我們眾人的罪孽都歸在他身上。因耶穌受的刑罰，我們得平安；因耶穌受的鞭傷，我們得醫治。

可惜，正如所預言的，「至於他同世的人，誰想他受鞭打、從活人之地被剪除，是因我百姓的罪過呢？」彼拉多不明白，祭司、文士、長老不明白，猶太人都不明白，今日很多人都不明白。

耶穌經過一輪殘酷的鞭打後，彼拉多出來對眾人說：「我帶他出來見你們，叫你們知道我查不出他有甚麼罪來。」耶穌出來，戴著荊棘冠冕，穿著紫袍。彼拉多對他們說：「你們看這個人！」

「看這個人」的希臘文是 Ecce Homo，在苦路上有一個地方名叫 Ecce Homo Arch，是紀念耶穌受審的地方。Ecce Homo 曾被十九世紀無神論哲學家尼采（Friedrich Wilhelm Nietzsche）引用為他自傳式著作的書名，論述他的存在主義立場，因而令 Ecce Homo 成為名句。

「看這個人」究竟是甚麼意思呢？群眾看到的是一個遍體鱗傷，頭戴棘冕，身披紫袍的耶穌；群眾看到的那人是自稱為神的兒子的耶穌；是自稱為基督救主、猶太人的王。何等的諷刺！何等的拒絕！

對於彼拉多而言，「看這個人」這句話是要證明他已經用盡酷刑拷問，並沒有得到耶穌該死的證據。

然而，祭司長和差役看見他，就喊著說：「釘他十字架！釘他十字架！」彼拉多對猶太人說：「看哪，這是你們的王！」他們喊著說：「除掉他！除掉他！釘他在十字架上！」彼拉多問群眾：「我可以把你們的王釘十字架嗎？」祭司長回答說：「除了凱撒，我們沒有王。」對於猶太人來說，凱撒是羅馬政權蹂躪猶太地的象徵，如今，猶太人為要除滅耶穌，寧願公開宣認民族的侵略者為王。

彼拉多最後拿水在眾人面前洗手，說：「流這義人的血，罪不在我，你們承當吧。」眾人就說：「他的血歸到我們和我們的子孫身上。」這是何等的自我咒詛！這亦反映祭司長、文士和長老對耶穌是何等的恨之入骨，欲去之而後快。

為甚麼猶太祭司長、文士和長老這樣恨惡耶穌呢？

耶穌在約翰福音 15 章 18-25 節有解釋道：「世人若恨你們，你們知道，恨你們以先已經恨我了。你們若屬世界，世界必愛屬自己的；只因你們不屬世界，乃是我從世界中揀選了你們，所以世界就恨你

們。……恨我的，也恨我的父。我若沒有在他們中間行過別人未曾行的事，他們就沒有罪；但如今連我與我的父，他們也看見也恨惡了。這要應驗他們律法上所寫的話，說：『他們無故地恨我。』」

祭司長、文士和長老是無故的恨耶穌，他們連耶穌與天父，他們也看見，也恨惡。祭司長、文士和長老高舉自己的文化與宗教，將自己和自己所代表的傳統高舉過於天父和祂的兒子，並希望透過除滅耶穌，可以將對天父的信仰回復到宗教傳統，甚至願意承擔耶穌的血債歸到自己和自己的子孫身上。

結果，在這個世代未過去之前，耶路撒冷最終出現了反羅馬叛亂，公元七十年，羅馬大將軍提多（Titus）率領大軍攻陷耶路撒冷，展開屠城，屍橫遍野，十字架的刑具插滿城內外。猶太人開始了長達二千年的放逐流徙。

至於彼拉多，在判處耶穌死刑後的幾年，撒馬利亞發生叛亂，彼拉多大舉鎮壓，令局勢不可收拾。主後三十五年，一名撒瑪利亞的領袖答應將摩西在基利心山埋藏的寶藏提供給彼拉多。由於有很多撒瑪利亞人同去，彼拉多懷疑他們試圖叛亂，出動軍隊大舉屠殺。撒瑪利亞人向敘利亞總督維特琉斯（Vitellius）控告彼拉多，羅馬朝野責難，皇帝提庇留召回彼拉多，是年為公元三十六年。彼拉多到達羅馬時，提庇留已經逝世，卡利古拉繼位。彼拉多無法開脫撒瑪利亞的屠殺，被皇帝流放至高盧地。

對於彼拉多的下場，野史有不同的版本。其中一個版本說，羅馬皇帝提庇留晚年身陷重病，有人告訴他猶太地區的耶穌有醫病的大能，皇帝打發特使去猶太地找耶穌，但彼拉多封鎖消息，不讓特使知道真相。其後，特使遇見使女維羅尼卡（Veronica），就是在苦路用毛巾給耶穌印臉上血汗的女子，這才知道耶穌已被彼拉多判處死刑。其後，特使帶同維羅尼卡及印有耶穌血汗的毛巾見皇帝，並醫好了他。病愈後，皇帝盛怒下召回彼拉多。有說希律派人在朝中說彼拉多的不

是，皇帝將他貶到高盧的蠻荒地帶，即現今法國維埃納（Vienne），最後彼拉多更被皇帝賜死。彼拉多抑鬱下自殺，屍體捆大石掉進提伯多河（Tibert）裡。奇怪的是大石沒有沉在河底，屍體被河魚吞噬淨盡。

彼拉多一生在官場為事業打拼，面對神的兒子耶穌卻不知道甚麼是真理，著眼今生，忽視永恆，最終卻落得如斯下場，怎不教人唏噓！

第 6 章

因祂受鞭傷，我們得醫治

按照路加福音的敍述，彼拉多三次想要責打耶穌後便把他釋放。

路加福音23章13-25節記載：

彼拉多傳齊了祭司長和官府並百姓，就對他們說：「你們解這人到我這裏，說他是誘惑百姓的。看哪，我也曾將你們告他的事，在你們面前審問他，並沒有查出他甚麼罪來；就是希律也是如此，所以把他送回來。可見他沒有做甚麼該死的事。故此，我要責打他，把他釋放了。」眾人卻一齊喊著說：「除掉這個人！釋放巴拉巴給我們！」這巴拉巴是因在城裏作亂殺人，下在監裏的。彼拉多願意釋放耶穌，就又勸解他們。無奈他們喊著說：「釘他十字架！釘他十字架！」彼拉多第三次對他們說：「為甚麼呢？這人做了甚麼惡事呢？我並沒有查出他甚麼該死的罪來。所以，我要責打他，把他釋放了。」他們大聲催逼彼

拉多，求他把耶穌釘在十字架上。他們的聲音就得了勝。彼拉多這才照他們所求的定案，把他們所求的那作亂殺人、下在監裏的釋放了，把耶穌交給他們，任憑他們的意思行。

按約翰福音18章33節至19章1-7節的記述，耶穌在彼拉多的審訊之中，已遭到酷刑鞭打。

當時，彼拉多叫耶穌來，對他說：「你是猶太人的王嗎？」耶穌的回答令彼拉多摸不著頭腦，祂說：「你說我是王。我為此而生，也為此來到世間，特為給真理作見證。凡屬真理的人就聽我的話。」彼拉多說：「真理是甚麼呢？」之後，彼拉多對猶太人說：「你們要我給你們釋放猶太人的王嗎？」他們又喊著說：「不要這人，要巴拉巴！」

約翰福音19章1-7節記載：

當下彼拉多將耶穌鞭打了。兵丁用荊棘編做冠冕戴在他頭上，給他穿上紫袍，又挨近他，說：「恭喜，猶太人的王啊！」他們就用手掌打他。

耶穌被打至遍體麟傷後，約翰福音19章4-7節記載：

彼拉多又出來對眾人說：「我帶他出來見你們，叫你們知道我查不出他有甚麼罪來。」耶穌出來，戴著荊棘冠冕，穿著紫袍。彼拉多對他們說：「你們看這個人！」

可是，祭司長和差役並不肯放過耶穌，經文記載：

祭司長和差役看見他，就喊著說：「釘他十字架！釘他十字架！」彼拉多說：「你們自己把他釘十字架吧！我查不出他有甚麼罪來。」猶太人回答說：「我們有律法，按那律法，他是該死的，因他以自己為上帝的兒子。」

約翰福音19章12-16節記載：

從此，彼拉多想要釋放耶穌，無奈猶太人喊著說：「你若釋放這

個人，就不是凱撒的忠臣。凡以自己為王的，就是背叛凱撒了。」彼拉多聽見這話，就帶耶穌出來，到了一個地方，名叫「鋪華石處」，希伯來話叫厄巴大，就在那裏坐堂。那日是預備逾越節的日子，約在午正。彼拉多對猶太人說：「看哪，這是你們的王！」他們喊著說：「除掉他！除掉他！釘他在十字架上！」彼拉多說：「我可以把你們的王釘十字架嗎？」祭司長回答說：「除了凱撒，我們沒有王。」於是彼拉多將耶穌交給他們去釘十字架。

馬太福音27章26-31節有更詳細的記載：

於是彼拉多釋放巴拉巴給他們，把耶穌鞭打了，交給人釘十字架。巡撫的兵就把耶穌帶進衙門，叫全營的兵都聚集在他那裏。他們給他脫了衣服，穿上一件朱紅色袍子，用荊棘編做冠冕，戴在他頭上，拿一根葦子放在他右手裏，跪在他面前，戲弄他，說：「恭喜，猶太人的王啊！」又吐唾沫在他臉上，拿葦子打他的頭。戲弄完了，就給他脫了袍子，仍穿上他自己的衣服，帶他出去，要釘十字架。

從約翰福音和馬太福音兩段經文的記載，耶穌可能前後被鞭打及凌辱兩次，一次是彼拉多責打耶穌後，向祭司長及長老展示「看這個人！」意圖滿足他們後把耶穌釋放。第二次是彼拉多決定釋放巴拉巴，將耶穌交給兵丁去釘十字架之後，兵丁任意對待耶穌，再戲弄他一次，今次更加上葦子當權杖的把戲。

羅馬兵丁的鞭刑用刑具有不同的種類，有簡單的牛皮鞭和羊皮鞭，也有所謂多尾鞭，鞭尾分成多條細鞭，繫有鉛球。有一種名為九尾鞭，尾部連接金屬或骨刺。當犯人被抽打一次，身體即出現九條傷痕，由於金屬片或骨刺在身體拖行，皮膚及肌肉即時會出現深可見骨的傷口。當犯人被連續抽打，血肉橫飛，肌肉和筋腱被切成條狀，甚至深見器官。

按猶太律法，鞭打（flagellation）以四十次為限，這是根據申命記25章1-3節的要求：

人若有爭訟，來聽審判，審判官就要定義人有理，定惡人有罪。惡人若該受責打，審判官就要叫他當面伏在地上，按著他的罪照數責打。只可打他四十下，不可過數；若過數，便是輕賤你的弟兄了。

羅馬人在猶大地大致依據猶太律法，刑責猶太人不多於四十下，不過若為羅馬人，則可減一下，即打三十九下。

對於猶太人的鞭打，據拉比的遺傳是胸口打十三下，背部左邊打十三下，背部右邊打十三下，最少三十九下。

當鞭打完成後，犯人大抵已皮開肉綻，血肉模糊，有些犯人已經昏迷，甚至失血過多死亡。

耶穌所承受的鞭打，正體驗詩篇 129 篇 2-3 節所描述的：

從我幼年以來，敵人屢次苦害我，卻沒有勝了我。如同扶犁的，在我背上扶犁而耕，耕的犁溝甚長。

是的，在耶穌背上所受的鞭傷，確如在背上扶犁耕地一樣，血肉模糊，面目全非。

在經過死去活來的鞭打後，兵丁仍然未肯罷休，並叫了全營的兵丁，大約五、六百人聚集，當眾繼續凌辱耶穌。兵丁給耶穌穿上一件代表大人物的紫色或朱紅色的袍子，嘲弄耶穌。

此外，兵丁用有尖刺的荊棘編做冠冕，戴在他頭上，尖刺插入耶穌頭上，耶穌登時痛不欲生，血流披面。

兵丁又拿一根葦子放在他右手裏扮作君王的權杖，跪在他面前，戲弄他，說：「恭喜，猶太人的王啊！」之後，兵丁吐唾沫在他臉上，侮辱他，又搶了他手上的權杖——葦子，打他的頭。

戲弄完了，馬太福音記述兵丁給耶穌脫了袍子，穿回他自己的衣服，帶他出去釘十字架。

的確，耶穌是大衛的子孫，是猶太人的王，亦是猶太人苦候了數百年的彌賽亞。耶穌將確立天父的國權，帶來永遠救贖。可惜，祭司

長和長老等社會領袖袛著眼於維持政治現狀的平衡，猶太民眾袛著眼於眼前民族政治的解放，兩者都無法接受這位來自貧瘠地區的加利利人耶穌，羅馬兵丁用最殘酷的方式對待耶穌，戲弄耶穌，否定他的身分和他的使命。

然而，這一切都無法否定七百年前先知以賽亞對於耶穌的預言。以賽亞書52章13-15節預言道：

我的僕人行事必有智慧，必被高舉上升，且成為至高。許多人因他驚奇；他的面貌比別人憔悴；他的形容比世人枯槁。這樣，他必洗淨許多國民；君王要向他閉口。因所未曾傳與他們的，他們必看見；未曾聽見的，他們要明白。

以賽亞書53章1-12節繼續預言：

我們所傳的有誰信呢？耶和華的膀臂向誰顯露呢？他在耶和華面前生長如嫩芽，像根出於乾地。他無佳形美容；我們看見他的時候，也無美貌使我們羨慕他。他被藐視，被人厭棄；多受痛苦，常經憂患。他被藐視，好像被人掩面不看的一樣；我們也不尊重他。他誠然擔當我們的憂患，背負我們的痛苦；我們卻以為他受責罰，被上帝擊打苦待了。哪知他為我們的過犯受害，為我們的罪孽壓傷。因他受的刑罰，我們得平安；因他受的鞭傷，我們得醫治。我們都如羊走迷；各人偏行己路；耶和華使我們眾人的罪孽都歸在他身上。他被欺壓，在受苦的時候卻不開口；他像羊羔被牽到宰殺之地，又像羊在剪毛的人手下無聲，他也是這樣不開口。因受欺壓和審判，他被奪去，至於他同世的人，誰想他受鞭打、從活人之地被剪除，是因我百姓的罪過呢？他雖然未行強暴，口中也沒有詭詐，人還使他與惡人同埋；誰知死的時候與財主同葬。耶和華卻定意將他壓傷，使他受痛苦。耶和華以他為贖罪祭。他必看見後裔，並且延長年日。耶和華所喜悅的事必在他手中亨通。他必看見自己勞苦的功效，便心滿意足。有許多人因認識我的義僕得稱為義；並且他要擔當他們的罪孽。所以，我要使他

與位大的同分，與強盛的均分擄物。因為他將命傾倒，以致於死；他也被列在罪犯之中。他卻擔當多人的罪，又為罪犯代求。

正如先知以賽亞的預言詩所述，上帝這一位僕人並無佳形美容，甚至面貌比別人憔悴，形容比世人枯槁。世人都藐視他，不尊重他。正如福音書所述，祭司的僕役蒙著耶穌的頭打祂，羅馬兵丁吐唾沫在耶穌面上，用荊棘編做冠冕戴在他頭上，用葦子打祂的頭。然而耶穌都默然無聲，忍受著一切的苦楚。上帝定意要將他壓傷，使他受痛苦，上帝以他為贖罪祭，使我們眾人的罪孽都歸在他身上。他擔當我們的憂患，背負我們的痛苦；因他受的刑罰，我們得平安；因他受的鞭傷，我們得醫治。他受鞭打、被剪除，是因我們的罪過！

對於以賽亞書53章5節，中文和合本的翻譯是：「那知他為我們的過犯受害，為我們的罪孽壓傷，因他受的刑罰我們得平安，因他受的鞭傷我們得醫治。」

呂振中中文譯本則為：「哪知道是他為了我們的過犯而被刺透，為了我們的罪孽而被壓傷；那加於他身上的刑罰使我們得了安康；因他受的鞭傷，我們才得醫治。」

上述譯文指出耶穌有三處受傷的地方：

耶穌因我們的叛逆被荊棘冠冕刺透（pierced)），因我們的邪惡不義被沉重的十架壓傷（crushed），為我們得醫治祂被鞭傷（stripes）。

耶穌親身經歷過這一切。祂擔當我們的憂患，背負我們的痛苦，耶穌解決我們的憂患，並不如大君王般揮動手中的權杖去解決，祂親身背負我們的痛苦。我們得到的平安，是因祂為我們接受刑罰，我們得到醫治，是因祂為我們接受鞭傷。按照上帝的公義，原本為罪孽承受刑罰的應該是我們自己，受到鞭傷亦本應是我們，但上帝以耶穌為贖罪祭，使我們的罪孽都歸在祂身上。

正如彼得前書2章21-25節所述：

你們蒙召原是為此；因基督也為你們受過苦，給你們留下榜樣，叫你們跟隨祂的腳蹤行。祂並沒有犯罪，口裏也沒有詭詐。祂被罵不還口；受害不說威嚇的話，只將自己交託那按公義審判人的主。祂被掛在木頭上，親身擔當了我們的罪，使我們既然在罪上死，就得以在義上活。因祂受的鞭傷，你們便得了醫治。你們從前好像迷路的羊，如今卻歸到你們靈魂的牧人監督了。

是的，我們得著醫治，是因著耶穌所付的鞭傷重價。

第7章

在十字架上

　　耶穌被兵丁戲弄完之後,離開彼拉多的衙門,背負十字架,走上苦路。

　　馬太福音27章33節記載:

　　到了一個地方,名叫各各他,意思就是髑髏地。

　　在釘十字架之前,兵丁拿苦膽和沒藥調和的酒給耶穌喝。馬太福音27章34節記載:

　　兵丁拿苦膽調和的酒給耶穌喝。他嘗了,就不肯喝。

馬可福音15章22-23節的記載是：

他們帶耶穌到了各各他地方（各各他翻出來、就是髑髏地），拿沒藥（myrrh）調和的酒給耶穌，他卻不受。

這段經文應驗大衛的詩篇69篇21節的預言：「他們拿苦膽給我當食物。」

苦膽（gall），在希伯來文是Ro'sh，希臘文是chole，意思指極苦的毒藥，有解經家認為可能是指罌粟花（poppy of opium）或苦艾（wormwood），有止痛麻醉作用。沒藥（myrrh）是調味料，以減低苦味。因此，苦膽和沒藥調和的酒是止痛麻醉作用，以減低犯人被釘時的劇痛，以免他們暈倒或即時死去。然而，耶穌卻不肯喝，祂要親身擔當世人犯罪的刑罰。

耶穌於被捕前在客西馬尼園的祈禱特別為祂要喝的苦杯祈禱，路加福音22章42節記載：

「父阿，你若願意，就把這杯撤去。然而不要成就我的意思，只要成就你的意思。」

若耶穌所祈求要撤去的杯是指為世人贖罪的工作，則天父並沒有垂聽耶穌的祈禱。不過，天父真的讓耶穌撤去這苦膽和沒藥調和酒的杯，讓祂清醒而有能力忍受劇痛，面對整個犧牲流血、為世人擔當罪孽的過程。

馬可福音15章25節記載：釘他在十字架上，是巳初的時候。

時間上亦即是星期五上午九時的時間。

傳統上認為，釘十字架是把一條五至七吋長的鐵釘打入耶穌的手心。實際上，若鐵釘釘在手心上，根本無法承受身體的重量。事實上，鐵釘是釘在手腕上，手腕充滿神經線，痛楚程度更是叫人痛不欲生。

當兵丁將耶穌雙手釘在十字架的兩邊橫木時，須要拉直犯人的雙手，往往造成肩膀脫骹。此外，耶穌雙腳的跗骨亦被兵丁用鐵釘釘在

十字架上。完成後，整個十字架在磐石鑿出的洞上被樹立起來。耶穌全身的重力就壓在手和腳的三個傷口上，這應驗了詩篇22篇14-17節的預言：

我如水被倒出來，我的骨頭都脫了節，我心在我裡面如蠟融化。我的精力枯乾、如同瓦片，我的舌頭貼在我牙床上，你將我安置在死地的塵土中。犬類圍著我，惡黨環繞我，他們扎了我的手、我的腳。我的骨頭，我都能數過，他們瞪著眼看我。

路加福音23章33節記載了耶穌在極度痛苦中禱告上帝說：

「父阿、赦免他們，因為他們所作的，他們不曉得。」

馬太福音27章35-36節敘述：

他們既將他釘在十字架上，就拈鬮分他的衣服，又坐在那裡看守他。

約翰福音19章-24節有更詳細的敘述：

兵丁既然將耶穌釘在十字架上，就拿他的衣服分為四份，每兵一份，又拿他的裡衣．這件裡衣原來沒有縫兒，是上下一片織成的。他們就彼此說：我們不要撕開，只要拈鬮，看誰得著。這要應驗經上的話說：「他們分了我的外衣，為我的裡衣拈鬮。」兵丁果然作了這事。

這段經文是指詩篇22篇18節的預言：

他們分我的外衣，為我的裡衣拈鬮。

經文敘述，耶穌基督在十字架上被奪去一切，赤身露體，失去個人僅有的尊嚴，為的是擔當我們的罪孽。

加拉太書3章13節指出：

基督既為我們受了咒詛，就贖出我們脫離律法的咒詛，因為經上記著：「凡掛在木頭上都是被咒詛的。」

是的，耶穌為我們受到了上帝的咒詛，原先在我們身上的咒詛都歸到祂身上。

按約翰福音19章18-20節記載，兵丁在各各他山上把耶穌釘在十字架上，另有兩個強盜和他一同釘著，一邊一個，耶穌在中間。彼拉多在牌子上用希伯來文、羅馬文和希臘文寫上「猶太人的王拿撒勒人耶穌」，安在十字架上。這個名號的縮寫為 INRI（拉丁文：Iēsus Nazarēnus, Rēx Iūdaeōrum），英文是 "Jesus the Nazarene, King of the Jews"。

釘十字架的英文名詞是 Crucifixion，是由兩個字組成：十字架 Cruci 及固定 fix，即固定在十字架的意思。從文意來看，即 crucially fixed，意思是決定性地解決！的確，釘十字架的意思就是決定性解決我們罪的問題。

在這裡，耶穌在肉身上承受著當時最殘酷的刑罰，兩手和雙腳用鐵釘釘在十架上，血不住地流，全身的下垂壓力都在釘傷之處；每一次呼吸都要痛苦地把身體向上撐起來，直到用盡最後一口氣，流盡最後一滴血為止。

除了肉體上所承受的痛苦，精神上耶穌更承受著無比的羞辱。

馬太福音27章39-43節敍述當時的情況：「從那裡經過的人，譏誚他，搖著頭說：你這拆毀聖殿，三日又建造起來的，可以救自己罷。你如果是神的兒子，就從十字架上下來罷。」

官府嗤笑他說：「他救了別人，他若是基督、神所揀選的，可以救自己罷。」

兵丁也戲弄他說：「你若是猶太人的王，可以救自己罷。」

祭司長和文士並長老，也是這樣戲弄他，說：「他救了別人，不能救自己。他是以色列的王，現在可以從十字架上下來，我們就信他。他倚靠神，神若喜悅他，現在可以救他；因為他曾說：我是神的兒子。」

就連與耶穌同釘十字架的也譏誚耶穌，路加福音23章39-43節記載：

那同釘的兩個犯人，有一個譏誚他說：「你不是基督麼？可以救自己和我們罷。」

當時，祇有一個人為耶穌辯屈，與耶穌同釘十字架的另一個強盜應聲責備譏諷耶穌的強盜說：

「你既是一樣受刑的，還不怕神麼？我們是應該的，因我們所受的，與我們所作的相稱，但這個人沒有作過一件不好的事。就說：『耶穌阿！你得國降臨的時候，求你記念我。』」

這個強盜對耶穌的信心是何等的大！對於旁邊與自己一同受刑的人，他竟能求祂記念自己。

耶穌對他說：

「我實在告訴你，今日你要同我在樂園裡了。」

經文中「樂園」的英文就是 paradise，即天堂的意思。這個強盜出於信心的悔改，得到了耶穌拯救的保證。

約翰福音19章25-27節特別提及耶穌的母親：

站在耶穌十字架旁邊的，有他母親與他母親的姊妹，並革羅罷的妻子馬利亞，和抹大拉的馬利亞。耶穌見母親和他所愛的那門徒站在旁邊，就對他母親說：「母親，看，你的兒子！」又對那門徒說：「看，你的母親！」從此，那門徒就接她到自己家裏去了。

這時，耶穌在十字架上看著與自己一同經歷風風雨雨的母親馬利亞，生命一點一點的流逝，百感交集。

耶穌可能想起詩篇22章9-10節的預言詩：「但你是叫我出母腹的，我在母懷裡，你就使我有倚靠的心。我自出母胎就被交在你手裡，從我母親生我，你就是我的神。」

　　馬利亞由生耶穌開始，已經知道耶穌的命定，眼淚早已哭乾了，沒有歇斯底里，沒有失控號啕，祇有默默無語接受即將要來的事實。耶穌這時卻為馬利亞安排往後生活，著門徒約翰照顧三年傳道無暇照顧的母親。

　　馬太福音27章45-50節記載，由中午開始，直至下午三時，遍地黑暗，日頭變黑。

　　耶穌接近離世的時間，經文記載：

　　從午正到申初，遍地都黑暗了。約在申初，耶穌大聲喊著說：「以利！以利！拉馬撒巴各大尼？」（Eli, Eli, lema sabachthani?）就是說：「我的上帝！我的上帝！為甚麼離棄我？」

　　耶穌這句說話是以希伯來文記錄的。馬可福音15章33節的記述則為：

　　「以羅伊！以羅伊！拉馬撒巴各大尼？」（Eloi, Eloi, lama sabachthani？）這段說話是以古亞蘭文說的，翻出來也是一樣：我的上帝！我的上帝！為甚麼離棄我？

　　對於聖潔的上帝，耶穌既擔當著世人的罪孽，祂不能與耶穌同在，耶穌平生第一次經歷到上帝的離棄，令祂發出絕望的呼喊！這時，耶穌的心是何等的撕裂，比忍受眾人冷嘲熱諷的侮辱謾罵和肉體的煎熬踩躪更為痛苦。

　　耶穌的呼喊應驗了大衛在詩篇22篇1節的預言：「我的神，我的神，為甚麼離棄我，為甚麼遠離不救我，不聽我唉哼的言語？」

　　站在那裏的人，有的聽見就說：「這個人呼叫以利亞呢！」其餘的人說：「且等著，看以利亞來救他不來。」

　　為甚麼聽到的人會以為耶穌是呼叫以利亞（Elias）呢？因為猶太人都熟悉舊約瑪拉基書4章5-6節的預言：

看哪！耶和華大而可畏之日未到以前，我必差遣先知以利亞到你們那裡去。他必使父親的心轉向兒女，兒女的心轉向父親，免得我來咒詛遍地。

事實上，路加福音1章16-17節記載，早於耶穌出生前，天使已預言施洗約翰的出生說：

他要使許多以色列人回轉，歸於主他們的神。他必有以利亞的心志能力，行在主的前面，叫為父的心轉向兒女，叫悖逆的人轉從義人的智慧，又為主預備合用的百姓。

不過，當施洗約翰出來事奉的時候，他自己也摸不清自己的身分。約翰福音1章19-23節記載：

猶太人從耶路撒冷差祭司和利未人到約翰那裏，問他說：「你是誰？」他就明說，並不隱瞞，明說：「我不是基督。」他們又問他說：「這樣，你是誰呢？是以利亞嗎？」他說：「我不是。」「是那先知嗎？」他回答說：「不是。」於是他們說：「你到底是誰，叫我們好回覆差我們來的人。你自己說，你是誰？」他說：「我就是那在曠野有人聲喊著說：『修直主的道路』，正如先知以賽亞所說的。」

猶太人一直認為舊約的以利亞被上帝接去，並沒有死亡，將來在彌賽亞到來前，以利亞會先回到以色列為祂預備道路。在這個意義上，施洗約翰當然否認是以利亞。然而，耶穌論到施洗約翰時，卻確認施洗約翰就是在祂以前來的以利亞。馬太福音11章11-14節記載耶穌的說話：

我實在告訴你們，凡婦人所生的，沒有一個興起來大過施洗約翰的；然而天國裏最小的比他還大。從施洗約翰的時候到如今，天國是努力進入的，努力的人就得著了。因為眾先知和律法說預言，到約翰為止。你們若肯領受，這人就是那應當來的以利亞。

此外，耶穌在馬太福音17章10-13節再次確認施洗約翰的身分：

門徒問耶穌說：「文士為甚麼說以利亞必須先來？」耶穌回答說：「以利亞固然先來，並要復興萬事；只是我告訴你們，以利亞已經來了，人卻不認識他，竟任意待他。人子也將要這樣受他們的害。」門徒這才明白耶穌所說的是指著施洗的約翰。

為甚麼施洗約翰的身分這麼重要呢？因為以利亞到來之後會指明誰是彌賽亞。事實上，施洗約翰早已指明耶穌就是要來的那一位。

約翰福音1章29-34節記載：

次日，約翰看見耶穌來到他那裏，就說：「看哪，上帝的羔羊，除去世人罪孽的！這就是我曾說：『有一位在我以後來，反成了在我以前的，因他本來在我以前。』我先前不認識他，如今我來用水施洗，為要叫他顯明給以色列人。」約翰又作見證說：「我曾看見聖靈，彷彿鴿子從天降下，住在他的身上。我先前不認識他，只是那差我來用水施洗的對我說：『你看見聖靈降下來，住在誰的身上，誰就是用聖靈施洗的。』我看見了，就證明這是上帝的兒子。」

施洗約翰指出，他傳的是悔改之道，但這祇能預備人心，直到世人相信耶穌，耶穌以聖靈為人施洗，這才能徹底更新信眾的生命。

可惜的是，世人既不認識施洗約翰為以利亞，也不相信耶穌為彌賽亞，仍然在等他們心目中政治上的救主，卻把他們生命和靈魂的救主釘死。

約翰福音19章28-30節記載了耶穌的最後一刻：

這事以後，耶穌知道各樣的事已經成了，為要使經上的話應驗，就說：「我渴了。」有一個器皿盛滿了醋，放在那裏；他們就拿海絨蘸滿了醋，綁在牛膝草上，送到他口。

馬太福音27章48節的記述是：

內中有一個人，趕緊跑去拿海絨蘸滿了醋，綁在葦子上送給他喝。

路加福音23章36節的理解是:

兵丁也戲弄他、上前拿醋送給他喝。

這段經文說,耶穌為使經上的話應驗,是指於詩篇69篇21節的預言:「我渴了,他們拿醋給我喝。」一千年後,大衛的詩果然應驗了。

在釘十字架之前,兵丁拿苦膽和沒藥調和的酒給耶穌喝,耶穌不肯受。但在最後時刻,他喝了這醋或醋酒,醋一方面刺激傷口,令傷者痛上加痛,但醋也的確有解渴作用。

問題是,耶穌不是說祂是活水嗎?為甚麼到這時候,祂也渴了?

約翰福音4章14節記載:

人若喝我所賜的水就永遠不渴,我所賜的水,要在他裡頭成為泉源,直湧到永生。

約翰福音7章37-38節中,耶穌不也高聲宣布:

人若渴了,可以到我這裡來喝。信我的人,就如經上所說:從他腹中要流出活水的江河來。

為甚麼到了這個時候,耶穌卻渴了?

答案可能是出自阿摩司書8章11節:

主耶和華說:日子將到,我必命飢荒降在地上。人飢餓非因無餅,乾渴非因無水,乃因不聽耶和華的話。

耶穌承擔著世人不聽耶和華的話的罪孽,因此也感受到世人失去聖靈同在的乾渴。

約翰福音19章30節記載:

耶穌嚐了那醋,就說:「成了!」便低下頭,將靈魂交付上帝了。

路加福音23章46節從另一個角度記述:

耶穌大聲喊著說:父阿,我將我的靈魂交在你手裡。說了這話,氣就斷了。

事實上，這句說話出自詩篇31篇5節：「我將我的靈魂交在你手裡，耶和華誠實的神阿！你救贖了我。」

馬太福音27章51-54節記載之後發生的事情：

忽然，殿裏的幔子從上到下裂為兩半，地也震動，磐石也崩裂，墳墓也開了，已睡聖徒的身體多有起來的。到耶穌復活以後，他們從墳墓裏出來，進了聖城，向許多人顯現。百夫長和一同看守耶穌的人看見地震並所經歷的事，就極其害怕，說：「這真是上帝的兒子了！」

殿裏的幔子從上到下裂為兩半意義重大，按猶太律法書出埃及記，上帝吩咐摩西建會幕，代表上帝與以色列人同在。出埃及記26章32-34節：

要把幔子掛在四根包金的皂莢木柱子上，柱子上當有金鉤，柱子安在四個帶卯的銀座上。要使幔子垂在鉤子下，把法櫃抬進幔子內，這幔子要將聖所和至聖所隔開。又要把施恩座安在至聖所內的法櫃上。

幔子代表至聖所上帝施恩座與以色列人的分隔，耶穌的死帶來聖殿的幔子裂開，代表人可以因為耶穌直接來到天父的施恩座前面祈求。

正如希伯來書10章19-23節所述：

弟兄們，我們既因耶穌的血得以坦然進入至聖所，是藉著他給我們開了一條又新又活的路從幔子經過，這幔子就是他的身體。又有一位大祭司治理神的家，並我們心中天良的虧欠已經灑去，身體用清水洗淨了，就當存著誠心和充足的信心，來到神面前，也要堅守我們所承認的指望，不至搖動，因為那應許我們的是信實的。

保羅在羅馬書5章6-11節解釋耶穌之死的意義：

因我們還軟弱的時候，基督就按所定的日期為罪人死。為義人死，是少有的；為仁人死，或者有敢做的。惟有基督在我們還作罪人

的時候為我們死，上帝的愛就在此向我們顯明了。現在我們既靠著他的血稱義，就更要藉著他免去上帝的忿怒。因為我們作仇敵的時候，且藉著上帝兒子的死，得與上帝和好；既已和好，就更要因他的生得救了。不但如此，我們既藉著我主耶穌基督得與上帝和好，也就藉著他以上帝為樂。

保羅在羅馬書5章12-21節繼續解釋世人犯罪的問題：

這就如罪是從一人入了世界，死又是從罪來的，於是死就臨到眾人，因為眾人都犯了罪。沒有律法之先，罪已經在世上；但沒有律法，罪也不算罪。然而從亞當到摩西，死就作了王，連那些不與亞當犯一樣罪過的，也在他的權下。亞當乃是那以後要來之人的預像。只是過犯不如恩賜，若因一人的過犯，眾人都死了，何況上帝的恩典，與那因耶穌基督一人恩典中的賞賜，豈不更加倍地臨到眾人嗎？因一人犯罪就定罪，也不如恩賜，原來審判是由一人而定罪，恩賜乃是由許多過犯而稱義。若因一人的過犯，死就因這一人作了王，何況那些受洪恩又蒙所賜之義的，豈不要因耶穌基督一人在生命中作王嗎？如此說來，因一次的過犯，眾人都被定罪；照樣，因一次的義行，眾人也就被稱義得生命了。因一人的悖逆，眾人成為罪人；照樣，因一人的順從，眾人也成為義了。律法本是外添的，叫過犯顯多；只是罪在哪裏顯多，恩典就更顯多了。就如罪作王叫人死；照樣，恩典也藉著義作王，叫人因我們的主耶穌基督得永生。

保羅在哥林多前書15章45節稱耶穌為末後的亞當：

若有血氣的身體，也必有靈性的身體。經上也是這樣記著說：「首先的人亞當成了有靈的活人」；末後的亞當成了叫人活的靈。

耶穌基督作為末後的亞當，叫世人因信祂而活。哥林多前書15章21-22節指：

死既是因一人而來，死人復活也是因一人而來。在亞當裏眾人都死了；照樣，在基督裏眾人也都要復活。

哥林多前書15章25-27節更指出耶穌最終得勝死亡：

因為基督必要作王，等上帝把一切仇敵都放在他的腳下。儘末了所毀滅的仇敵就是死。因為經上說：「上帝叫萬物都服在他的腳下。」

路加福音23章33節記載耶穌被釘十字架的地方名叫髑髏地（Golgotha），意思是骷髏頭的地方（The Place of the Skull），各各他（Calvary）是拉丁化的翻譯。

歷代教會傳統認為，這個各各他山的位置目前就在耶路撒冷舊城聖墓教堂入口內右邊的拉丁各各他（Latin Calvary），即天主教方濟各修會釘十字架小教堂（Catholic Franciscan Chapel of the Nailing of the Cross）內，由天主教方濟各修會管理的祭壇。這裡有耶穌釘十字架的像及來自意大利佛羅倫斯的十二世紀祭壇，有很多朝聖人士在這裡祈禱默想。

一般人以為這地方名叫髑髏地，是因為它的地勢似一個骷髏頭或墳場的地方。不過按二世紀北非基督教教父俄利根（Origen）所述，希伯來人傳說，這個地方是埋葬人類始祖亞當（Adam）的骷髏骨頭的地方。相傳挪亞在洪水滅世前挪亞把始祖亞當的骸骨帶上方舟，避過洪水破壞。洪水過後，挪亞兒子閃（Seth）把始祖亞當的頭骨埋葬在此地，因此名叫髑髏地。在拉丁各各他的祭壇之下，有一間名為亞當小教堂（The Chapel of Adam），就是紀念此一傳說。

在拉丁各各他祭壇左手邊，是東正教的另一個祭壇，紀念耶穌在十字架上之死。祭壇之下是一個石灰石巖洞，相傳是用以樹立耶穌十字架的洞，並有耶穌死時地震所引致的裂痕。

有一些神學家推測，耶穌死時出現大地震動，磐石崩裂，墳墓打開的原因，就是讓耶穌下滴的寶血，經磐石裂痕流到地下亞當的墓穴，遮蓋人類始祖亞當的頭骨，以完成救贖世人的工作。

因此，在一些東正教的傳統，他們用一個十字架下有髑髏頭骨的圖像，代表耶穌的救贖。

此外，亦有人聲稱舊約的約櫃就收藏在各各他山下的洞穴中。當耶穌的寶血從磐石的裂痕流到該洞穴，滴在約櫃上面時，這就完成了摩西律法利未記16章14-16節要求大祭司把血彈在約櫃施恩座前面，以完成為以色列人贖罪的過程。這是否真確，實在已無法考證。

《國際地質學評論》（International Geology Review）於二零一二年五月刊登了一份由德國地質研究中心的地球物理學家傑斐遜．威廉斯（Jefferson Williams）和他的同事馬庫斯．施瓦布（Markus Schwab）、阿希姆．布勞爾（Achim Brauer）所寫的研究報告，他們根據耶路撒冷十三公里以外死海附近的艾因蓋迪海灘（Ein Gedi）的十九呎深沉積岩紋泥研究過往四千年的地質變化，認為該地區有兩個主要的地震，一個是公元前三十一年，另一個則為公元二十六年至三十六年。該時間剛好是彼拉多執政的時間，根據歷史及猶太曆法，地震發生的時間可能就是在西元三十三年四月三日星期五，亦即是傳統認為是耶穌受難當日。聖經記載，在中午至下午三點出現的大地黑暗現象，可能是由於地震引發的沙塵暴所致的。

值得注意的是，北美有史以來最大的地震發生於一九六四年三月廿七日亞拉斯加地區的9.2級地震，當天剛好亦是耶穌受難日，成為世人一個重大的警號。

第 8 章

哀慟的母親馬利亞

在耶穌釘十字架擔當世人的罪孽時，約翰福音 19 章 25-27 節記載耶穌的母親馬利亞就在十字架下陪伴祂走完這條苦路：

「站在耶穌十字架旁邊的，有他母親與他母親的姊妹，並革羅罷的妻子馬利亞，和抹大拉的馬利亞。」

當時耶穌看著陪伴祂走完人生路的母親，自己生命一點一滴地溜走，用盡最後的一口氣說：

「『母親，看，你的兒子！』又對門徒約翰說：『看，你的母親！』從此，那門徒就接她到自己家裏去了。」

耶穌最後將照顧母親的責任交託給門徒約翰。聖經沒有記載馬利亞在十字架下的任何說話，她可能已經泣不成聲，或者已哀慟得死去活來，又或已接受一切，默然與兒子一起面對這最後的時刻。

聖經記載耶穌對母親馬利亞直接說的話祇有三句，上述是最後一句。

第一句記載於路加福音 2 章 41-51 節，當時耶穌祇有十二歲：

「每年到逾越節，他父母就上耶路撒冷去。當他十二歲的時候，他們按著節期的規矩上去。守滿了節期，他們回去，孩童耶穌仍舊在耶路撒冷。他的父母並不知道，以為他在同行的人中間，走了一天的路程，就在親族和熟識的人中找他，既找不著，就回耶路撒冷去找他。過了三天，就遇見他在殿裏，坐在教師中間，一面聽，一面問。凡聽見他的，都希奇他的聰明和他的應對。他父母看見就很希奇。他母親對他說：『我兒！為甚麼向我們這樣行呢？看哪，你父親和我傷心來找你！』耶穌說：『為甚麼找我呢？豈不知我應當以我父的事為念嗎？』他所說的這話，他們不明白。他就同他們下去，回到拿撒勒，並且順從他們。他母親把這一切的事都存在心裏。」

馬利亞找耶穌找了三天，心裡焦急如焚，對祂說：「我兒！為甚麼向我們這樣行呢？看哪，你父親和我傷心來找你！」對於一個十二歲的孩子來說，與父母失去聯絡三天，應該是扭著母親痛哭才對，然而，馬利亞所得到的卻是近乎冷漠的回應：「為甚麼找我呢？豈不知我應當以我父的事為念嗎 ？」

第二個聖經記載的對話是在約翰福音 2 章 1-5 節，當時耶穌在母親馬利亞的要求下，行了第一次的神蹟：

「第三日，在加利利的迦拿有娶親的筵席，耶穌的母親在那裏。耶穌和他的門徒也被請去赴席。酒用盡了，耶穌的母親對他說：『他們沒有酒了。』耶穌說：『母親，我與你有甚麼相干？我的時候還沒有到。』他母親對用人說：『他告訴你們甚麼，你們就做甚麼。』」

之後，耶穌便行了把水變酒的神蹟。

耶穌對母親馬利亞的回應似乎保持著距離，耶穌說：「母親，我與你有甚麼相干？我的時候還沒有到。」這裡，「母親」原文作「婦人」

（woman），反映耶穌保持關係的距離。然而，耶穌還是順從了母親馬利亞的要求，行了第一個神蹟。

事實上，當耶穌開始傳道趕鬼醫病之後，耶穌的行徑確實令祂的家人親屬擔心不已。馬可福音3章20-30節記載耶穌經常被人羣挤擁，事工遠超負荷：

「耶穌進了一個屋子，眾人又聚集，甚至他連飯也顧不得吃。耶穌的親屬聽見，就出來要拉住他，因為他們說他癲狂了。」

更加令耶穌的家人擔心的是，社會有名望的宗教領袖和知識份子都指耶穌是靠鬼王的能力，是被鬼附的：

「從耶路撒冷下來的文士說：『他是被別西卜附著』；又說：『他是靠著鬼王趕鬼。』」

耶穌與他們起了激烈爭辯：

「耶穌叫他們來，用比喻對他們說：『撒但怎能趕出撒但呢？若一國自相紛爭，那國就站立不住；若一家自相紛爭，那家就站立不住。若撒但自相攻打紛爭，他就站立不住，必要滅亡。沒有人能進壯士家裏，搶奪他的家具；必先捆住那壯士，才可以搶奪他的家。」

耶穌嚴嚴警告猶太宗教領袖：

「『我實在告訴你們，世人一切的罪和一切褻瀆的話都可得赦免；凡褻瀆聖靈的，卻永不得赦免，乃要擔當永遠的罪。』這話是因為他們說：『他是被污鬼附著的。』」

這反映耶穌被宗教領袖和知識份子拒絕，認為耶穌是靠黑暗勢力趕鬼的，關係緊張，亦叫母親馬利亞憂心不已。

是故，馬可福音3章31-35節記載：

「當下，耶穌的母親和弟兄來，站在外邊，打發人去叫他。有許多人在耶穌周圍坐著，他們就告訴他說：『看哪，你母親和你弟兄在外邊找你。』耶穌回答說：『誰是我的母親？誰是我的弟兄？』就四面

觀看那周圍坐著的人,說:『看哪,我的母親,我的弟兄。凡遵行上帝旨意的人就是我的弟兄姊妹和母親了。』」

耶穌借用這個機會,教導群眾要遵行上帝的旨意,並表示他們與祂肉生的母親和弟兄地位等同。然而,對於母親馬利亞而言,聽在耳裡,確不是味兒。

自馬利亞從聖靈感孕開始,馬利亞早已知道她兒子的命定。路加福音1章26-38節記載:

「……天使加百列奉上帝的差遣往加利利的一座城去(這城名叫拿撒勒),到一個童女那裏,是已經許配大衛家的一個人,名叫約瑟。童女的名字叫馬利亞;天使進去,對她說:『蒙大恩的女子,我問你安,主和你同在了!』馬利亞因這話就很驚慌,又反覆思想這樣問安是甚麼意思。天使對她說:『馬利亞,不要怕!你在上帝面前已經蒙恩了。你要懷孕生子,可以給他起名叫耶穌。他要為大,稱為至高者的兒子;主上帝要把他祖大衛的位給他。他要作雅各家的王,直到永遠;他的國也沒有窮盡。』馬利亞對天使說:『我沒有出嫁,怎麼有這事呢?』天使回答說:『聖靈要臨到你身上,至高者的能力要蔭庇你,因此所要生的聖者必稱為上帝的兒子。況且你的親戚伊利莎白,在年老的時候也懷了男胎,就是那素來稱為不生育的,現在有孕六個月了。因為,出於上帝的話,沒有一句不帶能力的。』馬利亞說:『我是主的使女,情願照你的話成就在我身上。』天使就離開她去了。」

馬利亞聽到主的使者的啟示,應該是又驚又喜,由為她所生的兒子「要為大,稱為至高者的兒子;主上帝要把他祖大衛的位給他。他要作雅各家的王,直到永遠;他的國也沒有窮盡。」是多麼榮耀尊貴的一回事。不過,她疑惑起來,童女生子,怎可能有這事?

之後,路加福音1章39-56節記載:

「那時候,馬利亞起身,急忙往山地裏去,來到猶大的一座城;進了撒迦利亞的家,問伊利莎白安。伊利莎白一聽馬利亞問安,所懷的胎就在腹裏跳動。伊利莎白且被聖靈充滿,高聲喊著說:『你在婦女

中是有福的！你所懷的胎也是有福的！我主的母到我這裏來，這是從哪裏得的呢？因為你問安的聲音一入我耳，我腹裏的胎就歡喜跳動。這相信的女子是有福的！因為主對她所說的話都要應驗。』」

得到伊利莎白的印證，馬利亞滿心感恩，頌讚上帝說：

「『我心尊主為大；我靈以上帝我的救主為樂；因為他顧念他使女的卑微；從今以後，萬代要稱我有福。那有權能的，為我成就了大事；他的名為聖。他憐憫敬畏他的人，直到世世代代。他用膀臂施展大能；那狂傲的人正心裏妄想就被他趕散了。他叫有權柄的失位，叫卑賤的升高；叫飢餓的得飽美食，叫富足的空手回去。他扶助了他的僕人以色列，為要紀念亞伯拉罕和他的後裔，施憐憫直到永遠，正如從前對我們列祖所說的話。』馬利亞和伊利莎白同住，約有三個月，就回家去了。」

路加福音2章1-38節記載馬利亞生耶穌時的情況。當時，眾人按凱撒奧古斯都下的旨意各歸各城，報名上冊。約瑟帶他所聘之妻馬利亞從加利利的拿撒勒城到了大衛的城，名叫伯利恆，一同報名上冊。他們在那裏的時候，馬利亞的產期到了，就生了頭胎的兒子，用布包起來，放在馬槽裏，因為客店裏沒有地方。

當時天上出現了異象：

「在伯利恆之野地裏有牧羊的人，夜間按著更次看守羊群。有主的使者站在他們旁邊，主的榮光四面照著他們；牧羊的人就甚懼怕。那天使對他們說：『不要懼怕！我報給你們大喜的信息，是關乎萬民的；因今天在大衛的城裏，為你們生了救主，就是主基督。你們要看見一個嬰孩，包著布，臥在馬槽裏，那就是記號了。』忽然，有一大隊天兵同那天使讚美上帝說：在至高之處榮耀歸與上帝！在地上平安歸與他所喜悅的人！眾天使離開他們，升天去了。牧羊的人彼此說：『我們往伯利恆去，看看所成的事，就是主所指示我們的。』他們急忙去了，就尋見馬利亞和約瑟，又有那嬰孩臥在馬槽裏；既然看見，就把天使論這孩子的話傳開了。凡聽見的，就詫異牧羊之人對他們所

說的話。馬利亞卻把這一切的事存在心裏，反覆思想。牧羊的人回去了，因所聽見所看見的一切事，正如天使向他們所說的，就歸榮耀與上帝，讚美他。」

滿了八天，約瑟與馬利亞給孩子行割禮，與他起名叫耶穌，並按摩西律法滿了潔淨的日子，帶著孩子上耶路撒冷去，要把他獻與主，又用一對斑鳩，或用兩隻雛鴿獻祭。

約瑟與馬利亞在耶路撒冷遇到一位先知名叫西面。聖經描述：

「這人又公義又虔誠，素常盼望以色列的安慰者來到，又有聖靈在他身上。他得了聖靈的啟示，知道自己未死以前，必看見主所立的基督。他受了聖靈的感動，進入聖殿，正遇見耶穌的父母抱著孩子進來，要照律法的規矩辦理。西面就用手接過他來，稱頌上帝說：主啊！如今可以照你的話，釋放僕人安然去世；因為我的眼睛已經看見你的救恩——就是你在萬民面前所預備的：是照亮外邦人的光，又是你民以色列的榮耀。孩子的父母因這論耶穌的話就希奇。西面給他們祝福，又對孩子的母親馬利亞說：『這孩子被立，是要叫以色列中許多人跌倒，許多人興起；又要作毀謗的話柄，叫許多人心裏的意念顯露出來；你自己的心也要被刀刺透。』」

老先知西面向馬利亞預言，耶穌要成為以色列的救恩，但他警告馬利亞道：「你自己的心也要被刀刺透。」換言之，馬利亞的心將因耶穌的遭遇被傷透，如被刀刺透一樣。

聖經又記載：

「又有女先知，名叫亞拿，是亞設支派法內力的女兒，年紀已經老邁，從作童女出嫁的時候，同丈夫住了七年就寡居了，現在已經八十四歲，並不離開聖殿，禁食祈求，晝夜事奉上帝。正當那時，她進前來稱謝上帝，將孩子的事對一切盼望耶路撒冷得救贖的人講說。」

女先知亞拿再次向馬利亞印證耶穌就是以色列的救贖主。

當時馬利亞未婚懷孕，社會對她構成巨大的壓力，即使未婚夫約瑟是個義人，也無法忍受這種屈辱。馬太福音1章18-25節記載：

「耶穌基督降生的事記在下面：他母親馬利亞已經許配了約瑟，還沒有迎娶，馬利亞就從聖靈懷了孕。她丈夫約瑟是個義人，不願意明明地羞辱她，想要暗暗地把她休了。」

幸好，天使向約瑟顯現，說明一切：

「正思念這事的時候，有主的使者向他夢中顯現，說：『大衛的子孫約瑟，不要怕！只管娶過你的妻子馬利亞來，因她所懷的孕是從聖靈來的。她將要生一個兒子，你要給他起名叫耶穌，因他要將自己的百姓從罪惡裏救出來。』這一切的事成就是要應驗主藉先知所說的話，說：必有童女懷孕生子；人要稱他的名為以馬內利。（以馬內利翻出來就是「上帝與我們同在」。）約瑟醒了，起來，就遵著主使者的吩咐把妻子娶過來；只是沒有和她同房，等她生了兒子，就給他起名叫耶穌。」

上述是引自以賽亞書7章14節：「因此，主自己要給你們一個兆頭，必有童女懷孕生子，給他起名叫以馬內利。〔就是神與我們同在的意思〕」

馬太福音2章1-23節記載耶穌出生時的遭遇：

當希律王的時候，耶穌生在猶大的伯利恆。有幾個博士從東方來到耶路撒冷，說：「那生下來作猶太人之王的在哪裏？我們在東方看見他的星，特來拜他。」希律王聽見了，就心裏不安；耶路撒冷全城的人也都不安。他就召齊了祭司長和民間的文士，問他們說：「基督當生在何處？」他們回答說：「在猶太的伯利恆。因為有先知記著，說：猶大地的伯利恆啊，你在猶大諸城中並不是最小的；因為將來有一位君王要從你那裏出來，牧養我以色列民。」

關於伯利恆的預言，是引述自彌迦書5章2-4節：「伯利恆以法他啊！你在猶大諸城中為小，將來必有一位從你那裡出來，在以色列中

為我作掌權的，他的根源從亙古，從太初就有。耶和華必將以色列人交付敵人，直等那生產的婦人生下子來。那時掌權者其餘的弟兄必歸到以色列人那裏。他必起來，倚靠耶和華的大能，並耶和華他上帝之名的威嚴，牧養他的羊群。他們要安然居住；因為他必日見尊大，直到地極。」

「當下，希律暗暗地召了博士來，細問那星是甚麼時候出現的，就差他們往伯利恆去，說：『你們去仔細尋訪那小孩子，尋到了就來報信，我也好去拜他。』他們聽見王的話就去了。在東方所看見的那星忽然在他們前頭行，直行到小孩子的地方，就在上頭停住了。他們看見那星，就大大地歡喜；進了房子，看見小孩子和他母親馬利亞，就俯伏拜那小孩子，揭開寶盒，拿黃金、乳香、沒藥為禮物獻給他。博士因為在夢中被主指示不要回去見希律，就從別的路回本地去了。他們去後，有主的使者向約瑟夢中顯現，說：『起來！帶著小孩子同他母親逃往埃及，住在那裏，等我吩咐你；因為希律必尋找小孩子，要除滅他。』約瑟就起來，夜間帶著小孩子和他母親往埃及去，住在那裏，直到希律死了。這是要應驗主藉先知所說的話，說：『我從埃及召出我的兒子來。』」

這裡是引自何西阿書11章1節：「以色列年幼的時候我愛他、就從埃及召出我的兒子來。」

「希律見自己被博士愚弄，就大大發怒，差人將伯利恆城裏並四境所有的男孩，照著他向博士仔細查問的時候，凡兩歲以裏的，都殺盡了。這就應了先知耶利米的話，說：在拉馬聽見號咷大哭的聲音，是拉結哭她兒女，不肯受安慰，因為他們都不在了。」

上述是引自耶利米書31章15節：「耶和華如此說：在拉馬聽見號咷痛哭的聲音，是拉結哭他兒女不肯受安慰，因為他們都不在了。」

「希律死後，有主的使者在埃及向約瑟夢中顯現，說：『起來！帶著小孩子和他母親往以色列地去，因為要害小孩子性命的人已經死了。』約瑟就起來，把小孩子和他母親帶到以色列地去；只因聽見

亞基老接著他父親希律作了猶太王,就怕往那裏去,又在夢中被主指示,便往加利利境內去了,到了一座城,名叫拿撒勒,就住在那裏。這是要應驗先知所說,他將稱為拿撒勒人的話了。」

對於馬利亞來說,耶穌的出生充滿尊榮,聖殿的先知說出預言,東方的智者都來朝拜,野地的牧人也聽到天使的宣告慕名而來,都印證約瑟和馬利亞的異象並非無中生有,思覺失調的妄想。然而,尊榮之後追隨而來的卻是黑夜逃亡,危機四伏,更令馬利亞耿耿於懷的是全城兩歲以下的嬰孩因他們逃難而被殺。

叫馬利亞難以忘懷的,應該是老先知西面的預言:「你自己的心也要被刀刺透。」

在貧窮的拿撒勒小城裡,馬利亞看著耶穌成長,努力學習上帝的說話,祂在一切的事上都順從父母,路加福音2章52節記載:「耶穌的智慧和身量,並神和人喜愛他的心,都一齊增長。」

耶穌到了三十歲,他的表哥祭司撒迦利亞及依利莎伯的兒子約翰,在約旦河一帶傳道宣講悔改的洗禮,使罪得赦。他更指出:「我是用水給你們施洗,叫你們悔改。但那在我以後來的,能力比我更大,我就是給他提鞋也不配。他要用聖靈與火給你們施洗。他手裏拿著簸箕,要揚淨他的場,把麥子收在倉裏,把糠用不滅的火燒盡了。」(馬太福音3:11-12)

當下,耶穌從加利利來到約旦河,見了約翰,要受他的洗。……耶穌受了洗,隨即從水裏上來。天忽然為他開了,他就看見上帝的靈彷彿鴿子降下,落在他身上。從天上有聲音說:「這是我的愛子,我所喜悅的。」(馬太福音3:13-17)

之後,耶穌被聖靈引到曠野,受魔鬼的試探(馬太福音4章1節)。勝利回來後,耶穌就傳起道來,說:「天國近了、你們應當悔改。」(馬太福音4:17)

耶穌從一位拿撒勒小城平凡木匠的兒子，經歷施洗約翰的洗禮，天父的確認，聖靈的充滿，對抗魔鬼的試探，一個人回應上帝的旨意，傳揚天國的福音。

馬太福音 4 章 23-25 節記載：

「耶穌走遍加利利，在各會堂裏教訓人，傳天國的福音，醫治百姓各樣的病症。他的名聲就傳遍了敍利亞。那裏的人把一切害病的，就是害各樣疾病、各樣疼痛的和被鬼附的、癲癇的、癱瘓的，都帶了來，耶穌就治好了他們。當下，有許多人從加利利、低加坡利、耶路撒冷、猶大、約且河外來跟著他。」

馬太福音 13 章 54-58 節描述耶穌回到家鄉的遭遇：

「來到自己的家鄉，在會堂裏教訓人，甚至他們都希奇，說：『這人從哪裏有這等智慧和異能呢？這不是木匠的兒子嗎？他母親不是叫馬利亞嗎？他弟兄們不是叫雅各、約西 、西門、猶大嗎？ 他妹妹們不是都在我們這裏嗎？這人從哪裏有這一切的事呢？』他們就厭棄他。耶穌對他們說：『大凡先知，除了本地本家之外，沒有不被人尊敬的。 』耶穌因為他們不信，就在那裏不多行異能了。」

路加福音 4 章 16-21 節對耶穌回到家鄉拿撒勒的遭遇有更深入的記載：

「耶穌來到拿撒勒，就是他長大的地方。在安息日，照他平常的規矩進了會堂，站起來要念聖經。有人把先知以賽亞的書交給他，他就打開，找到一處寫著說：主的靈在我身上，因為他用膏膏我，叫我傳福音給貧窮的人；差遣我報告：被擄的得釋放，瞎眼的得看見，叫那受壓制的得自由，報告上帝悅納人的禧年。於是把書捲起來，交還執事，就坐下。會堂裏的人都定睛看他。耶穌對他們說：『 今天這經應驗在你們耳中了。 』」

耶穌直接向鄉親父老宣告：主的靈降在祂身上，指派祂傳天國的福音，釋放被擄的，醫治瞎眼的，使受壓制的得自由。起初，眾人都

稱讚他，希奇他口中所出的恩言。但轉念間記起：「這不是約瑟的兒子嗎？」

耶穌看透眾人的心思，路加福音4章23-30節記載：

耶穌對他們說：「你們必引這俗語向我說：『醫生，你醫治自己吧！我們聽見你在迦百農所行的事，也當行在你自己家鄉裏』」；又說：「我實在告訴你們，沒有先知在自己家鄉被人悅納的。我對你們說實話，當以利亞的時候，天閉塞了三年零六個月，遍地有大饑荒，那時，以色列中有許多寡婦，以利亞並沒有奉差往她們一個人那裏去，只奉差往西頓的撒勒法一個寡婦那裏去。先知以利沙的時候，以色列中有許多長大痲瘋的，但內中除了敘利亞國的乃縵，沒有一個得潔淨的。」會堂裏的人聽見這話，都怒氣滿胸，就起來攆他出城（他們的城造在山上）；他們帶他到山崖，要把他推下去。他卻從他們中間直行，過去了。

父老憤怒得要殺死耶穌，祇因為耶穌向他們警告上帝的審判和撇棄。

母親馬利亞夾在鄉親父老與兒子耶穌之間，所感受到壓力可想而知。即使是耶穌的兄弟，在耶穌復活前都沒有人相信他。這時，祇有母親馬利亞的心仍然默默地支持耶穌，默默承受這一切。

及至耶穌被兵丁捉拿，受審，被判刑，背著沉重的十字架走上苦路，教會傳統說母親馬利亞在苦路與耶穌相遇。傳統沒有記錄馬利亞與耶穌說了甚麼，或許真正沒有說甚麼，可能祇有短暫互相凝視的眼神、擁抱，瞬間就被兵丁強行分開。

如今，耶穌走到苦路的盡頭，釘身在十字架上，耶穌用盡最後的一口氣地對母親說：「母親，看，你的兒子！」又對門徒約翰說：「看，你的母親！」說話成為耶穌臨終前對母親的最後遺言，也是聖經記載中唯一一句關心母親的說話。

路加福音24章1-10節記載，母親馬利亞和其他婦女是第一批發現耶穌復活的門徒：

　　七日的頭一日，黎明的時候，那些婦女帶著所預備的香料來到墳墓前，看見石頭已經從墳墓滾開了，她們就進去，只是不見主耶穌的身體。正在猜疑之間，忽然有兩個人站在旁邊，衣服放光。婦女們驚怕，將臉伏地。那兩個人就對她們說：「為甚麼在死人中找活人呢？　他不在這裏，已經復活了。當記念他還在加利利的時候怎樣告訴你們，說：『人子必須被交在罪人手裏，釘在十字架上，第三日復活。』」她們就想起耶穌的話來，便從墳墓那裏回去，把這一切的事告訴十一個使徒和其餘的人。那告訴使徒的就是抹大拉的馬利亞和約亞拿，並雅各的母親馬利亞，還有與她們在一處的婦女。

　　雅各的母親馬利亞就是耶穌的兄弟小雅各的母親。

　　此後，聖經沒有清楚記載耶穌復活後有否向母親馬利亞顯現，不過使徒行傳1章12-14節記載，耶穌復活升天後，門徒聚集在馬可樓祈禱，內中包括母親馬利亞和他的弟兄：

　　「有一座山，名叫橄欖山，離耶路撒冷不遠，約有安息日可走的路程。當下，門徒從那裏回耶路撒冷去，進了城，就上了所住的一間樓房；在那裏有彼得、約翰、雅各、安得烈、腓力、多馬、巴多羅買、馬太、亞勒腓的兒子雅各、奮銳黨的西門和雅各的兒子猶大。這些人同著幾個婦人和耶穌的母親馬利亞，並耶穌的弟兄，都同心合意地恆切禱告。」

　　特別要注意的是，耶穌母親馬利亞，並耶穌的弟兄，都在一起禱告，反映耶穌的弟兄終於相信耶穌了。

　　自此，聖經沒有再記載馬利亞的事情。教會傳說指使徒約翰一直照顧馬利亞，在橄欖山附近與約翰父母同住，參與初期教會聚會，分享耶穌所作的一切，堅固及安慰使徒及其他信徒，又時常到耶穌復活的墓園祈禱。當希律王開始迫害教會時，馬利亞與使徒約翰於主後四十三年逃到小亞細亞的以弗所。傳說馬利亞亦曾到塞浦路斯（Cyprus）與死而復活的拉撒路在一起，拉撒路已成為當地教會主教。最後，馬利亞回到耶路撒冷渡過晚年。馬利亞於主後四十八年逝世，

終年約六十歲。有次經指馬利亞安息主懷時，聖靈將使徒都帶回耶路撒冷，與馬利亞臨終道別。傳統上指馬利亞葬於耶路撒冷橄欖山腳克倫谷（Kidron Valley），目前有一個馬利亞聖墓教堂（Church of the Sepulchre of Saint Mary）在遺址之上。

另一個說法是馬利亞於以弗所附近的夜鶯山（Mount Nightingales）一間面向愛琴海的石屋中去世，以弗所自五世紀建有第一間馬利亞教堂，十二世紀開始有土耳其人到訪該小屋朝聖。當地人一直有傳統認為馬利亞在石屋去世。在十九世紀，該石屋遺址被西方天主教徒發現，朝聖活動再度活躍。

馬利亞是信徒的榜樣，她謙卑接受上帝的旨意，沒有半句怨言，默默忍受著遵行上帝的使命所帶來的苦難人生，值得受後世紀念及頌揚。

自一世紀以後，有很多信徒對馬利亞表示欽崇，甚至過火的敬拜也有出現，有關馬利亞的神學觀，主要有五大項：

沒有爭議的是馬利亞生耶穌時為聖靈感孕的童女，此項信條為普世教會所共信，亦清楚記載於聖經福音書，於主後三二五年的尼西亞（Nicaea）大公會議得到確認，寫入尼西亞信經（Creed of Nicaea）。

主後四三一年，由羅馬皇帝狄奧多西二世（Theodosius II）在以弗所召開以弗所大公會議（Council of Ephesus），議定馬利亞為「神之母」（Theokotos），或「聖母」地位。這裡引發了一輪神學爭議，聶斯多流派（君士坦丁堡主教聶斯多流（Nestorius）及其追隨者）認為馬利亞應稱為「基督之母」（Christotokos），因為馬利亞所生的是救主耶穌，而非創世之主。然而，主流意見認為耶穌是完全的人和完全的神，因此馬利亞所生的是神，不單單是基督。最後，以弗所大公會議議決「神之母」成為大公教會教條。

另外，天主教與東正教對於馬利亞還有其他與別不同的信條，包括相信馬利亞終身為處女（Perpetual Virginity of Mary），耶穌的所有兄弟姊妹都是庶出的。此說來自二世紀托名耶穌兄弟雅各為作者的偽經

雅各福音，四世紀意大利米蘭主教安布羅斯（St. Ambrose of Milan）認為，馬利亞是終身童女。此說亦得到早期教父俄利根（Origen）及耶柔米（Jerome）支持。此說於主後五三三年得到康士坦丁堡大會確認為東正教及天主教教條。

較具爭議，困擾教會千多年的另一個圍繞馬利亞的神學觀就是「聖母無玷」或「聖母無原罪」說。無人否認童女馬利亞是肉身而生，但若她帶有祖先而來的原罪，她如何可以生出無罪的耶穌呢？

在奧古斯丁的原罪說之後，有天主教神學家認為馬利亞的原罪在她母腹中已得到免除。不過，上述解說其實欠缺聖經基礎。此項爭議持續過千年，其到教宗庇護九世（Pope Pius IX）於一八五四年宣布「聖母無玷」（Immaculate Conception of Mary）為天主教教條為止。對於此項教條，基督新教持反對意見。

此外，天主教會根據一些次經說法，認為馬利亞死後第三天肉身被接升天（Marian Assumption），與耶穌在一起。最先提出此說的是二世紀薩迪斯主教米尼頓（Meliton, Bishop of Sardis），寫關於馬利亞死後身體升天之說。七世紀大馬士革約翰指東羅馬皇帝馬西安（Marcian）於主後四五一年到訪耶路撒冷主教朱文諾（Juvenal），希望得到馬利亞的一些遺骸回去作崇敬。主教指馬利亞在眾使徒面前去世後，埋葬於墓穴，其後使徒多馬來遲無法瞻仰遺容，心感悲痛。最後門徒為多馬重開墓穴，祇見馬利亞的墓穴僅餘下屍布，信徒認為馬利亞遺體已被接升天。此項爭議持續過千年，直到教宗庇護十二世（Pope Pius XII）於一九五零年宣布為天主教教條為止。

天主教徒及東正教徒會向聖母馬利亞祈禱，祈求聖母在天上向主耶穌代求，認為因母親馬利亞代求，主耶穌必應允。事實上，在天上的代求者其實是主耶穌，祇有祂有資格向天父代求。

羅馬書8章34節指出：「誰能定他們的罪呢？有基督耶穌已經死了，而且從死裡復活，現今在神的右邊，也替我們祈求。」

提摩太前書 2 章 5 節指出在神與人之間祇有一位中保，別無其他：
「因為只有一位神，在神和人中間，只有一位中保，乃是降世為人的
基督耶穌。」

對於忠於聖經的的基督新教，所持守的是馬利亞為蒙福的女子，所
學習的是她對上帝的單純的信心和持久的忍耐，等候天父旨意的成就。

除了神學上的爭議外，歷史上亦多次傳說馬利亞顯現的故事，引發
各地教會的爭論，甚或宗教的狂熱，主要發生在天主教的國家。在眾多
馬利亞顯現的報告中，天主教教廷審批了的主要有九次的顯現事件：墨
西哥瓜德羅普聖母、法國巴黎魯杜別克的顯現、法國露德的顯現、法國
博明的顯現、花地馬聖母顯現、波蘭黑聖母、西班牙黑聖母、巴西阿芭
蕾西妲聖母、菲律賓黑聖母。

對於聖母顯現的傳說，基督新教一般都存保留態度。馬利亞的
身分是蒙福的女子，信徒的榜樣，她不是神，不應在顯現中要求信徒
向她祈禱，歸心於她；她是睡了的人，靈魂歸回天父的懷裡，在天堂
得享安息，並等候主耶穌第二次回來的時候肉身復活，在雲中與主相
遇。她亦不是天使，不應有傳遞上帝啟示的職務。對於聖母顯現的傳
說，縱然言之鑿鑿，帶來敬虔傳統，並得到教會領導層的肯定，信徒
仍然必須用聖經的真理察驗，不應盲目接受傳統或權威的背書。

在不少的天主教國家，天主教徒對於耶穌母親馬利亞的尊崇
（Veneration）發展成為偶像的崇拜（Worship）傳統，聖母偶像崇拜已
大大超出了天主教教理所述的「崇敬」。聖母像朝聖活動包涵了所有向
神「崇拜」的元素：讚美、悔罪、祈禱、跪拜、奉獻、接受祝福。

對於偶像崇拜，有神學家爭拗聖像為指向上帝的圖標（Icon），幫
助信徒進入屬靈的境界，進入靈修默想的工具，而不是崇拜的對象。
基督徒認為這是按著私意的敬拜，用自己喜歡的方式去敬拜上帝。聖
經完全反對以偶像為媒介去與上帝接近。

耶穌說，如今真正拜父的，是用心靈（Spirit）和誠實（Truth）去拜祂；正確的理解是透過聖靈的引導和聖經真理的指引去拜父。

使徒保羅指出，基督徒身體就是聖靈的殿，憑著信心，聖靈進到我們心裡；若我們順著聖靈的引導，藉著耶穌基督為中保，我們的祈禱便直達天父的寶座前。聖經沒有教導基督徒使用圖標為屬靈的媒介，福音書亦沒有記載主耶穌向圖標祈禱，既然主耶穌的禱告不需要圖標，為何我們需要圖標？事實上，祇有耶穌才是我們與天父和好的中保，我到耶穌面前不用另外找中保。

摩西從西乃山所得到上帝的律法禁止向偶像崇拜，出埃及記20章4-6節記載上帝的誡命：

「不可為自己雕刻偶像，也不可做甚麼形像彷彿上天、下地，和地底下、水中的百物。不可跪拜那些像，也不可事奉它，因為我耶和華你的上帝是忌邪的上帝。恨我的，我必追討他的罪，自父及子，直到三四代；愛我、守我誡命的，我必向他們發慈愛，直到千代。」

誰又誤導我們聖像可以例外？

第 9 章

十架下的抹大拉馬利亞

在耶穌的傳道生涯中，與他最接近的人中，除了十二門徒之外，還有一些婦女跟隨著他。參考路加福音8章1-3節：「過了不多日，耶穌周遊各城各鄉傳道，宣講神國的福音，和他同去的有十二個門徒，還有被惡鬼所附、被疾病所累、已經治好的幾個婦女，內中有稱為抹大拉的馬利亞，曾有七個鬼從他身上趕出來，又有希律的家宰苦撒的妻子約亞拿、並蘇撒拿、和好些別的婦女，都是用自己的財物供給耶穌和門徒。」

在這些婦女中，抹大拉的馬利亞這個女門徒十分重要，她勇敢地陪伴耶穌走到苦路的盡頭，並進入榮耀的復活裡。

抹大拉（Magdalene 或 Magdala）是加利利海東邊一個小鎮，其中有一個城堡，可能抹大拉的馬利亞就是城堡的主人，是富有的貴族，

認識希律王的家宰苦撒的妻子約亞拿（Joanna），可以用自己的財物供給耶穌和門徒。

在耶穌被釘十字架的時候，按約翰福音19章25節記載：「站在耶穌十字架旁邊的，有他母親、與他母親的姊妹、並革羅罷的妻子馬利亞和抹大拉的馬利亞。」

在耶穌釘十字架的六個小時，她們都在十架之下守望著。

抹大拉的馬利亞亦陪伴耶穌母親馬利亞，看著殯葬耶穌（參馬可福音15章47節：「抹大拉的馬利亞和約西的母親馬利亞，都看見安放他的地方。」）。

抹大拉的馬利亞亦被教會稱帶沒藥的人（Myrrh bearer），有很多中世紀油畫都以此為題，原因是在耶穌復活的早晨，抹大拉的馬利亞及其他婦女買了香膏打算去膏抹耶穌。馬可福音16章1節記載：「過了安息日，抹大拉的馬利亞、和雅各的母親馬利亞、並撒羅米買了香膏，要去膏耶穌的身體。」

抹大拉的馬利亞是第一個見到耶穌的空墓及見到耶穌顯現的門徒。馬可福音16章9節記道：「在七日的第一日清早，耶穌復活了，就先向抹大拉的馬利亞顯現……。」

對於耶穌向抹大拉的馬利亞顯現一事，約翰福音20章1-18節有詳細的記載：七日的第一日清早，天還黑的時候，抹大拉的馬利亞來到墳墓那裏，看見石頭從墳墓挪開了，就跑來見西門・彼得和耶穌所愛的那個門徒，對他們說：「有人把主從墳墓裏挪了去，我們不知道放在哪裏。」彼得和那門徒就出來，往墳墓那裏去。兩個人同跑，那門徒比彼得跑得更快，先到了墳墓，低頭往裏看，就見細麻布還放在那裏，只是沒有進去。西門・彼得隨後也到了，進墳墓裏去，就看見細麻布還放在那裏，又看見耶穌的裹頭巾沒有和細麻布放在一處，是另在一處捲著。先到墳墓的那門徒也進去，看見就信了。（因為他們還不明白聖經的意思，就是耶穌必要從死裏復活。）於是兩個門徒回自己的住處去了。馬利亞卻站在墳墓外面哭。哭的時候，低頭往墳墓裏看，就見兩個天使，穿著白衣，在安放耶穌身體的地方坐著，一個在

頭，一個在腳。天使對她說：「婦人，你為甚麼哭？」她說：「因為有人把我主挪了去，我不知道放在哪裏。」說了這話，就轉過身來，看見耶穌站在那裏，卻不知道是耶穌。耶穌問她說：「婦人，為甚麼哭？你找誰呢？」馬利亞以為是看園的，就對他說：「先生，若是你把他移了去，請告訴我，你把他放在哪裏，我便去取他。」耶穌說：「馬利亞。」馬利亞就轉過來，用希伯來話對他說：「拉波尼！」（拉波尼就是夫子的意思。）耶穌說：「不要摸我，因我還沒有升上去見我的父。你往我弟兄那裏去，告訴他們說，我要升上去見我的父，也是你們的父，見我的上帝，也是你們的上帝。」抹大拉的馬利亞就去告訴門徒說：「我已經看見了主。」她又將主對她說的這話告訴他們。

抹大拉的馬利亞很愛主，不怕逼迫和患難，跟隨耶穌走完這條苦路。可是，她對耶穌的認識是一位偉大的老師，她並未認真相信耶穌就是永生神的兒子，勝過死亡的主。因此，當她在耶穌復活的早晨，發現空墳的時候，她急忙跑去告訴門徒指有人把主從墳墓裏挪去。即使其後耶穌向她顯現，她仍不知道是耶穌。耶穌再開口向她說話，她亦認不出耶穌的聲音，以為耶穌是園丁。她的心著急的是耶穌的屍體，希望用香膏去膏袖，以表達自己對耶穌一心一意的愛與崇敬，卻完全忽視了復活的耶穌就在眼前。

事實上，按馬太福音記載，耶穌最少四次向門徒預言他的受死及三天後復活。

第一次是當西門彼得認信耶穌是基督，是永生神的兒子之後，馬太福音16章21節記道：「從此耶穌纔指示門徒，他必須上耶路撒冷去，受長老祭司長文士許多的苦，並且被殺，第三日復活。」

第二次是在耶穌醫好害癲癇病的孩子，將鬼從他身上趕出之後。馬太福音17章22-23節記載：「他們還住在加利利的時候，耶穌對門徒說：人子將要被交在人手裡，他們要殺害他，第三日他要復活。門徒就大大的憂愁。」

第三次是在耶穌上耶路撒冷受刑之前，馬太福音20章17-19節記載：「耶穌上耶路撒冷去的時候，在路上把十二個門徒帶到一邊，對他

們說：看哪！我們上耶路撒冷去，人子要被交給祭司長和文士，他們要定他死罪，又交給外邦人，將他戲弄、鞭打、釘在十字架上，第三日他要復活。」

第四次是在最後晚餐時，馬太福音26章31-32節記載：「那時，耶穌對他們說：今夜你們為我的緣故、都要跌倒，因為經上記著說『我要擊打牧人，羊就分散了。』但我復活以後，要在你們以先往加利利去。」

抹大拉馬利亞沒有可能未聽過耶穌死後三天復活的預言。那麼，當她聽耶穌預言的時候，她心裡想的是甚麼？耶穌是說比喻嗎？耶穌又說難明的說話嗎？耶穌是用修辭或誇張的手法教導門徒犧牲的精神嗎？在她心裡面就是無法相信所聽到的，即使是她所愛的主所說的話。

直到耶穌呼喚她的名字：「馬利亞！」她才驚悟而喊叫：「拉波尼！」

耶穌差遣抹大拉馬利亞：「你往我弟兄那裏去，告訴他們說，我要升上去見我的父，也是你們的父，見我的上帝，也是你們的上帝。」

這時，抹大拉的馬利亞的信心得到翻天覆地的肯定，於是放膽去告訴門徒說：「我已經看見了主。」

因為這個原故，四世紀教會神學家奧古斯丁稱抹大拉的馬利亞為使徒中的使徒（The Apostle of the Apostles）。就是指馬利亞被差遣傳耶穌復活的福音予其他的使徒。

對於抹大拉馬利亞的身分，聖經沒有詳細的介紹，馬可及路加福音都以一個特別的方式介紹她，就是耶穌從她身上曾趕出七個鬼（馬可福音16章9節/路加福音8章2節）。

究竟那七個鬼是甚麼？歷代有不同的解釋。路加福音8章2節指跟隨耶穌的人中還有被惡鬼所附、被疾病所累、已經治好的幾個婦女，內中有稱為抹大拉的馬利亞，曾有七個鬼從他身上起出來。換言之，抹大拉馬利亞是被惡鬼所附、被疾病所累，可能包括身體及精神的疾病。

教宗哥格利一世（Gregory I）在五九一年的著名講道中，指抹大拉馬利亞的七個鬼帶來七宗致死的大罪，就是傲慢（pride）、妒忌（envy）、憤怒（wrath）、懶惰（sloth）、貪婪（greed）、暴食（gluttony）及色慾（lust）。

對於上面七宗罪，我們一般的理解是個人性格的軟弱，是人性的一部份。然而早期教會認為，罪是被魔鬼、污鬼引誘下產生的。因此，把污鬼趕走，是脫離七宗罪的不二法門。

教宗哥格利一世對於歷代教會看待抹大拉的馬利亞有深遠的影響。事源在同一篇講章中，哥格利將抹大拉的馬利亞和伯大尼的馬利亞，並路加福音7章36-50節記載（在法利賽人西門家「站在耶穌背後，挨著他的腳哭，眼淚溼了耶穌的腳，就用自己的頭髮擦乾，又用嘴連連親他的腳，把香膏抹上。」）的一個無名女罪人，看為同一個人。自此，抹大拉的馬利亞被看待為一個苦行悔改的有罪女人，多於一位勇敢的女門徒。

抹大拉馬利亞與復活蛋

在東正教會的傳說裡，抹大拉的馬利亞於耶穌升天之後，曾透過家族關係到羅馬皇帝提比利亞前請願，並送上一隻雞蛋為見面禮。她指控巡撫彼拉多濫殺，流無辜人的血，並見證耶穌已經從死裡復活。當羅馬皇帝聽見死人復活，便笑道：「除非這隻雞蛋變為紅色吧！」就在他還未說完的時候，雞蛋變為紅色，嚇了皇帝一跳。

另一個傳說是，抹大拉的馬利亞帶著一籃子雞蛋到十架下陪伴耶穌，耶穌的寶血滴下來，染紅了雞蛋。

紅雞蛋成為了紀念耶穌復活的標記，並發展成復活節的禮物。在俄羅斯及東歐地區，雕花蛋成了民俗藝術。

在西歐，對於抹大拉的馬利亞有截然不同的傳說。

其中一個傳說指抹大拉馬利亞在耶路撒冷受逼迫時與耶穌母親馬利亞及使徒約翰逃亡到以弗所（現今土耳其南部）傳道，建立以弗所

教會。抹大拉馬利亞其後在一個洞穴內苦修，最後離世。公元八九九年，皇帝利奧六世（Leo VI）將她的遺骸運往康士坦丁堡的修院埋葬。

對於上述洞穴，另有一個西方聞名的故事。有傳說指公元二五零年，教會正經歷羅馬大迫害，其中有七個少年基督徒被限定日期內改教，否則處死。這七個少年人決定殉道，一同到上述洞穴禱告，之後都昏睡了。羅馬皇帝德西烏斯（Decius）聽到消息，命人用大石封了洞口，讓七個少年死在洞裡。時間過去，一切都被人遺忘了。到公元三五一年，一個商人買入上址，命人把洞穴弄開，打算供牧羊使用。誰知石頭滾開後，七個少年人睡醒，以為剛睡了一晚，就打發一人到市集買食物。少年人到了市集，驚奇市集四處都是十字架及教堂，原來羅馬帝國已於公元三一三年由逼迫基督教改奉基督教為國教。當少年人買食物時，市集的人都驚奇他使用上一個世紀的貨幣。人們最後把七個少年帶到以弗所城主教那裡，七個少年見證他們被迫害、殉道及復活的故事。最後，七個少年在讚美上帝之中離世。傳說他們的遺骸其後移送至法國馬賽聖域陀修道院（Abbey of St. Victor）紀念。

另一個傳說教會在耶路撒冷受逼迫的時候，抹大拉的馬利亞與馬大及拉撒路逃難至凱撒利亞傳福音，與她一起的還有馬克西曼（Maximin）、生來瞎眼的西頓尼亞（Sidonius）、婢女西拉（Sera）及耶穌母親馬利亞的母親安妮（Anne）的遺體。後來猶太人追上，將他們趕上一艘無帆無槳的船，推出地中海。最後，他們幾經波折，神蹟地到達現在法國南部聖馬利（Saintes-Maries-de-a-Mer）。抹大拉馬利亞在馬賽（Marseille）傳福音，使不少馬賽人信主。年老時，抹大拉馬利亞在一個名為聖博姆（Sainte-Baume）的岩洞苦修，有天使每天供應她聖餐的餅和酒為食物，直至七十二歲過世。在臨終前，她神蹟地被轉送到聖馬克西曼小教堂（Chapel of St. Maximin）接受最後的聖餐。離世後，她的遺骸安置於聖馬克西曼聖博姆（Saint Maximin-La-Sainte-Baume）的聖馬克西曼小教堂內。

第 10 章

被勉強替耶穌
背負十架的人

在苦路的第五站，教會紀念一位北非人，名叫古利奈人西門（Cyrene Simon）。古利奈是北非一個沿海的城市，即現今利比亞的第二大城。當時在古利奈住了不少猶太僑民，古利奈人西門可能是在逾越節上耶路撒冷聖殿獻祭的羣眾的一位。

馬可福音15章21節提到：「有一個古利奈人西門，就是亞力山大和魯孚的父親，從鄉下來，經過那地方。他們就勉強他同去，好背著耶穌的十字架。」

路加福音23章26節的描述是：「帶耶穌去的時候，有一個古利奈人西門，從鄉下來。他們就抓住他，把十字架擱在他身上，叫他背著跟隨耶穌。」

古利奈人西門可謂十分「當黑」，他袛是一個過路的旁觀者，卻被抓去為耶穌背負沉重的十字架，在苦路上跟隨耶穌而行。在路上，耶穌滿身鞭傷，血漬斑斑，頭上荊冠尖刺下，血流如注。耶穌更多次跌倒，在兵丁的催迫下勉強起來，繼續蹣跚而行。路上民眾嘲笑謾罵叫囂，西門亦承受著很大的壓力。

西門可能心裡想：「這一切與我何干？為何偏偏選中我？」他也可能咒罵著：「你若是神的兒子，猶太人的王，可以顯個神蹟，救救自己，也救救我吧！」他也可能同情耶穌：「政治真的醜陋，好端端一位老師，為何將他折磨如斯？」「然而，這與我何干？為甚麼要我為他肩負十字架？」

聖經沒有記載古利奈人西門其後發生甚麼事情，但從使徒行傳及保羅書信中，我們看到古利奈人西門在初期教會中可能扮演著一個重要的角色。

當史提反殉道，教會開始受到逼迫的時候，耶路撒冷的信徒開始分散。按使徒行傳11章20-21節指出：「但內中有居比路和古利奈人，他們到了安提阿，也向希利尼人宣講主耶穌。主與他們同在，信而歸主的人就很多了。」這反映出古利奈人參與建立安提阿教會，其中古利奈人西門有可能就在其中。安提阿教會其後成為耶路撒冷以外的教會大本營。

另外，使徒行傳13章1-3節講論聖靈吩咐安提阿教會差派巴拿巴及掃羅（即後來的保羅）進行宣教旅程時，古利奈人西門亦可能在其中：「在安提阿的教會中，有幾位先知和教師，就是巴拿巴、和稱呼尼結的西面（Simeon called Niger）（筆者註：Niger即黑人的意思，西面與西門同義）、古利奈人路求、與分封之王希律同養的馬念、並掃羅。他們事奉主，禁食的時候，聖靈說：要為我分派巴拿巴和掃羅，去作我召他們所作的工。於是禁食禱告，按手在他們頭上，就打發他們去了。」

上述馬可福音15章提到古利奈人西門時，特別指出他就是亞力山大和魯孚的父親。有解經家認為，這兩兄弟可能是初期教會內著名人物。

在保羅書信中，保羅提及魯孚和他的母親。在羅馬書16章13節，保羅寫信道：「又問在主蒙揀選的魯孚和他母親安，他的母親就是我的母親。」上述反映保羅與魯孚和他母親的關係十分密切。有解經家相信，魯孚和他母親參與建立羅馬教會。

若上面屬實，那麼古利奈人西門在苦路上與主耶穌短暫的相遇，是怎麼為西門帶來人生翻天覆地的改變呢？是耶穌的倫理教訓嗎？是神學理論嗎？或就憑耶穌自稱是神的兒子、猶太人的王嗎？還是耶穌的一個眼神、一句說話、一個身體語言呢？

沒有人知道，可能就連古利奈人西門自己也不知道。西門只知道，在那一天與主耶穌相遇後，他的人生不再一樣，他的家庭亦不再一樣了。

耶穌說：「若有人要跟從我，就當捨己，背起他的十字架，來跟從我。」（馬太福音16:24）古利奈人西門有幸成為真正背起十字架跟隨耶穌的第一人。

在苦路遇見耶穌

第 11 章

抹耶穌血臉的女孩

　　在苦路第六站上，紀念著一位聖經沒有提及的女子，她的名字叫維羅妮卡（Veronica）。亦有人說她的名字是柏妮絲（Bernice），維羅妮卡祇是「真像」的意思。

　　有解經家估計，她可能就是那位觸摸耶穌衣繸，十二年血漏得到醫治的無名女子。

　　按路加福音 8 章 43-48 節記載：「有一個女人，患了十二年的血漏，在醫生手裡花盡了他一切養生的，並沒有一人能醫好他。他來到耶穌背後，摸他的衣裳繸子，血漏立刻就止住了。耶穌說：摸我的是誰？眾人都不承認，彼得和同行的人都說：夫子，眾人擁擁擠擠緊靠著你。耶穌說：總有人摸我，因我覺得有能力從我身上出去。那女人知道不能隱藏，就戰戰兢兢的來俯伏在耶穌腳前，把摸他的緣故，和

怎樣立刻得好了，當著眾人都說出來。耶穌對他說：女兒，你的信救了你，平平安安的去罷。」

在苦路上，耶穌負著沉重的十字架，頭上被勉強戴著荊冠，血流披面，蹣跚前行並不支倒下，維羅妮卡不顧兵丁的阻攔冒險衝前，給耶穌遞上一塊面紗抹面，而耶穌血臉印在面紗之上，成了耶穌留下的唯一形像。

維羅妮卡在耶穌升天後與使徒一同傳福音，與保羅及彼得同期。

照教會傳說，維羅妮卡曾在羅馬，用印有耶穌形像的面紗，醫好了羅馬皇帝提比利亞的病。

另有傳維羅妮卡在主耶穌升天後到法國波爾多（Bordeaux）傳福音多年，死後葬於波爾多的 Church of St. Seurin 或 Soulac 的墓裡。

該面紗在維羅妮卡死後傳予保羅跟隨者教父革利免，現藏於羅馬聖彼得大教堂。

第 12 章

流浪的猶太人

主耶穌在未上十字架前，曾預先告訴門徒，他必須上耶路撒冷去、受長老祭司長文士許多的苦，並且被殺，第三日復活。（馬太福音16:21）

祂挑戰門徒說：「若有人要跟從我，就當捨己，背起他的十字架，來跟從我。」（馬太福音16:24）

在耶穌時代，跟隨耶穌確實意味著與耶穌一同受到逼迫，失去一切社會地位、財富，亦有可能會殉道，捨去自己的生命。

然而，耶穌應許道：「人子要在他父的榮耀裡，同著眾使者降臨。那時候，他要照各人的行為報應各人。我實在告訴你們，站在這裡的，有人在沒嘗死味以前，必看見人子降臨在他的國裡。」（馬太福音16:27-28）

耶穌指出，有人在未死之前，必看見耶穌第二次回來。這是甚麼意思呢？其實這裡祇有兩個可能性：一、耶穌在很短的時間回來，不會超過正常壽命的時間；二、有人超出正常壽命的時間。在初期教會，大部分人都相信前者。不過亦有人認為，某些蒙揀選的人的生命確實可以不死。

最經典的一個猜測是使徒約翰。當彼得於提比利亞海邊領受耶穌的授職時，彼得指著約翰問耶穌：「這人會怎樣？」耶穌對他說：「我若要他等到我來的時候，與你何干？你跟從我罷。」（約翰福音21:22）

約翰自己亦澄清：「於是這話傳在弟兄中間，說那門徒不死．其實耶穌不是說他不死，乃是說『我若要他等到我來的時候，與你何干？』」（約翰福音21:23）

結果，使徒約翰是最後離世的使徒，並在離世前得見末世大異象，寫下震古礫今的啟示錄。畢竟約翰亦已離世，那麼，耶穌預言有人在沒嘗死味以前，必看見人子降臨在他的國裡。這話有否應驗呢？還是祇屬於修辭的手法？

有人想到可能是耶穌起死回生的拉撒路。聖經提到有兩個拉撒路，一個是路加福音16章討飯的拉撒路與財主的比喻，另一個是死而復活的拉撒路。這裡所講的是後者。

拉撒路是伯大尼（Bethany）人，有兩姊妹馬大及馬利亞，是耶穌所愛的家庭。約翰福音11章記述，拉撒路患病，兩姊妹找人請求耶穌到伯大尼醫治他。在路程中，拉撒路已經死了，並已埋葬了四天。

當耶穌來到伯大尼，約翰福音11章21-27節記載了馬大與耶穌的對話。馬大對耶穌說：「主啊，你若早在這裏，我兄弟必不死。就是現在，我也知道，你無論向上帝求甚麼，上帝也必賜給你。」耶穌說：「你兄弟必然復活。」馬大說：「我知道在末日復活的時候，他必復活。」耶穌對她說：「復活在我，生命也在我。信我的人雖然死了，

也必復活；凡活著信我的人必永遠不死。你信這話嗎？」馬大說：「主啊，是的，我信你是基督，是上帝的兒子，就是那要臨到世界的。」

其後，約翰福音11章38-44節記載：耶穌又心裏悲歎，來到墳墓前；那墳墓是個洞，有一塊石頭擋著。耶穌說：「你們把石頭挪開。」那死人的姊姊馬大對他說：「主啊，他現在必是臭了，因為他死了已經四天了。」耶穌說：「我不是對你說過，你若信，就必看見上帝的榮耀嗎？」他們就把石頭挪開。耶穌舉目望天，說：「父啊，我感謝你，因為你已經聽我。我也知道你常聽我，但我說這話是為周圍站著的眾人，叫他們信是你差了我來。」說了這話，就大聲呼叫說：「拉撒路出來！」那死人就出來了，手腳裹著布，臉上包著手巾。耶穌對他們說：「解開，叫他走！」

從此，很多猶太人都認定耶穌就是那位要來復興以色列的彌賽亞。

其後，約翰福音12章9-18節記載：有許多猶太人知道耶穌在那裏，就來了，不但是為耶穌的緣故，也是要看他從死裏所復活的拉撒路。但祭司長商議連拉撒路也要殺了；因有好些猶太人為拉撒路的緣故，回去信了耶穌。第二天，有許多上來過節的人聽見耶穌將到耶路撒冷，就拿著棕樹枝出去迎接他，喊著說：「和散那！奉主名來的以色列王是應當稱頌的！」耶穌得了一個驢駒，就騎上，如經上所記的說：「錫安的民哪，不要懼怕！你的王騎著驢駒來了。」這些事門徒起先不明白，等到耶穌得了榮耀以後才想起這話是指著他寫的，並且眾人果然向他這樣行了。當耶穌呼喚拉撒路，叫他從死復活出墳墓的時候，同耶穌在那裏的眾人就作見證。眾人因聽見耶穌行了這神蹟，就去迎接他。法利賽人彼此說：「看哪，你們是徒勞無益，世人都隨從他去了。」

可以這樣說，耶穌被殺害的直接導火線就是祂使拉撒路復活，吸引了大批人跟隨祂。當耶穌騎驢駒從金門進城的時候，猶太民眾對耶穌為之瘋狂的原因，就是祂叫拉撒路起死回生。

目前在耶路撒路東面城鎮 al-Eizariya，即古時伯大尼、橄欖山的東南山坡，有一個拉撒路起死回生的墓穴遺跡，是朝聖者其中一個熱門旅遊地點。

在拉撒路的墓旁，可謂教堂林立，早於四世紀，有一座名為 Lazarium 的教堂建成，以紀念拉撒路。現在墓旁建有天主教的聖拉撒路教堂和東正教的聖拉撒路教堂，此外附近亦有一座清真寺 Mosque of al-Uzair。

在聖經裡，有關拉撒路的記載到此為止。最終，拉撒路有沒有被法利賽人殺害，有沒有進入第二次的死，實在耐人尋味。

對於拉撒路的後向，教會歷史有不少傳說。

第一個傳說是，拉撒路與初期教會一起，後來猶太人逼迫耶路撒冷教會，拉撒路與兩位姊妹馬大及馬利亞避難至西部地中海海港城市凱撒利亞。之後，他們再遭追逼，被迫乘坐一艘無帆的船到地中海流浪，在多番折騰下，到達現今法國南部的高盧地普羅旺斯（Provence）的聖馬利（Saintes-Maries），之後，他們分散傳福音，而拉撒路留在現今法國馬賽（Marseille），成為馬賽主教。最後，當時羅馬皇帝豆米仙（Domitian）逼迫基督徒，拉撒路在馬賽一個地下室被捕獲，並遭斬首，殉道離世。他的遺骸其後被運送到現今法國中部城市奧頓（Autun）安葬，現時的奧頓大教堂是為紀念拉撒路而建造的。據說，拉撒路的頭骨目前仍在奧頓。

第二個傳說是，拉撒路到了意大利以南地中海島嶼塞浦路斯（Cyprus）傳福音，被保羅及巴拿巴任命成為當地基頓（Kition，即現今拉納卡市 Larnaca）教會主教，三十多年後在當地辭世。公元八九零年時，當地發現了拉撒路的墓，墓碑寫著「基督的朋友拉撒路」。其後，當時拜占庭帝國皇帝將拉撒路的遺骸運往君士坦丁堡安放，而原址則建有一座聖拉撒路教堂，現時仍在塞浦路斯拉納卡市。到十三世紀第四次十字軍東征，法蘭克人（Franks）攻陷君士坦丁堡，奪得拉撒路的遺骸運往現時法國的馬賽，之後不知所蹤。

十七世紀時，俄羅斯修士從塞浦路斯迎取了一小片拉撒路的遺骸，到俄羅斯 Pskov 修道院建立了聖拉撒路小教堂。二零一二年，塞浦路斯教會又將一部分拉撒路的遺骸贈予俄羅斯，現存放於莫斯科 Zachatyevsky 修道院。

每論哪一個傳說，最終拉撒路進入第二次的死，或者再次睡了，直等到主再來。

那麼，主耶穌說，有人在沒嘗死味以前必看見人子降臨在他的國裡，所指的究竟是甚麼？

歐洲十三世紀有文獻「Flores Historiarum」指，亞美尼亞大主教造訪英國時，曾探望聖亞賓斯修道院（St. Albans Abbey）的修士。其中一位修士馬太巴黎（Matthew Paris）向他查問傳說一位在亞美尼亞名叫約瑟的人，傳說他曾認識耶穌，至今仍未過世。該大主教表示，他在亞美尼亞曾遇到一個名叫嘉德菲勒（Cartaphilus）的猶太人。當耶穌被彼拉多判處死刑，由兵丁押出審判廳時，嘉德菲勒當時是一個守門人，他用拳頭擊打耶穌背部，並喝道：「快走，耶穌，快走；為甚麼在這裡消磨？」耶穌無奈地回頭告訴他：「我實在會走，但你要等候直到我回來。」從此該守門人不得安息，守候至今。該猶太人現已歸信耶穌，並以約瑟的名受洗歸入基督，他記得耶穌一切受死和復活的事實，他周遊各地傳福音，過著隱士的生活。他每一百年就會大病一場，但復元之後，他就會回復年青至約三十歲左右，即遇見耶穌時的模樣。

另一個傳說是，當耶穌在苦路背負十架行走時，大批猶太民眾站在街上看熱鬧，當時鞋匠亞哈隨魯（Ahesuerus）亦抱著兒子在門前觀看。耶穌其後扶著一塊石頭停下來稍作歇息，位置剛好在亞哈隨魯的家門。當時亞哈隨魯順著民眾情緒咒罵耶穌說：「快走，你這個猶太人的王，你不能在此休息停留，繼續走，你的行刑地方就在前面。」耶穌回頭告訴他：「我將得到安息，但你要向前走，直到世界的末了。」鞋匠聽了耶穌的說話後，不知怎的，放低孩子，與人羣一同步向各各他耶穌釘十字架的地方，並見證了耶穌的受死。之後，他隨

民眾散去，回到自己的家。然而，不斷有聲音叫他繼續走，他祇好告別家人，開始流浪，過著逐戶行乞的生活，走遍猶大、希臘、羅馬及歐洲各地。當他回到耶路撒冷時，耶路撒冷已於主後七十年被羅馬提多（Titus）大軍所毀，妻離子散。

從此，該鞋匠世世代代不停地走，走遍世界各地，沒有疾病隨著他，儘管身邊人一個一個的離世，他的生命仍然延續下去，面容與遇見耶穌時一樣。他悔改歸信基督，並向遇見的人傳揚福音及神的審判。

有人聲稱見過一個流浪的猶太人在一五四七年在德國漢堡出現，歐洲亦流傳著童謠有關流浪的猶太人（Wandering Jew）的故事。

第三個傳說是，耶穌被賣的一夜，祭司長派兵丁到客西馬利園捉拿耶穌，而彼得拿刀削去祭司長僕人的耳朵，僕人名叫馬吉斯（Malchus），他被咒詛，要到處流浪，直到主再來。

中世紀文獻「L'Ebreo Errant in Italia」記載，該流浪的猶太人名字是畢特彼斯（Buttadaeus），曾於一四一三及一四一五年在 Mugello 及佛羅倫斯（Florence）出現。

在十七世紀，歐洲流傳一份小冊子關於一個流浪的猶太人名為亞哈隨魯的故事。

直至十九世紀，亦有傳說流浪的猶太人在美國紐約出現。

有些傳說十分有趣，指流浪的猶太人不能睡覺，雙腳要不停地走，經常講述自己經歷過的歷史故事。

上面傳說，真真假假，相信要到主再來才可以辨清。不過，筆者對於上述傳說頗有懷疑，相信耶穌在苦路上受辱的時候，更大機會會說：「父啊！可憐他們，因為他們所做的，他們不知道。」

第13章

拿槍扎祂的人

當耶穌將靈魂交付神之後，猶太人就求彼拉多叫人打斷耶穌和兩個同釘十字架強盜的腿，把他們拿去，免得屍首在安息日留在十字架上。

約翰福音19章32-37節記載：

「於是兵丁來，把頭一個人的腿、並與耶穌同釘第二個人的腿，都打斷了。只是來到耶穌那裡，見他已經死了，就不打斷他的腿。惟有一個兵拿槍扎他的肋旁，隨即有血和水流出來。看見這事的那人就作見證，他的見證也是真的，並且他知道自己所說的是真的，叫你們也可以信。這些事成了，為要應驗經上的話說：『他的骨頭，一根也不可折斷。』經上又有一句說：『他們要仰望自己所扎的人。』」

兵丁用槍扎耶穌的肋旁，要試驗耶穌是否已經死去，隨即有血和水從耶穌身上流出來。十九世紀後，科學家發現人死後，紅血球會與血清分離。

目前，在羅馬聖彼得大教堂（St. Peter's Basilica）及意大利佛羅倫斯都有雕像紀念這個用槍扎耶穌的人。羅馬天主教及東正教更將此人封聖。按照傳說這個用槍扎耶穌的人名叫朗直拿斯（Gaius Cassius Longinus），來自小亞細亞東部卡帕多西亞（Cappadocia），即現今土耳其東部。

有解經家認為這人就是看守耶穌釘十字架的百夫長。

在馬太福音27章54節所述：「百夫長和一同看守耶穌的人，看見地震，並所經歷的事，就極其害怕，說：這真是神的兒子了。」

按馬可福音15章39節的描述：「對面站著的百夫長看見耶穌這樣喊叫斷氣，就說：這人真是神的兒子。」

當時他看見甚麼呢？按馬太福音27章45-46、50-52節記載：「從午正到申初，遍地都黑暗了。約在申初，耶穌大聲喊著說：以利、以利、拉馬撒巴各大尼？就是說：我的神、我的神、為甚麼離棄我？……耶穌又大聲喊叫，氣就斷了。忽然，殿裡的幔子從上到下裂為兩半，地也震動，磐石也崩裂，墳墓也開了，已睡聖徒的身體多有起來的。」

而路加福音23章46-47節的敍述是：「耶穌大聲喊著說：父阿！我將我的靈魂交在你手裡。說了這話，氣就斷了。百夫長看見所成的事，就歸榮耀與神說：這真是個義人。」

聖經沒有解釋為甚麼這士兵要用槍扎耶穌肋旁，其中一個可能性是要向其他士兵證明耶穌已經死去，不用再打斷雙腿。然而，這舉動卻一次過應驗了聖經對耶穌的兩項預言：「他的骨頭，一根也不可折斷」；「他們要仰望自己所扎的人」。

東正教會傳說，這人因用槍扎耶穌右邊肋旁的時候，耶穌流出的水和血醫治好了他在之前的戰爭中受傷的眼睛。

教會亦有傳說，朗直拿斯與其他兩名同袍一同被指派看守主耶穌安葬的墓穴，親眼見證耶穌的復活。當時他求問神這是甚麼的一回事，神就打發他去見使徒彼得，彼得將聖經有關耶穌復活的預言告訴

他，他最後悔改，並受洗歸主。後有猶太祭司試圖用金錢賄賂他們假說耶穌的屍體被門徒偷走，遭朗氏斷然拒絕。

此事以後，朗氏與兩名同袍離開軍隊，回到家鄉卡帕多西亞傳揚耶穌復活的福音。當卡帕多西亞有越來越多人信耶穌的時候，猶太人向彼拉多舉報，彼拉多將此事滙報羅馬皇帝提庇留（Tiberius，主後14-37年在位），下達了追殺令，彼拉多於是派出一隊軍隊去卡帕多西亞追殺朗氏。

當軍隊到達卡帕多西亞，朗氏在家中熱情款待他們。其後，朗氏知道彼拉多已下追殺令，他告訴這些昔日的同袍放心下手。同袍不忍，鼓勵他逃亡。然而，朗氏表明為主殉道的心已決，忠義兩難全，這些同袍勉強下把他斬首，把他的頭顱帶回耶路撒冷交給彼拉多。

西方天主教會另有傳說，指朗直拿斯來自意大利中部名為藍西亞（Lanciano）的小鎮。他信主後熱心傳道，在各地傳講耶穌，直至被羅馬總督拿下，施以酷刑，牙齒被打掉，舌頭被割下，但他竟然奇蹟地繼續傳講耶穌，並打碎了幾個偶像。傳說當他被斬殉道時，他的血飛濺到那位羅馬總督的眼裡。總督的眼過往被偶像的邪靈弄致快要眼瞎，這時他的眼竟然奇蹟地得到醫治。

朗氏的遺體葬於羅馬聖奧古斯都教堂之下，而他用以扎耶穌肋旁的長槍現藏於羅馬聖彼得大教堂祭壇的四條柱內。

關於朗直拿斯的事情，可能他的聖矛（Lance of Longinus）被傳講得更多。

目前，聲稱保存聖矛真存的最少有四個地方，包括：奧地利維也納荷夫堡宮（Hofburg Palace）的藏寶室、羅馬梵蒂岡聖彼得大教堂、波蘭克拉科夫瓦維爾主教座堂（Kraków, Poland）、及亞美尼亞埃奇米阿津（Museum Manoogian, Echmiadzin, Armenia）。

維也納荷夫堡宮的聖矛最為著名。相傳朗氏去世後，聖矛輾轉在初期教會間留存，到二百多年後，羅馬君主君士坦丁皈依基督，從主教得到聖矛，其後成功統一羅馬帝國，聖矛成為他權力的象徵。

後來，西羅馬帝國被蠻族攻陷，聖矛消失於歷史之中接近三百年，直至神聖羅馬帝國查理曼大帝崛起，他聲稱得到聖矛，每次出征都手拿聖矛，以強化他的權力基礎。此後，聖矛在神聖羅馬帝國皇帝間代代相傳。十三世紀，聖矛被賣到德國紐倫堡教堂陳設。

到十七世紀，法國拿破崙欲一統歐洲，進迫德國紐倫堡意圖奪取聖矛。紐倫堡人率先將聖矛送往奧地利維也納荷夫堡宮。

一九三八年，納粹德國希特拉驅使德軍佔領奧地利，奪取聖矛，並將之送回紐倫堡。明顯地，希特拉亦痴迷於俗稱為「命運之矛」的王者權力。一九四五年，納粹德國戰敗，數月後美軍在紐倫堡發現聖矛。最終，聖矛送還奧地利維也納荷夫堡宮保存。

梵蒂岡聖矛據說在羅馬皇帝君士坦丁皈依基督後，他的母親海倫娜於主後三二六年遠道由羅馬走到耶路撒冷朝聖，並在現在聖墓大教堂的地方找到耶穌受難時的遺物，包括十字架、荊冠以及聖矛。其後，波斯王於六一五年攻陷耶路撒冷，獲取了聖矛。矛頭尖被送給康士坦丁堡東羅馬帝國皇帝，藏於聖蘇菲大教堂。到第四次十字軍東征，東羅馬帝國被攻陷，該矛轉售予法王路易第九，藏於巴黎Sainte-Chapelle，並曾與主耶穌的荊冠同藏於法國國家圖書館。在法國大革命之後，梵蒂岡教廷從法國得到聖矛的殘片，現置於梵蒂岡聖彼得大教堂中。

此外，有說該矛尖在法國大革命後傳到奧地利或波蘭。

不過，對於波蘭克拉科夫瓦維爾主教座堂的聖矛，與及亞美尼亞埃奇米阿津的聖矛，一般認為是中世紀時期的複製贈品，受重視程度相對較低。

此矛經過二千年的歷史，早已斷為數截。中世紀時，據說被工匠鑲以耶穌釘十字架的鐵釘，並套上金鞘，成為今天展示的現狀。

亦有野史傳說，真正的聖矛已隨德國潛艇沉下大海或由納粹秘密組織收藏起來。這類陰謀論實在無日無之，難分真偽。

第 14 章

安葬耶穌的財主

　　在苦路的最後一站，是紀念主耶穌的受死埋葬。在耶穌離世之後，有一位財主名叫約瑟，是亞利馬太城的人（Joseph of Arimathea），來求見彼拉多，請求取耶穌的身體去安葬。

　　亞利馬太約瑟大有來頭，四卷福音書都有記載他的事跡。馬太福音記載約瑟是一位財主，馬太福音27章57至60節記道：「到了晚上、有一個財主名叫約瑟，是亞利馬太來的，他也是耶穌的門徒。這人去見彼拉多，求耶穌的身體，彼拉多就吩咐給他。約瑟取了身體，用乾淨細麻布裹好，安放在自己的新墳墓裡，就是他鑿在磐石裡的。他又把大石頭滾到墓門口，就去了。」

　　馬太福音的記載應驗以賽亞書53章9節在七百年前對於耶穌之死的預言：「他雖然未行強暴，口中也沒有詭詐，人還使他與惡人同埋，誰知死的時候與財主同葬。」

　　馬可福音則描述約瑟是一位尊貴的議士，也是等候神國的。馬可福音15章43-46節記載：「有亞利馬太的約瑟前來，他是尊貴的議士，也是等候神國的。他放膽進去見彼拉多，求耶穌的身體。彼拉多詫異耶穌已經死了，便叫百夫長來，問他耶穌死了久不久。既從百夫長得知實情，就把耶穌的屍首賜給約瑟。約瑟買了細麻布，把耶穌取下來，用細麻布裹好，安放在磐石中鑿出來的墳墓裡，又滾過一塊石頭來擋住墓門。」

　　至於路加福音，則強調約瑟是一位公義良善、獨排眾議、盼望神國的議士。路加福音23章50-53節記載：「有一個人名叫約瑟，是個議士，為人善良公義。眾人所謀所為、他並沒有附從。他本是猶太亞利馬太城裡素常盼望神國的人。這人去見彼拉多，求耶穌的身體，就取下來用細麻布裹好，安放在石頭鑿成的墳墓裡，那裡頭從來沒有葬過人。」

　　約翰福音進一步揭示約瑟的身分，他是暗暗作耶穌門徒的人。約翰福音19章38至42節的記載：「這些事以後，有亞利馬太人約瑟，是耶穌的門徒，只因怕猶太人，就暗暗的作門徒。他來求彼拉多，要把耶穌的身體領去。彼拉多允准，他就把耶穌的身體領去了。又有尼哥底母，就是先前夜裡去見耶穌的，帶著沒藥和沉香、約有一百斤前來。他們就照猶太人殯葬的規矩，把耶穌的身體用細麻布加上香料裹好了。在耶穌釘十字架的地方，有一個園子，園子裡有一座新墳墓，是從來沒有葬過人的。只因是猶太人的預備日，又因那墳墓近，他們就把耶穌安放在那裡。」

　　總結來說，亞利馬太人約瑟是一位有財有勢，德高望重的猶太議會議士，但他礙著猶太人反對耶穌的情緒，祇作暗地裡的門徒，不敢公開承認信仰，更不敢在猶太人的議會上為耶穌辯護。

或許，當大祭司審問耶穌時，約瑟就在左右。馬太福音26章描述祭司長和全公會尋找假見證控告耶穌，約瑟很可能亦在場。當大祭司對耶穌說：「我指著永生神叫你起誓告訴我們，你是神的兒子基督不是？」約瑟心裡可能極之期望耶穌表露彌賽亞的身分，召喚天軍護駕，並行使天國的權柄，復興以色列。果然，約瑟聽到耶穌回答：「你說的是。然而我告訴你們，後來你們要看見人子坐在那權能者的右邊，駕著天上的雲降臨。」約瑟大惑不解，「後來」？這是甚麼意思？

大祭司這時就撕開衣服說：「他說了僭妄的話，我們何必再用見證人呢。」他們就吐唾沫在他臉上，用拳頭打他，也有用手掌打他的，說：「基督阿，你是先知，告訴我們打你的是誰。」

素以善良公義著稱的約瑟這時卻龜縮於人羣之後，內心極為煎熬，既困惑，又害怕，昔日滿口道德律例戒條的議會同胞，一下子都露出猙獰的面目，齊聲高呼耶穌是該死的，虐打耶穌。

羣情洶湧，約瑟無法表達任何異議，只能眼巴巴看著耶穌被大祭司的兵丁拉去下在大祭司院宇下面的監牢中。大祭司院宇下面的監牢，正在耶路撒冷雞鳴堂之下，目前仍然留有遺跡供人憑弔。

約瑟有沒有到彼拉多軍營聽審不得而知，但約瑟肯定密切留意耶穌的受審，以至被釘十字架。有典外文獻傳說，當耶穌離世時，約瑟用耶穌於最後晚餐時所用過的聖餐杯，到十字架下盛載耶穌流出的血和汗。耶穌死後，約瑟趕緊到彼拉多處求耶穌的身體安葬。

在這裡，我們要留意約瑟不再作暗地裡的耶穌門徒，他不再怕旁人非議的眼光，亦不怕猶太人議會可能把他逐出議會，一下子失去所有名譽和地位，甚至遭遇耶穌一同的結局。這時，約瑟祇希望取得耶穌的身體，好在安息日到來前將祂好好安葬。

相傳從十架取下後，耶穌被安放在一塊岩石上進行洗濯及膏抹，用細麻布包裹，這塊岩石名為恩膏石（Stone of Anointing），現存於耶

路撒冷城內的聖墓教堂。不少朝聖者都到這塊岩石旁邊跪下祈禱，更有人感動嚎哭不已。

福音書有關亞利馬太約瑟到此為止，不過，在典外卻有不少亞利馬太約瑟的傳說，並且延續至中世紀。

有一傳說指約瑟安葬耶穌後，果然受到猶太公會的責難，並被公會關在一個石墓裡。約瑟神奇地倚靠來自聖杯每天供應的餅和酒維生。有傳說最後主耶穌向約瑟顯現，並救他出來，帶他回家。

其後有傳說約瑟與耶穌的門徒腓力、耶穌的母親馬利亞、她的姊妹撒羅米及抹大拉的馬利亞、馬大及拉撒路在逼迫中逃難至地中海港口城市凱撒利亞（Caesarea），投靠羅馬百夫長哥尼流。其後，猶太人追迫至凱撒利亞，他們借助約瑟的貨船向地中海出走。有傳說他們最後在高盧地（Gaul）登陸，即現今法國等地。

另有傳說指約瑟最終帶著十二個同伴到達英國南部格拉斯頓堡（Glastonbury）傳福音，傳說有一次有一萬八千人信主，包括當時土王帝艾塞爾伯特（Ethelbert）亦決志信主。約瑟在格拉斯頓堡建立第一個基督徒的社群，並創立了格拉斯頓堡修道院（Glastonbury Abbey）。約瑟於公元八十六年逝世，葬於格拉斯頓堡修道院。

傳說初期教會教父革利免（Clements）是英格蘭人，亦是在約瑟的傳道中信主，其後他在羅馬遇到巴拿巴，並成為同工，後參與保羅的傳道旅程。後期彼得在羅馬殉道前，推舉革利免為羅馬第二任主教，接任保羅所委任的第一任主教葉納斯（Linus），葉納斯亦是一位英格蘭人，有傳他是約瑟的後人。

格拉斯頓堡修道院曾是英國第二大的修道院，現在則祇餘下遺跡供人遊覽。目前該地的教區教堂名為聖約翰教堂（St. John's Church Glastonbury），內裡種有一棵山楂樹名為格拉斯頓堡荊棘（Glastonbury Thorn），每年聖誕及復活節都會開花。相傳約瑟來到格拉斯頓堡，將手杖插在地上，第二天醒來，見手杖已長成荊棘樹，並開出花來。

歷史上著名的聖杯傳奇亦始於亞利馬太的約瑟。傳說聖杯因為沾有耶穌的寶血，擁有醫治、返老還童甚至起死回生之效。約瑟將聖杯帶到英倫格拉斯頓堡，並將聖杯藏於聖杯井（Chalice Well）內。聖杯井其後源源不絕地湧出血來，並帶來醫治的奇效。

傳說聖杯其後交由約瑟的女兒安娜（Anna）及女婿布蘭斯（Brans）保管，並成立一個護衛聖杯的秘密組織，將聖杯藏於一座位於北威爾斯凌高蘭（Llangollen）的古堡，名為哥伯尼古堡（Castle Corbenic 或 Castell Dinas Bran）。

有作家認為英格蘭古代第一個基督徒君主路西亞（Lucius）及著名的亞瑟王（King Arthur）都是約瑟的後人。亞瑟王與他的圓桌武士尋找聖杯的傳說，與上面一脈相承，而亞瑟王死後亦葬於格拉斯頓堡。格拉斯頓堡現已成為英國人的朝聖之地。

對於聖杯目前的下落，據說目前被認為可能是聖杯的，在歐洲就有約二百個。

二次大戰時期，德國納粹希特拉為聖杯著迷，力求得到聖杯，據說曾派衛軍首領希姆萊（Heinrich Himmler）到西班牙巴塞隆納附近的蒙特塞拉特修道院（Montserrat Abbey）尋找聖杯，可惜沒有找到。

二零一四年，有兩位西班牙歷史學家聲稱聖杯就在西班牙萊昂（Leon）的聖依西多祿（San Isidoro）教堂。

據中世紀文獻考究，聖杯原存放在耶路撒冷，後來被穆斯林盜走，之後，聖杯輾轉傳到埃及。公元一零五零年左右，埃及國王把聖杯送給西班牙國王費南多一世（King Fernando I），由萊昂的女王烏拉卡一世（Urraca I de León）所有。

聖依西多祿教堂保存聖杯至一九五零年，才在教堂展出。該聖杯用黑瑪瑙製造，產於公元前二百年到一百年間，裡面後被鍍了黃金，外面鑲有寶石珍珠。至於它是否真品，實在不得而知。

約瑟成為第一個向英倫傳福音的耶穌門徒，對於當時來說，英國是已知道的地極，這亦即是說，第一代的耶穌門徒其實已完成主耶穌的大使命：「但聖靈降臨在你們身上，你們就必得著能力，並要在耶路撒冷、猶太全地、和撒瑪利亞、直到地極，作我的見證。」使徒行傳1章8節。

對於亞利馬太的約瑟的身分，歷史上有很多爭議。有說法是約瑟其實與耶穌有血緣關係，才會以長輩的身分向彼拉多求取耶穌的身體安葬，以盡猶太習俗的責任。有傳說亞利馬太的約瑟其實是耶穌母親馬利亞的叔父，亦即是耶穌的舅公。

相傳約瑟是錫金屬商人，經常到英倫採購原材料，並在耶穌幼年時曾帶他到格拉斯頓堡，並遊覽過聖米嘉勒山（St. Michael's Mount）及聖賈斯（St. Just of Roseland）。

這傳說引發了現代英國一連串的漣漪。

英國十九世紀著名詩人及版畫家威廉布蘭克（William Blake, 1757-1827）於一八零六年寫了一本史詩集，名為 Milton a Poem。

他按上述傳說寫了一篇前言名為「耶路撒冷」的詩篇如下：

那些古代的腳蹤有否在英格蘭的翠綠的山嶺走過？

And did those feet in ancient time walk upon England's mountains green?

曾否在英格蘭青蔥草地上見過上帝的神聖羔羊？

And was the holy Lamb of God

On England's pleasant pastures seen?

護佑的聖者有否光照我們雲霧遮蓋的山峯？

And did the countenance divine

Shine forth upon our clouded hills?

耶路撒冷曾否在此黑暗撒但般的磨坊當中被建立？

And was Jerusalem builded here among those dark satanic mills?

給我燃燒黃金的弓！

Bring me my bow of burning gold!

給我慾望的飛箭！

Bring me my arrows of desire!

給我長矛！噢，撥開雲霧！

Bring me my spear! O clouds, unfold!

給我火焰的戰車！

Bring me my chariot of fire!

我不會停止精神的鬥爭！

I will not cease from mental fight,

我的利劍亦不會在我的手中沉睡，

Nor shall my sword sleep in my hand,

直到我們已經將耶路撒冷建立在英格蘭的翠綠可喜的土地上。

Till we have built Jerusalem

In England's green and pleasant land.

　　布蘭克所記念的是，按照傳說，幼年的耶穌隨約瑟恩澤英格蘭，將教會建立在英格蘭的土地上。在十八世紀，英格蘭發生工業革命，一座座燻黑的工廠磨坊建立在英格蘭，原始資本主義制度正在成型，科層生產模式奴役工人。布蘭克期望英國人站起來，為在英格蘭建立新耶路撒冷 —— 天國 —— 而奮鬥。

　　這首詩在十九世紀寫成，但沉寂了一段很長時間，直到二十世紀第一次世界大戰時期，英國在1916年要舉行「爭取權益」大會，音樂家侯伯利爵士（Sir Hubert Parry）應邀請為該首詩作曲，成為大會主題詩歌。

　　這首詩其後成為一九二零年英國爭取婦女選舉權大會的主題詩歌。此詩歌漸漸在英國流行，在不同的政黨大會傳頌，並成為英國的國歌，地位僅次於「主佑我王」（God Save Our Queen）。

在香港，「耶路撒冷」是部分聖公會屬下中學的校歌，不少社會的
精英都在「耶路撒冷」慷慨激昂的歌詞之下孕育出來。

第 15 章

披麻布跟隨主的少年人

當耶穌在客西馬尼園被捉拿的時候，馬可福音14章51-52節特別描述了一個披麻布跟隨主的少年人：

「有一個少年人，赤身披著一塊麻布，跟隨耶穌，眾人就捉拿他。他卻丟了麻布，赤身逃走了。」

這件事祇記載於馬可福音，其他福音書都未見記載，增添了讀者對這赤身而逃少年人的好奇。

早期教父都認為，這位受驚赤身逃跑的少年人就是馬可福音的作者馬可（Mark）。在當時兵丁捉拿耶穌，門徒作鳥獸散的混亂時間，誰會特別留意一位無名的少年人的愚昧表現，除非他就是作者自己，正如現代大導演都喜歡在自己的電影之中藉一個小角色出現一下。

很多解經家都相信，馬可的家應該就是主耶穌與門徒用最後晚餐的地方，現時名叫「馬可樓」。

路加福音22章7-13節記載：

「除酵節，須宰逾越羊羔的那一天到了。耶穌打發彼得、約翰，說：『你們去為我們預備逾越節的筵席，好叫我們吃。』他們問他說：『要我們在哪裏預備？』耶穌說：『你們進了城，必有人拿著一瓶水迎面而來，你們就跟著他，到他所進的房子裏去，對那家的主人說：『夫子說：客房在哪裏？我與門徒好在那裏吃逾越節的筵席。』他必指給你們擺設整齊的一間大樓，你們就在那裏預備。」他們去了，所遇見的正如耶穌所說的；他們就預備了逾越節的筵席。」

有傳統認為，這個拿著一瓶水的人可能就是馬可。之後，耶穌與門徒在馬可樓最後晚餐，飯後，耶穌與門徒一同往橄欖山客西馬尼園祈禱，其中包括馬可。馬可赤身祇披著一塊麻布同往客西馬尼園祈禱，可能是他已因疲倦入睡，後聽到耶穌與門徒同往客西馬尼園，馬可因好奇趕急追上，祇披上同睡的一塊麻布。

馬可樓亦是耶穌復活後向門徒顯現的地方。約翰福音20章19-23節記載：

「那日（就是七日的第一日）晚上，門徒所在的地方，因怕猶太人，門都關了。耶穌來，站在當中，對他們說：『願你們平安！』說了這話，就把手和肋旁指給他們看。門徒看見主，就喜樂了。耶穌又對他們說：『願你們平安！父怎樣差遣了我，我也照樣差遣你們。』說了這話，就向他們吹一口氣，說：『你們受聖靈！你們赦免誰的罪，誰的罪就赦免了；你們留下誰的罪，誰的罪就留下了。』」

當五旬節聖靈降臨的時候，門徒聚集在馬可樓聚會，忽然從天上有響聲下來，好像一陣大風吹過，充滿了他們所在的屋子。又有舌頭如火焰顯現出來，分開落在門徒各人頭上。他們就都被聖靈充滿，按著聖靈所賜的口才，說起別國的話來。（使徒行傳2:2-4）。

後來彼得因在聖殿傳福音，被祭司長和文士下在監裡，夜裡天使把彼得帶出來，彼得便回到馬可樓與門徒會合。馬可的家成為初期教會的聚會所。

按使徒行傳12章12節記載：馬可在希伯來語名叫約翰，母親名叫馬利亞，應是富裕人家，家中有使女。歌羅西書4章10節指使徒巴拿巴是馬可的表哥。巴拿巴可能經馬可母親馬利亞傳福音信主。

巴拿巴是一個熱心事主的信徒，使徒行傳4章32-37節記載巴拿巴的事蹟：

「那許多信的人都是一心一意的，沒有一人說他的東西有一樣是自己的，都是大家公用。使徒大有能力，見證主耶穌復活；眾人也都蒙大恩。內中也沒有一個缺乏的；因為人人將田產房屋都賣了，把所賣的價銀拿來，放在使徒腳前，照各人所需用的，分給各人。有一個利未人，生在塞浦路斯，名叫約瑟，使徒稱他為巴拿巴（巴拿巴翻出來就是勸慰子）。他有田地，也賣了，把價銀拿來，放在使徒腳前。」

在迫害教會的掃羅（保羅）悔改信主之後，猶太人懼怕與他接近，使徒行傳9章26-28節記載巴拿巴第一個接待保羅：

「掃羅到了耶路撒冷，想與門徒結交，他們卻都怕他，不信他是門徒。惟有巴拿巴接待他，領去見使徒，把他在路上怎麼看見主，主怎麼向他說話，他在大馬士革怎麼奉耶穌的名放膽傳道，都述說出來。 於是掃羅在耶路撒冷和門徒出入來往。」

使徒行傳11章24-26節記載：

「這巴拿巴原是個好人，被聖靈充滿，大有信心。於是有許多人歸服了主。他又往大數去找掃羅，找著了，就帶他到安提阿去。他們足有一年的工夫和教會一同聚集，教訓了許多人。門徒稱為『基督徒』是從安提阿起首。」

其後，巴拿巴和保羅被安提阿教會差派去做接濟耶路撒冷教會的工作，使徒行傳11章27-30節記載：

「當那些日子，有幾位先知從耶路撒冷下到安提阿。內中有一位，名叫亞迦布，站起來，藉著聖靈指明天下將有大饑荒。（這事到克勞第年間果然有了。）於是門徒定意照各人的力量捐錢，送去供給住在猶太的弟兄。他們就這樣行，把捐項託巴拿巴和掃羅送到眾長老那裏。」

使徒行傳12章25節，巴拿巴帶著馬可回到安提阿：

「巴拿巴和掃羅辦完了他們供給的事，就從耶路撒冷回來，帶著稱呼馬可的約翰同去。」

其後，教會差派巴拿巴和保羅到外邦人中宣教，使徒行傳13章1-5節記載：

「在安提阿的教會中，有幾位先知和教師，就是巴拿巴和稱呼尼結的西面、古利奈人路求、與分封之王希律同養的馬念、並掃羅。他們事奉主、禁食的時候，聖靈說：『要為我分派巴拿巴和掃羅，去做我召他們所做的工。』於是禁食禱告，按手在他們頭上，就打發他們去了。他們既被聖靈差遣，就下到西流基，從那裡坐船往居比路去。到了撒拉米，就在猶太人各會堂裡傳講神的道，也有約翰作他們的幫手。」

約翰就是約翰‧馬可。使徒行傳13章13節特別記載馬可於旁非利亞離隊：

「保羅和他的同人，從帕弗開船，來到旁非利亞的別加，約翰就離開他們回耶路撒冷去。」

馬可離隊回到耶路撒冷，大抵因為受不了宣教生活的辛酸和猶太人迫害的壓力。

在第一次宣教旅程完結後，巴拿巴和保羅向安提阿教會述說上帝的恩典如何臨到外邦人，得到教會確認，並開始成為外邦人的使徒。

其後，巴拿巴和保羅打算開始第二次宣教旅程，卻因為馬可的窩囊而分道揚鑣，使徒行傳15章36-41節記載：

「過了些日子，保羅對巴拿巴說：『我們可以回到從前宣傳主道的各城，看望弟兄們境況如何。』巴拿巴有意要帶稱呼馬可的約翰同去；但保羅因為馬可從前在旁非利亞離開他們，不和他們同去做工，就以為不可帶他去。於是二人起了爭論，甚至彼此分開。巴拿巴帶著馬可，坐船往塞浦路斯去；保羅揀選了西拉，也出去，蒙弟兄們把他交於主的恩中。他就走遍敘利亞、基利家，堅固眾教會。」

使徒行傳之後再沒有記載馬可的事跡。不過，顯然馬可經過磨煉其後變得更成熟可靠。

其後，馬可再次與保羅同工，在保羅致歌羅西信徒的書信中，保羅特別提及馬可，歌羅西書4章10節記載：

「與我一同坐監的亞里達古問你們安，巴拿巴的表弟馬可也問你們安。（說到這馬可，你們已經受了吩咐，他若到了你們那裡，你們就接待他。）」

保羅在腓利門書1章24節說：

「與我同工的馬可、亞里達古、底馬、路加，也都問你安。」

在提摩太後書4章11節，保羅甚至稱讚馬可對保羅的宣教事工有益：

「獨有路加在我這裡。你來的時候要把馬可帶來，因為他在傳道的事上於我有益處。」

事實上，馬可其後亦曾與彼得同工，彼得前書5章13節記載彼得的說話：

「在巴比倫與你們同蒙揀選的教會問你們安，我兒子馬可也問你們安。」

彼得稱馬可為兒子，可見彼得與馬可的師徒關係情深。

馬可的一生，受到主耶穌、使徒巴拿巴、保羅和彼得的影響，由一位窩囊不濟的少年成長為一位成熟的傳道同工，可謂得天獨厚。

傳統認為馬可是在北非古利奈（Cyrene）出生，後移居耶路撒冷，進入宣教旅程後，他曾與彼得在羅馬同工，後被保羅差到小亞細亞歌羅西牧養教會。之後，他回到北非亞歷山大港建立非洲第一所基督教會——埃及哥普特教會（Coptic Orthodox Church）。

馬可於主後約六十六年著作了第一本福音書，主要根據彼得的回憶寫成。當時正值羅馬皇帝尼錄（Nero）逼迫教會，而猶太人正在組織革命，正處於民族與教會的大時代。

在最後階段，馬可努力在埃及傳道，鼓勵埃及人離棄埃及傳統假神，相信耶穌，最後於主後六十八年殉道，傳說在北非亞歷山大港被當地人用繩子拉著頸項拖地遊街致死。

馬可的遺骸據說藏於北非亞歷山大港聖馬可大教堂（St. Mark Coptic Orthodox Cathedral in Alexandria）。傳說主後八二八年，兩位意大利威尼斯商人偷取馬可的部分遺骸回威尼斯，後在威尼斯建造聖馬可大教堂（San Marco Cathedral in Venice）以收藏馬可的遺骸。

現時，北非教會相信馬可的頭骨仍藏於亞歷山大港聖馬可大教堂，另有遺骸藏於埃及開羅的哥普特正教大教堂（Saint Mark's Coptic Orthodox Cathedral, Cairo）及威尼斯聖馬可大教堂。

第16章

主轉過身來看彼得

　　西門彼得是耶穌的大弟子，是耶穌在加利利海邊呼召跟隨祂的門徒。

　　約翰福音1章35-42節講述，是施洗約翰首先向其門徒安得烈指出耶穌是神的羔羊，安得烈把耶穌介紹給彼得：

　　「再次日，約翰同兩個門徒站在那裏。他見耶穌行走，就說：『看哪，這是上帝的羔羊！』兩個門徒聽見他的話，就跟從了耶穌。耶穌轉過身來，看見他們跟著，就問他們說：『你們要甚麼？』他們說：『拉比，在哪裏住？』（拉比翻出來就是夫子。）耶穌說：『你們來看。』他們就去看他在哪裏住，這一天便與他同住；那時約有申正了。聽見約翰的話跟從耶穌的那兩個人，一個是西門彼得的兄弟安得烈。他先找著自己的哥哥西門，對他說：『我們遇見彌賽亞了。』（彌賽亞

翻出來就是基督。）於是領他去見耶穌。耶穌看著他，說：『你是約翰的兒子西門，你要稱為磯法。』（磯法翻出來就是彼得。）」

至於彼得立志跟隨耶穌，馬太福音4章18-20節記載：

「耶穌在加利利海邊行走，看見弟兄二人，就是那稱呼彼得的西門和他兄弟安得烈，在海裏撒網；他們本是打魚的。耶穌對他們說：『來跟從我，我要叫你們得人如得魚一樣。』他們就立刻捨了網，跟從了他。」

路加福音5章1-11節有更詳細的記述：

耶穌站在革尼撒勒湖邊（註：Gennesaret，即加利利湖西北邊），眾人擁擠他，要聽上帝的道。他見有兩隻船灣在湖邊；打魚的人卻離開船洗網去了。有一隻船是西門的，耶穌就上去，請他把船撐開，稍微離岸，就坐下，從船上教訓眾人。講完了，對西門說：「把船開到水深之處，下網打魚。」西門說：「夫子，我們整夜勞力，並沒有打著甚麼。但依從你的話，我就下網。」他們下了網，就圈住許多魚，網險些裂開，便招呼那隻船上的同伴來幫助。他們就來，把魚裝滿了兩隻船，甚至船要沉下去。西門彼得看見，就俯伏在耶穌膝前，說：「主啊，離開我，我是個罪人！」他和一切同在的人都驚訝這一網所打的魚。他的夥伴西庇太的兒子雅各、約翰，也是這樣。耶穌對西門說：「不要怕！從今以後，你要得人了。」他們把兩隻船攏了岸，就撇下所有的，跟從了耶穌。

西門彼得（Peter），希臘文 Petros 是石子的意思，在阿蘭文中名叫磯法（Cephas），即「石頭」之意。

在跟隨耶穌三年之中，彼得與耶穌朝夕共處，經歷耶穌的大能。

馬太福音14章22-33節記載彼得履海的事蹟：

「耶穌隨即催門徒上船，先渡到那邊去，等他叫眾人散開。散了眾人以後，他就獨自上山去禱告。到了晚上，只有他一人在那裏。那

時船在海中，因風不順，被浪搖撼。夜裏四更天，耶穌在海面上走，往門徒那裏去。門徒看見他在海面上走，就驚慌了，說：『是個鬼怪！』便害怕，喊叫起來。耶穌連忙對他們說：『你們放心，是我，不要怕！』彼得說：『主，如果是你，請叫我從水面上走到你那裏去。』耶穌說：『你來吧。』彼得就從船上下去，在水面上走，要到耶穌那裏去；只因見風甚大，就害怕，將要沉下去，便喊著說：『主啊，救我！』耶穌趕緊伸手拉住他，說『你這小信的人哪，為甚麼疑惑呢？』他們上了船，風就住了。在船上的人都拜他，說：『你真是上帝的兒子了。』」

彼得是一個充滿熱情，但又信心飄忽不定的人。然而，他也是個有極強洞悉力的人，他認識到耶穌就是上帝的兒子。

然而，知道耶穌是上帝的兒子，於彼得個人的生命又有甚麼關係呢？

彼得知道耶穌是永生上帝的兒子，更是首位宣認耶穌就是基督，是聖經預言要來的拯救者。

馬太福音16章13-20節記載：

「耶穌到了凱撒利亞‧腓立比的境內，就問門徒說：『人說我──人子是誰？』他們說：『有人說是施洗的約翰；有人說是以利亞；又有人說是耶利米或是先知裏的一位。』耶穌說：『你們說我是誰？』西門‧彼得回答說：『你是基督，是永生上帝的兒子。』耶穌對他說：『西門‧巴‧約拿，你是有福的！因為這不是屬血肉的指示你的，乃是我在天上的父指示的。我還告訴你，你是彼得，我要把我的教會建造在這磐石上；陰間的權柄不能勝過他。我要把天國的鑰匙給你，凡你在地上所捆綁的，在天上也要捆綁；凡你在地上所釋放的，在天上也要釋放。』」

耶穌說，祂要把天國的鑰匙給彼得，凡他在地上所捆綁的，在天上也要捆綁；凡他在地上所釋放的，在天上也要釋放。這是多大的重任！

有部分神學家認為，這段經文證明耶穌要將教會的根基建築在彼得之上。然而，耶穌將教會建造在這磐石上，這磐石應該是指認信耶穌是基督這一基礎上，原因是耶穌的說法語帶相關，衪說的是磐石，不是石子（彼得的字義）。事實上，在馬太福音18章18節耶穌向眾門徒重申：「我實在告訴你們，凡你們在地上所捆綁的，在天上也要捆綁；凡你們在地上所釋放的，在天上也要釋放。」這次，耶穌向眾門徒和教會都授予上述祈禱的權柄。馬太福音18章19-20節指：「我又告訴你們，若是你們中間有兩個人在地上，、同心合意的求甚麼事，我在天上的父，必為他們成全。因為無論在那裡，有兩三個人奉我的名聚會、那裡就有我在他們中間。」

彼得性格熱情而衝動，約翰福音13章1-10節記載最後晚餐時，耶穌與彼得有趣的對話：

「耶穌知道父已將萬有交在他手裏，且知道自己是從上帝出來的，又要歸到上帝那裏去，就離席站起來，脫了衣服，拿一條手巾束腰，隨後把水倒在盆裏，就洗門徒的腳，並用自己所束的手巾擦乾。挨到西門彼得，彼得對他說：『主啊，你洗我的腳嗎？』耶穌回答說：『我所做的，你如今不知道，後來必明白。』彼得說：『你永不可洗我的腳！』耶穌說：『我若不洗你，你就與我無分了。』西門彼得說：『主啊，不但我的腳，連手和頭也要洗。』耶穌說：『凡洗過澡的人，只要把腳一洗，全身就乾淨了。你們是乾淨的，然而不都是乾淨的。』」

彼得對耶穌充滿熱愛，不過，耶穌直接的告訴他，最後他還是跌倒了。

約翰福音13章31-38節記載，在最後晚餐之後耶穌與彼得的對話：

「……耶穌就說：『……小子們，我還有不多的時候與你們同在；後來你們要找我，但我所去的地方你們不能到。這話我曾對猶太人說過，如今也照樣對你們說。我賜給你們一條新命令，乃是叫你們彼此相愛；我怎樣愛你們，你們也要怎樣相愛。你們若有彼此相愛的心，

眾人因此就認出你們是我的門徒了。』西門彼得問耶穌說:『主往哪裏去?』耶穌回答說:『我所去的地方,你現在不能跟我去,後來卻要跟我去。』彼得說:『主啊,我為甚麼現在不能跟你去?我願意為你捨命!』耶穌說:『你願意為我捨命嗎?我實實在在地告訴你,雞叫以先,你要三次不認我。』」

路加福音22章31-34節從另一個角度記敍如下:

「主又說:『西門!西門!撒但想要得著你們,好篩你們像篩麥子一樣;但我已經為你祈求,叫你不至於失了信心。你回頭以後,要堅固你的弟兄。』彼得說:『主啊,我就是同你下監,同你受死,也是甘心!』耶穌說:『彼得,我告訴你,今日雞還沒有叫,你要三次說不認得我。』」

馬太福音26章30-35節則記載最後晚餐後,他們往橄欖山客西馬尼園時的對話:

「他們唱了詩,就出來往橄欖山去。那時,耶穌對他們說:『今夜,你們為我的緣故都要跌倒。因為經上記著說:我要擊打牧人,羊就分散了。但我復活以後,要在你們以先往加利利去。』彼得說:『眾人雖然為你的緣故跌倒,我卻永不跌倒。』耶穌說:『我實在告訴你,今夜雞叫以先,你要三次不認我。』彼得說:『我就是必須和你同死,也總不能不認你。』眾門徒都是這樣說。」

馬可福音14章29-31節也有相若的記載:

「彼得說:『眾人雖然跌倒,我總不能。』耶穌對他說:『我實在告訴你,就在今天夜裏,雞叫兩遍以先,你要三次不認我。』彼得卻極力地說:『我就是必須和你同死,也總不能不認你。』眾門徒都是這樣說。」

來到橄欖山的客西馬尼園,馬太福音26章36-46節記載道:

「耶穌同門徒來到一個地方,名叫客西馬尼,就對他們說:『你們坐在這裏,等我到那邊去禱告。』於是帶著彼得和西庇太的兩個兒

子同去，就憂愁起來，極其難過，便對他們說：『我心裏甚是憂傷，幾乎要死；你們在這裏等候，和我一同警醒。』他就稍往前走，俯伏在地，禱告說：『我父啊，倘若可行，求你叫這杯離開我。然而，不要照我的意思，只要照你的意思。』來到門徒那裏，見他們睡著了，就對彼得說：『怎麼樣？你們不能同我警醒片時嗎？總要警醒禱告，免得入了迷惑。你們心靈固然願意，肉體卻軟弱了。』第二次又去禱告說：『我父啊，這杯若不能離開我，必要我喝，就願你的意旨成全。』又來，見他們睡著了，因為他們的眼睛困倦。耶穌又離開他們去了。第三次禱告，說的話還是與先前一樣。於是來到門徒那裏，對他們說：『現在你們仍然睡覺安歇吧！時候到了，人子被賣在罪人手裏了。起來！我們走吧。看哪，賣我的人近了！』」

在耶穌上十字架之前，祂心裏極其憂傷，祂希望彼得和西庇太兩個兒子雅各和約翰，和祂一同警醒。可是在這最後關頭，門徒卻都睡著了，祇有耶穌單獨面對這個困難的時刻。耶穌特別對彼得說：「怎麼樣？你們不能同我警醒片時嗎？總要警醒禱告，免得入了迷惑。你們心靈固然願意，肉體卻軟弱了。」耶穌直接指出門徒並彼得的問題，心靈願意，肉體卻軟弱。這有甚麼辦法？肉體都已經無法駕馭了？耶穌上十字架，正要為人類解決這個心靈願意、肉體軟弱的問題！

之後，猶大帶著兵丁來捉拿耶穌，路加福音22章47-62節記載：

「說話之間，來了許多人。那十二個門徒裏名叫猶大的，走在前頭，就近耶穌，要與他親嘴。耶穌對他說：「猶大！你用親嘴的暗號賣人子嗎？」左右的人見光景不好，就說：「主啊！我們拿刀砍可以不可以？」內中有一個人把大祭司的僕人砍了一刀，削掉了他的右耳。耶穌說：「到了這個地步，由他們吧！」

約翰福音18章10-11節指拿刀者是彼得，那僕人名叫馬勒古。耶穌就對彼得說：「收刀入鞘吧，我父所給我的那杯，我豈可不喝呢？」

馬太福音26章的記述是：

耶穌對他說：「收刀入鞘吧！凡動刀的，必死在刀下。你想，我不能求我父現在為我差遣十二營多天使來嗎？若是這樣，經上所說，事情必須如此的話怎麼應驗呢？」

路加福音繼續記述耶穌：

就摸那人的耳朵，把他治好了。

耶穌對那些來拿他的祭司長和守殿官並長老說：「你們帶著刀棒出來拿我，如同拿強盜嗎？我天天同你們在殿裏，你們不下手拿我。現在卻是你們的時候，黑暗掌權了。」他們拿住耶穌，把他帶到大祭司的宅裏。

當時彼得仍然信守誓言，跟著耶穌。約翰福音18章15-27節記載：

西門彼得跟著耶穌，還有一個門徒跟著。那門徒是大祭司所認識的，他就同耶穌進了大祭司的院子。彼得卻站在門外。大祭司所認識的那個門徒出來，和看門的使女說了一聲，就領彼得進去。那看門的使女對彼得說：「你不也是這人的門徒嗎？」他說：「我不是。」僕人和差役因為天冷，就生了炭火，站在那裏烤火；彼得也同他們站著烤火。……西門彼得正站著烤火，有人對他說：「你不也是他的門徒嗎？」彼得不承認，說：「我不是。」有大祭司的一個僕人，是彼得削掉耳朵那人的親屬，說：「我不是看見你同他在園子裏嗎？」彼得又不承認。立時雞就叫了。

路加福音的記述是：

彼得遠遠地跟著。他們在院子裏生了火，一同坐著；彼得也坐在他們中間。有一個使女看見彼得坐在火光裏，就定睛看他，說：「這個人素來也是同那人一夥的。」彼得卻不承認，說：「女子，我不認得他。」過了不多的時候，又有一個人看見他，說：「你也是他們一黨的。」彼得說：「你這個人！我不是。」約過了一小時，又有一個人極力地說：「他實在是同那人一夥的，因為他也是加利利人。」彼得說：

「你這個人！我不曉得你說的是甚麼！」正說話之間，雞就叫了。主轉過身來看彼得，彼得便想起主對他所說的話：「今日雞叫以先，你要三次不認我。」他就出去痛哭。

　　耶穌在不公義的審判之中，仍然不忘回頭看彼得。彼得想到自己誇下海口，就是同主下監，同主受死，也是甘心。在同一晚，他就三次不認主，並且耶穌對此早作預言。彼得實在無話可說。在這時，耶穌仍然轉過身來看彼得，彼得更歉疚得無地自容，祇有出去痛哭。

　　在彼得心裡，他可能自問，事到如今，耶穌已被賣，他所認信的神的兒子、救主基督、彌賽亞，希望是否已經破滅？三年半的門徒生涯，是否祇是一場夢而已？

　　叫彼得搞不清楚的是，耶穌明明叫風和海平靜下來，在海面行走的主，是他親眼看見的。耶穌不是叫瞎眼的看見、跛的能走、病得醫治的生命之主嗎？因耶穌的名，不是鬼也服了祂的嗎？

　　然而，耶穌不是早已多次預言，祂會被賣交在長老和文士的手裡，並且被殺害，三天後復活嗎？

　　耶穌目前正好像待宰的羊羔一樣，實現著祂的預言。然而，若祂真的被釘十字架，受死，祂又如何成為聖經預言的彌賽亞呢？

　　對於彼得自己：我還要跟隨這待宰的羔羊嗎？我真的可以如耶穌所說背起十字架來跟隨祂嗎？即使要跟隨耶穌，耶穌還會接受我這個窩囊嗎？

　　這時，彼得可能記起耶穌的話：「凡在人面前不認我的，我在我天上的父面前，也必不認他。」（馬太福音10:33）

　　彼得沒有答案，他也無法再有勇氣跟隨耶穌到各各他山上，祇有龜縮起來。

　　在七日的第一日，耶穌按照祂的預言復活了。約翰福音20章1-10節記載：

「七日的第一日清早，天還黑的時候，抹大拉的馬利亞來到墳墓那裏，看見石頭從墳墓挪開了，就跑來見西門彼得和耶穌所愛的那個門徒，對他說：『有人把主從墳墓裏挪了去，我們不知道放在哪裏。』彼得和那門徒就出來，往墳墓那裏去。兩個人同跑，那門徒比彼得跑得更快，先到了墳墓，低頭往裏看，就見細麻布還放在那裏，只是沒有進去。西門彼得隨後也到了，進墳墓裏去，就看見細麻布還放在那裏，又看見耶穌的裹頭巾沒有和細麻布放在一處，是另在一處捲著。先到墳墓的那門徒也進去，看見就信了。（因為他們還不明白聖經的意思，就是耶穌必要從死裏復活。）於是兩個門徒回自己的住處去了。」

在整段記述中，彼得和約翰沒有一句說話，看見就信了，於是回自己的住處去了。是多麼的反高潮！門徒已經絕望到一個地步，眼前看見耶穌復活後的空墳，也未能激起任何熱情！祇能回到自己的住處去。

反而，抹大拉的瑪利亞留在空墳前哭泣，最後得見耶穌的顯現。

約翰福音20章18節指：

「抹大拉的馬利亞就去告訴門徒說：『我已經看見了主。』她又將主對她說的這話告訴他們。」

約翰福音20章19節記述當晚耶穌親身向門徒顯現：

「那日（就是七日的第一日）晚上，門徒所在的地方，因怕猶太人，門都關了。耶穌來，站在當中，對他們說：『願你們平安！』說了這話，就把手和肋旁指給他們看。門徒看見主，就喜樂了。耶穌又對他們說：『願你們平安！父怎樣差遣了我，我也照樣差遣你們。』說了這話，就向他們吹一口氣，說：『你們受聖靈！你們赦免誰的罪，誰的罪就赦免了；你們留下誰的罪，誰的罪就留下了。』」

耶穌知道門徒的軟弱、他們的低沉和絕望。耶穌兩次對門徒說：「願你們平安！」耶穌把手和肋旁指給他們看，門徒就喜樂了。

耶穌向門徒吹一口氣，說：「你們受聖靈！」

祂更差遣門徒：「你們赦免誰的罪，誰的罪就赦免了；你們留下誰的罪，誰的罪就留下了。」

可是，約翰福音記載彼得並未從消沉中釋放出來，沒有立時做主交付的工作，反而，他重拾了已經捨下的魚網。約翰福音21章1-14節記述：

這些事以後，耶穌在提比哩亞海邊又向門徒顯現。他怎樣顯現記在下面：有西門彼得和稱為低土馬的多馬，並加利利的迦拿人拿但業，還有西庇太的兩個兒子，又有兩個門徒，都在一處。西門彼得對他們說：「我打魚去。」他們說：「我們也和你同去。」他們就出去，上了船；那一夜並沒有打著甚麼。天將亮的時候，耶穌站在岸上，門徒卻不知道是耶穌。耶穌就對他們說：「小子！你們有吃的沒有？」他們回答說：「沒有。」耶穌說：「你們把網撒在船的右邊，就必得著。」他們便撒下網去，竟拉不上來了，因為魚甚多。耶穌所愛的那門徒對彼得說：「是主！」那時西門．彼得赤著身子，一聽見是主，就束上一件外衣，跳在海裏。其餘的門徒離岸不遠，約有二百肘，就在小船上把那網魚拉過來。他們上了岸，就看見那裏有炭火，上面有魚，又有餅。耶穌對他們說：「把剛才打的魚拿幾條來。」西門．彼得就去，把網拉到岸上。那網滿了大魚，共一百五十三條；魚雖這樣多，網卻沒有破。耶穌說：「你們來吃早飯。」門徒中沒有一個敢問他：「你是誰？」因為知道是主。耶穌就來拿餅和魚給他們。耶穌從死裏復活以後，向門徒顯現，這是第三次。

彼得應該記得他最初蒙召的情境，當時耶穌對彼得說：「把船開到水深之處，下網打魚。」彼得說：「夫子，我們整夜勞力，並沒有打著甚麼。但依從你的話，我就下網。」他們下了網，就圈住許多魚，網險些裂開，魚裝滿了兩隻船。當時彼得俯伏在耶穌膝前，說：「主啊，離開我，我是個罪人！」

現在，彼得的心境也是一樣，他很想對耶穌說：「主啊，離開我，我是個罪人！」

但彼得吃著耶穌拿給他的餅和魚，彷彿耶穌在對他說：「不要怕！從今以後，你要得人了。」

彼得還是不敢向耶穌說一句話。

約翰福音21章15-19節記載：

「他們吃完了早飯，耶穌對西門彼得說：『約翰的兒子西門，你愛我比這些更深嗎？』彼得說：『主啊，是的，你知道我愛你。』耶穌對他說：『你餵養我的小羊。』耶穌第二次又對他說：『約翰的兒子西門，你愛我嗎？』彼得說：『主啊，是的，你知道我愛你。』耶穌說：『你牧養我的羊。』第三次對他說：『約翰的兒子西門，你愛我嗎？』彼得因為耶穌第三次對他說『你愛我嗎』，就憂愁，對耶穌說：『主啊，你是無所不知的；你知道我愛你。』耶穌說：『你餵養我的羊。我實實在在地告訴你，你年少的時候，自己束上帶子，隨意往來；但年老的時候，你要伸出手來，別人要把你束上，帶你到不願意去的地方。』（耶穌說這話是指著彼得要怎樣死，榮耀上帝。）說了這話，就對他說：『你跟從我吧！』」

還是耶穌首先開口，三次問彼得：「你愛我嗎？」

第一次，耶穌問彼得說：「約翰的兒子西門，你愛我比這些更深嗎？」

耶穌所指的「這些」是甚麼呢？　祂所指的是那一百五十三條魚？一頓餅和魚的早餐？彼得要重操的故業？生計？他舊有生活方式給他的安全感？耶穌所指的愛是神聖的愛，希臘文 agape。

彼得的回答是：「主啊，是的，你知道我愛你。」彼得愛耶穌勝於「這些」，但他用的是友情的愛，希臘文 phileo。儘管彼得認信耶穌是神的兒子，但彼得對耶穌在感情上仍是兩脅插刀的兄弟情誼的愛。

耶穌第二次問彼得:「約翰的兒子西門,你愛我嗎?」

耶穌所用的愛仍是神聖的愛 agape。

彼得的回答仍然是:「主啊,是的,你知道我愛你。」他用的仍然是友情的愛 phileo。

耶穌第三次問彼得:「約翰的兒子西門,你愛我嗎?」耶穌改用了友情的愛 phileo 問彼得。

耶穌其實是要彼得反問自己,直至彼得從自己得到答案。彼得就憂愁,回答說:「主啊,你是無所不知的;你知道我愛你。」對了,耶穌是無所不知的,祂知道彼得會三次不認主,也知道彼得愛耶穌。祂知道彼得的軟弱,也知道彼得愛祂,耶穌就按著彼得的本相接納他。

然而,彼得所講的愛仍是友情的愛 phileo。對於彼得而言,耶穌不錯是無所不知的神的兒子,但祂不是高高在上,神聖不可觸摸的神,而是像朋友一樣明白彼得一切的主。

彼得三次不認主,耶穌這時三次要彼得回應他的愛,挽回彼得。

耶穌再次將重任交給彼得,這次不再是得人如魚,是牧養主的羊,並且要以死榮耀上帝。

這事以後,使徒行傳2章1-14節記載:

「五旬節到了,門徒都聚集在一處。忽然,從天上有響聲下來,好像一陣大風吹過,充滿了他們所坐的屋子,又有舌頭如火焰顯現出來,分開落在他們各人頭上。他們就都被聖靈充滿,按著聖靈所賜的口才說起別國的話來。那時,有虔誠的猶太人從天下各國來,住在耶路撒冷。這聲音一響,眾人都來聚集,……

彼得和十一個使徒於是站起來,高聲傳揚耶穌基督的福音。

最後,使徒行傳2章37-42節記載:

「眾人聽見這話，覺得扎心，就對彼得和其餘的使徒說：『弟兄們，我們當怎樣行？』彼得說：『你們各人要悔改，奉耶穌基督的名受洗，叫你們的罪得赦，就必領受所賜的聖靈；因為這應許是給你們和你們的兒女，並一切在遠方的人，就是主——我們上帝所召來的。』彼得還用許多話作見證，勸勉他們說：『你們當救自己脫離這彎曲的世代。』」

當下：

領受他話的人就受了洗。那一天，門徒約添了三千人，都恆心遵守使徒的教訓，彼此交接，擘餅，祈禱。

耶穌基督的教會也就在這時開始。

自此，彼得這個信心搖擺不定的人突然充滿信心，使徒行傳3章1-10節記載：

「申初禱告的時候，彼得、約翰上聖殿去。有一個人，生來是瘸腿的，天天被人抬來，放在殿的一個門口（那門名叫美門），要求進殿的人賙濟。他看見彼得、約翰將要進殿，就求他們賙濟。彼得、約翰定睛看他；彼得說：『你看我們！』那人就留意看他們，指望得著甚麼。彼得說：『金銀我都沒有，只把我所有的給你：我奉拿撒勒人耶穌基督的名，叫你起來行走！』於是拉著他的右手，扶他起來；他的腳和踝子骨立刻健壯了，就跳起來，站著，又行走，同他們進了殿，走著，跳著，讚美上帝。百姓都看見他行走，讚美上帝；認得他是那素常坐在殿的美門口求賙濟的，就因他所遇著的事滿心希奇、驚訝。」

當下，彼得向圍觀的人講述福音，使徒行傳3章16節記載：

「我們因信他（耶穌）的名，他的名便叫你們所看見所認識的這人健壯了；正是他所賜的信心，叫這人在你們眾人面前全然好了。」

由於騷動很大，祭司長、長老和文士差人把彼得和約翰捉來審問，這時彼得不再膽怯，並被聖靈充滿。使徒行傳4章8-12節記載：

那時彼得被聖靈充滿，對他們說：「……你們眾人和以色列百姓都當知道，站在你們面前的這人得痊癒是因你們所釘十字架、上帝叫他從死裏復活的拿撒勒人耶穌基督的名。他是你們匠人所棄的石頭，已成了房角的頭塊石頭。除他以外，別無拯救；因為在天下人間，沒有賜下別的名，我們可以靠著得救。」

之後，彼得及使徒繼續傳福音，使徒行傳5章12-16節記載：

「主藉使徒的手在民間行了許多神蹟奇事；他們都同心合意地在所羅門的廊下。其餘的人沒有一個敢貼近他們，百姓卻尊重他們。信而歸主的人越發增添，連男帶女很多。甚至有人將病人抬到街上，放在床上或褥子上，指望彼得過來的時候，或者得他的影兒照在甚麼人身上。還有許多人帶著病人和被污鬼纏磨的，從耶路撒冷四圍的城邑來，全都得了醫治。」

接著，使徒行傳5章17-21節記載：

「大祭司和他的一切同人，就是撒都該教門的人，都起來，滿心忌恨，就下手拿住使徒，收在外監。但主的使者夜間開了監門，領他們出來，說：『你們去站在殿裏，把這生命的道都講給百姓聽。』使徒聽了這話，天將亮的時候就進殿裏去教訓人。」

祭司和長老非常惱怒，叫人拿住彼得和使徒，拉到公會前審問。

使徒行傳5章28-32節記載祭司長說：

「『我們不是嚴嚴地禁止你們，不可奉這名教訓人嗎？你們倒把你們的道理充滿了耶路撒冷，想要叫這人的血歸到我們身上！』彼得和眾使徒回答說：『順從上帝，不順從人，是應當的。你們掛在木頭上殺害的耶穌，我們祖宗的上帝已經叫他復活。上帝且用右手將他高舉，叫他作君王，作救主，將悔改的心和赦罪的恩賜給以色列人。我們為這事作見證；上帝賜給順從之人的聖靈也為這事作見證。』」

最後，教法師迦瑪列為他們求情，使徒行傳5章40-41節記載：

「公會的人……便叫使徒來，把他們打了，又吩咐他們不可奉耶穌的名講道，就把他們釋放了。他們離開公會，心裏歡喜，因被算是配為這名受辱。」

彼得終於擺脫怯懦，靠著聖靈勇敢傳揚耶穌，向猶太人公會作見證，完成了為主下監的誓言，並且，「心裏歡喜，因被算是配為這名受辱」。

按教會傳說，彼得終生四處傳道，足跡遍及耶路撒冷、安提阿、加拉太、哥林多、小亞細亞、以至羅馬，為教會長老，牧養羣羊。

在主後六十四年，羅馬皇帝尼錄（Nero）放火焚燒羅馬城，並怪罪基督徒，四處追捕及處死他們。

傳說當時年老的彼得收到消息逃出城外，但在黑暗中見到主耶穌的身影向羅馬城走去。彼得問道：「主啊，往哪裡去？」「Quo vadis, Domine？」主說：「我要入羅馬城再釘十字架！」登時，彼得決定回到羅馬城去，欣然殉道。

傳說中彼得問耶穌的說話與彼得在約翰福音13章36節最後晚餐時問耶穌的說話互相對照：

「西門彼得問耶穌說：『主往哪裏去？』」

耶穌對彼得的回答亦似乎語帶相關：

「耶穌回答說：『我所去的地方，你現在不能跟我去，後來卻要跟我去。』」

這似乎不單是指回到父那裡去，也是指彼得後來亦跟耶穌一樣上十字架，為主殉道。

按主後九十六年羅馬主教革利免（Clement）給哥林多教會的書信指，彼得被兵丁釘十字架時，要求兵丁把他倒轉釘十字架，因為他不配與耶穌同釘一樣的十架。

　　教會傳統認為彼得釘十字架的時間為主後六十四年，地點可能就在皇帝尼錄的御花園，即現時梵蒂岡山聖彼得大教堂下面的革利免小教堂（Clementine Chapel）。

　　彼得死後葬於梵蒂岡山公墓。值得注意的是梵蒂岡山原是意大利原住民敬拜異教死亡女神Vatica的地方，因而得名Vatican Hill。

　　四世紀羅馬皇帝康士坦丁在教會傳說的彼得墓上建立了聖彼得大教堂。

　　聖彼得大教堂經過多次重建，成為目前羅馬天主教的主堂。

　　一九六零年代，教廷在聖彼得大教堂主聖壇之下發掘出相信是彼得的遺骸，教宗保祿六世於一九六八年公布。二零一三年，教宗方濟各在聖彼得廣場一次儀式中首次展示九塊相信是彼得的遺骸。

第 17 章

主所愛的門徒

在耶穌釘十字架的時候，在十二門徒之中，祇餘下約翰留在十字架下，其他的門徒都已作鳥獸散。

按約翰福音19章25節記載，與約翰一起的還有幾個婦女：「站在耶穌十字架旁邊的，有他母親、與他母親的姊妹、並革羅罷的妻子馬利亞和抹大拉的馬利亞。」

對照馬太福音27章56節：「內中有抹大拉的馬利亞、又有雅各和約西的母親馬利亞、並有西庇太兩個兒子的母親。」西庇太的妻子撒羅米可能就是耶穌母親馬利亞的姊妹，換言之，約翰可能是耶穌的表弟。

約翰是耶穌呼召的門徒之中最早的一批。約翰和他的兄弟雅各本是跟隨父親西庇太打魚的，馬可福音1章16-20節記載：

「耶穌順著加利利的海邊走，看見西門和西門的兄弟安得烈在海裏撒網；他們本是打魚的。耶穌對他們說：『來跟從我，我要叫你們得人如得魚一樣。』他們就立刻捨了網，跟從了他。耶穌稍往前走，又見西庇太的兒子雅各和雅各的兄弟約翰在船上補網。耶穌隨即招呼他們，他們就把父親西庇太和雇工人留在船上，跟從耶穌去了。」

馬可福音描述雅各和約翰都是性情暴躁的人，3章17節記載：「還有西庇太的兒子雅各和雅各的兄弟約翰，又給這兩個人起名叫半尼其，就是雷子的意思。」

路加福音9章51-56節記載一次事件，反映雅各和約翰的暴烈的性情：

「耶穌被接上升的日子將到，他就定意向耶路撒冷去，便打發使者在他前頭走。他們到了撒馬利亞的一個村莊，要為他預備。那裏的人不接待他，因他面向耶路撒冷去。他的門徒雅各、約翰看見了，就說：『主啊，你要我們吩咐火從天上降下來燒滅他們，像以利亞所做的嗎？』耶穌轉身責備兩個門徒，說：『你們的心如何，你們並不知道。人子來不是要滅人的性命，是要救人的性命。』說著就往別的村莊去了。」

雅各及約翰認識耶穌的權能，亦知道主若願意，他們也有權柄吩咐火從天上降下來燒滅撒馬利亞的村莊。可是，他們卻不明白耶穌愛世人的心腸。

約翰心胸也相當狹窄，充滿小圈子心態，有一次他看到有人奉耶穌的名行異能，便阻止他，馬可福音9章38-41節記載：

「約翰對耶穌說：『夫子，我們看見一個人奉你的名趕鬼，我們就禁止他，因為他不跟從我們。』耶穌說：『不要禁止他；因為沒有人奉我名行異能，反倒輕易毀謗我。不敵擋我們的，就是幫助我們的。凡

因你們是屬基督,給你們一杯水喝的,我實在告訴你們,他不能不得賞賜。』」

雅各及約翰對於在耶穌的國度裡的地位充滿期望,對名位十分嚮往,馬可福音10章35-45節記載:

「西庇太的兒子雅各、約翰進前來,對耶穌說:『夫子,我們無論求你甚麼,願你給我們做。』耶穌說:『要我給你們做甚麼?』他們說:『賜我們在你的榮耀裏,一個坐在你右邊,一個坐在你左邊。』耶穌說:『你們不知道所求的是甚麼。我所喝的杯,你們能喝嗎?我所受的洗,你們能受嗎?』他們說:『我們能。』耶穌說:『我所喝的杯,你們也要喝;我所受的洗,你們也要受;只是坐在我的左右,不是我可以賜的,乃是為誰預備的,就賜給誰。』那十個門徒聽見,就惱怒雅各、約翰。耶穌叫他們來,對他們說:『你們知道,外邦人有尊為君王的,治理他們,有大臣操權管束他們。只是在你們中間,不是這樣。你們中間,誰願為大,就必作你們的用人;在你們中間,誰願為首,就必作眾人的僕人。因為人子來,並不是要受人的服事,乃是要服事人,並且要捨命作多人的贖價。』」

然而,耶穌教導他們作眾人的僕人,像祂一樣。

在馬太福音20章17-24節,聖經另有記載雅各和約翰的母親為兩個兒子求耶穌給他們在神國的地位:

「耶穌上耶路撒冷去的時候,在路上把十二個門徒帶到一邊,對他們說:『看哪,我們上耶路撒冷去,人子要被交給祭司長和文士。他們要定他死罪,又交給外邦人,將他戲弄、鞭打,釘在十字架上;第三日他要復活。』那時,西庇太兒子的母親同她兩個兒子上前來拜耶穌,求他一件事。耶穌說:『你要甚麼呢?』她說:『願你叫我這兩個兒子在你國裏,一個坐在你右邊,一個坐在你左邊。』耶穌回答說:『你們不知道所求的是甚麼;我將要喝的杯,你們能喝嗎?』他們說:『我們能。』耶穌說:『我所喝的杯,你們必要喝;只是坐在我的

左右，不是我可以賜的，乃是我父為誰預備的，就賜給誰。』那十個門徒聽見，就惱怒他們弟兄二人。』」

福音書沒有清楚交待上述是一個事件還是兩個事件，但由於在馬太福音提出要求的是雅各及約翰的母親，可能他們母親見兩個兒子向耶穌的要求不得要領，便愛子心切，在耶穌要起程往耶路撒冷時，親身向耶穌提出要求。可是，耶穌提醒他們祂所喝的苦杯，兩個門徒都要喝。

及至在最後晚餐，耶穌明明的指出有人要出賣耶穌，約翰福音13章21-26節的記載表明約翰與耶穌的關係極為密切：

「耶穌說了這話，心裏憂愁，就明說：『我實實在在地告訴你們，你們中間有一個人要賣我了。』門徒彼此對看，猜不透所說的是誰。有一個門徒，是耶穌所愛的，側身挨近耶穌的懷裏。西門‧彼得點頭對他說：『你告訴我們，主是指著誰說的。』那門徒便就勢靠著耶穌的胸膛，問他說：『主啊，是誰呢？耶穌回答說：『我蘸一點餅給誰，就是誰。』耶穌就蘸了一點餅，遞給加略人西門的兒子猶大。」

約翰就是他所指耶穌所愛的門徒。

然而，雅各及約翰到了耶穌的危急關頭，仍然對作耶穌門徒的代價懵然不知，馬可福音14章32-42節記載在耶穌被賣的那夜，雅各及約翰仍未能與耶穌一同警醒禱告：

「他們來到一個地方，名叫客西馬尼。耶穌對門徒說：『你們坐在這裏，等我禱告。』於是帶著彼得、雅各、約翰同去，就驚恐起來，極其難過，對他們說：『我心裏甚是憂傷，幾乎要死；你們在這裏等候，警醒。』他就稍往前走，俯伏在地，禱告說：『倘若可行，便叫那時候過去。』他說：『阿爸！父啊！在你凡事都能；求你將這杯撤去。然而，不要從我的意思，只要從你的意思。』耶穌回來，見他們睡著了，就對彼得說：『西門，你睡覺嗎？不能警醒片時嗎？總要警醒禱告，免得入了迷惑。你們心靈固然願意，肉體卻軟弱了。』耶穌又去

禱告，說的話還是與先前一樣，又來見他們睡著了，因為他們的眼睛甚是困倦；他們也不知道怎麼回答。第三次來，對他們說：『現在你們仍然睡覺安歇吧！夠了，時候到了。看哪，人子被賣在罪人手裏了。起來！我們走吧。看哪，那賣我的人近了！』」

直到耶穌被捕，約翰才如夢初醒，知道作耶穌門徒是甚麼一回事，他也與其他門徒一同作鳥獸散。

然而，約翰與彼得受良心驅使，仍混入大祭司院子的人群中觀望耶穌受審。與約翰同去的彼得在旁人追問下三次不認主，雞鳴後羞愧而逃，剩下約翰一人。

耶穌最後被兵丁釘在十字架上，約翰堅持留到最後。

如今，約翰站在十字架下，他反覆思想，作耶穌門徒究竟是甚麼一回事。福音書沒有記載約翰在十字架下任何的說話。約翰可能心想，若他和雅各在客西馬尼園耶穌被捕時不是及時逃跑，現在他兩兄弟可能如兩個囚犯一樣被兵丁釘十字架，一個在左邊，一個在右邊。

約翰可能想起耶穌問他和雅各：「你們不知道所求的是甚麼；我將要喝的杯，你們能喝嗎？」當時，雅各與約翰都說：「我們能。」

現在，耶穌正喝祂的苦杯，約翰反問作耶穌門徒的自己，我真的能喝這苦杯嗎？

耶穌正在應驗自己的預言：「看哪，我們上耶路撒冷去，人子要被交給祭司長和文士。他們要定他死罪，又交給外邦人，將他戲弄，鞭打，釘在十字架上；第三日他要復活。」約翰又能否實踐自己「我們能」的誓言呢？

約翰福音19章26-27節祇記載耶穌在十字架上對約翰和母親的說話：「耶穌見母親和他所愛的那門徒站在旁邊，就對他母親說：「母親，看，你的兒子！」又對那門徒說：「看，你的母親！」從此，那門徒就接她到自己家裏去了。」

　　這時，約翰或許對於在神國裡坐在耶穌的左邊或右邊已不在乎了，他祇願好好照顧耶穌母親馬利亞，完成主的最後託付。

　　在主耶穌復活的早晨，約翰是第一個跑到耶穌的墓前，發現空墓的門徒。約翰福音20章1-10節記載：

　　「七日的第一日清早，天還黑的時候，抹大拉的馬利亞來到墳墓那裏，看見石頭從墳墓挪開了，就跑來見西門彼得和耶穌所愛的那個門徒，對他們說：『有人把主從墳墓裏挪了去，我們不知道放在哪裏。』彼得和那門徒就出來，往墳墓那裏去。兩個人同跑，那門徒比彼得跑得更快，先到了墳墓，低頭往裏看，就見細麻布還放在那裏，只是沒有進去。西門彼得隨後也到了，進墳墓裏去，就看見細麻布還放在那裏，又看見耶穌的裹頭巾沒有和細麻布放在一處，是另在一處捲著。先到墳墓的那門徒也進去，看見就信了。（因為他們還不明白聖經的意思，就是耶穌必要從死裏復活。）於是兩個門徒回自己的住處去了。」

　　當時，約翰和彼得還是不明白發生了甚麼事，直到當晚，主耶穌向門徒顯現，他們才明白過來，約翰福音20章19-20節記載：

　　「那日（就是七日的第一日）晚上，門徒所在的地方，因怕猶太人，門都關了。耶穌來，站在當中，對他們說：『願你們平安！』說了這話，就把手和肋旁指給他們看。門徒看見主，就喜樂了。」

　　之後，耶穌在提比哩亞海邊再向門徒顯現，並對彼得發預言，彼得欲與約翰比較，約翰福音21章18-23節記載耶穌說：

　　「我實實在在地告訴你，你年少的時候，自己束上帶子，隨意往來；但年老的時候，你要伸出手來，別人要把你束上，帶你到不願意去的地方。」（耶穌說這話是指著彼得要怎樣死，榮耀上帝。）說了這話，就對他說：「你跟從我吧！」彼得轉過來，看見耶穌所愛的那門徒跟著，（就是在晚飯的時候，靠著耶穌胸膛說：「主啊，賣你的是誰？」的那門徒。）彼得看見他，就問耶穌說：「主啊，這人將來如

何?」耶穌對他說:「我若要他等到我來的時候,與你何干?你跟從我吧!」於是這話傳在弟兄中間,說那門徒不死。其實,耶穌不是說他不死,乃是說:「我若要他等到我來的時候,與你何干?」

事實上,約翰並不是不死,但他是門徒之中最後一位離世的,並且是唯一不用殉道,自然去世,並且他在拔摩島見到主再來的異象,寫成新約最後一卷書信「啟示錄」。

使徒行傳二章記載聖靈降臨在門徒身上,彼得和約翰勇敢無懼向猶太人傳福音,在聖殿的美門叫跛子行走,在猶太公會被苦待審判、下監。但主與他們同在,主的使者救他們出來,他們又再在聖殿傳福音。

當教會在耶路撒冷建立起來約十二年,希律王亞基帕一世(Agrippa I)開始逼害基督徒,相信對約翰最大的打擊是希律王把約翰的兄弟雅各殺害,使徒行傳12章1-2節記載:

「那時,希律王下手苦害教會中幾個人,用刀殺了約翰的哥哥雅各。」

之後,希律王見猶太人喜歡見到基督徒被害,就捉拿彼得收在監裏,最後,主派天使救了彼得出來。

自此,教會開始分散到羅馬帝國其他地區。

約翰一直服侍耶穌母親馬利亞,直至她離世為止。之後,約翰到了以弗所牧養當地教會,並寫成三卷約翰書信。

約翰由暴躁的「雷子」變成為愛的使徒,在他的書信中,經常勸教會彼此相愛。約翰的著名金句是約翰壹書3章16節:

「主為我們捨命,我們從此就知道何為愛;我們也當為弟兄捨命。」

根據初期教會教父特土良(Tertullian)在反異端(The Prescription of Heretics)的著作中的記述,羅馬皇帝豆米田(Domitian)逼害基督

徒，將晚年的約翰丟進油鍋去煎熬，但約翰神蹟不死，反令整個羅馬圓形劇場的觀眾因著眼前的神蹟信主。之後，約翰被遣送到希臘拔摩島（Patmos）的礦山做奴隸。

在拔摩島上，上帝給約翰異象，看到末日的景象和耶穌再來的情境，他並按所得到的啟示寫成曠世的末日「啟示錄」。

待暴君豆米田去世後，約翰才獲釋回到以弗所，而他的「啟示錄」才有機會傳世。

在該撒利亞的優西比烏（Eusebius of Caesarea）寫於四世紀的「教會史」裡，引述北非亞歷山大城教父革利免的書信，他記錄了使徒約翰離開了拔摩島之後的生活。當暴君多米田死後，約翰從拔摩島被釋放，他回到以弗所教會作長老，並在周邊地區傳福音，建立地方教會，並在地方教會設立監督及執事。

有一次，約翰在一座城的長老那裏遇見一位溫文熱忱的青年，他就奉基督與教會之名，將青年鄭重交付一位教會長老。長老於是將青年帶回家教育及管束，最後為他施洗。

其後，該青年認識了一些壞朋友，厭惡監督的約束，四處享受玩樂，並作起壞事來，在夜裏出去搶劫。後來，他犯的案越來越大，偏離正途。他既墮落已深，便乾脆放棄神的救恩，甚至成為匪幫首領，更加暴力兇殘。

其後，約翰重回該地，要監督為所託付他的交賬。

監督深深嘆息，淚水盈眶地說：他向神死了，變得邪惡放縱，成了強盜。現在他不以教會為家，與強盜盤據山頭。

約翰喊道：「我竟拋棄這樣一位好弟兄！」於是命人備馬，離開教會，到強盜盤據的山頭去。

約翰一到強盜山寨，就被哨兵囚禁起來，並被押去見頭目。當強盜頭目認出是約翰時，他登時羞愧無比，發足逃跑。約翰拖著老邁的

身軀拼命追上去，喊著說：「孩子！不要怕，你仍有生命的希望，我和基督為你代求。我願為你失去生命。別走！相信我，是基督差我來的。」

強盜頭目熱淚盈眶停了下來，拋下武器，抱住約翰痛哭，祈求原諒。約翰向他保證神已赦免了他，又跪下來親吻他的右手，帶他回教會。約翰為他禱告禁食，用各樣的話慰藉他，幫助他回到教會。

這就是使徒約翰的牧養，他在約翰壹書3章16節說：主為我們捨命，我們從此就知道何為愛，我們也當為弟兄捨命。

在約翰壹書3章18節勸戒教會：小子們哪！我們相愛，不要只在言語和舌頭上，總要在行為和誠實上。

上述故事記述了約翰如何身體力行地牧養教會。

教會傳說使徒約翰大約於主後九十八年後終老，墓葬於以弗所附近的小鎮石吉（Selçuk）。他是少有使徒中沒有殉道的。

約翰其中一位門徒是伊格那修（Ignatius），其後接替彼得成為安提阿（Antioch）教會主教。主後一零七年，伊格那修被投到羅馬圓形劇場餵獅子殉道。

約翰另一個較著名的門徒是示每拿教會（Smyrna）的主教坡旅甲（Polycarp），他在主後一五五年殉道。坡旅甲被押到競技場，巡撫要求他否認基督，但他拒絕，於是兵丁把他綁在木柱上施以火刑，在殉道前坡旅甲禱告感謝天父，讓他配列於殉道者的行列中。

坡旅甲將約翰的教訓傳給示每拿的門徒愛任紐（Irenaeus），愛任紐後來成為高盧地里昂（Lyons）的主教，一位早期教會教父，著名的護教士，並於主後二零二年殉道。

約翰的門徒一一實踐了約翰的訓誨，慷慨地喝下他們的苦杯。

在苦路遇見耶穌

第 18 章

賣主的猶大

　　在耶穌的十二門徒之中，福音書記載得最多的，除了彼得外就是賣主的加略人西門的兒子猶大（Judas Iscariot）。猶大是導致耶穌被兵丁捉拿、審判、送上苦路和行刑的叛徒。

　　馬可福音第一次提及猶大是耶穌選召十二門徒，馬可福音3章13-15節記載：「耶穌上了山，隨自己的意思叫人來；他們便來到他那裏。他就設立十二個人，要他們常和自己同在，也要差他們去傳道，並給他們權柄趕鬼。」對於猶大來說，這是何等的榮耀，在眾多擠擁耶穌的羣眾中，猶大被選召常與耶穌同在，並差他去傳道，給他權柄趕鬼，讓猶大親身經歷耶穌的大能。

在約翰福音6章47-71節記載了耶穌在迦百農會堂裏教訓人宣講生命之糧的真理，羣眾大惑不解，有很多人離開耶穌，唯獨十二門徒包括猶大堅持留下。

耶穌說：「我實實在在地告訴你們，信的人有永生。我就是生命的糧。……我是從天上降下來生命的糧；人若吃這糧，就必永遠活著。我所要賜的糧就是我的肉，為世人之生命所賜的。」

耶穌又說：「我實實在在地告訴你們，你們若不吃人子的肉，不喝人子的血，就沒有生命在你們裏面。吃我肉、喝我血的人就有永生，在末日我要叫他復活。我的肉真是可吃的，我的血真是可喝的。吃我肉、喝我血的人常在我裏面，我也常在他裏面。永活的父怎樣差我來，我又因父活著；照樣，吃我肉的人也要因我活著。這就是從天上降下來的糧。吃這糧的人就永遠活著……」

他的門徒中有好些人聽見了，就說：「這話甚難，誰能聽呢？」耶穌心裏知道門徒為這話議論，就對他們說：「這話是叫你們厭棄嗎？倘或你們看見人子升到他原來所在之處，怎麼樣呢？叫人活著的乃是靈，肉體是無益的。我對你們所說的話就是靈，就是生命。只是你們中間有不信的人。」耶穌從起頭就知道誰不信他，誰要賣他。耶穌又說：「所以我對你們說過，若不是蒙我父的恩賜，沒有人能到我這裏來。」從此，他門徒中多有退去的，不再和他同行。

這段經文記載了耶穌的生命之道，但很多人難以理解，無法接受，因而萌生退意。

事實上，初期教會時代，社會確有傳說基督徒是吃人肉、飲人血的邪門教派。其實，耶穌是指祂要分享祂的生命予相信祂的人。耶穌在最後晚餐設立聖餐，用餅和葡萄汁比喻自己的身體和血，與門徒分享。路加福音22章17-20節記載：「耶穌接過杯來，祝謝了，說：你們拿這個，大家分著喝。我告訴你們，從今以後，我不再喝這葡萄汁，直等神的國來到。又拿起餅來祝謝了，就擘開遞給他們，說：這

是我的身體，為你們捨的。你們也應當如此行，為的是紀念我。飯後也照樣拿起杯來，說：這杯是用我血所立的新約，是為你們流出來的。」

經文指出，耶穌明確指明門徒中間有不信的人，並且，耶穌從起頭就知道誰不信他，誰要賣他。耶穌所用的比喻似乎是給不信的人一個挑戰，讓他們自己退去，耶穌根本不需要不信的人跟隨祂。不信的人跟隨耶穌，不外是看熱鬧，看魔術，尋求羣眾中的虛榮感或物質利益。

耶穌對那十二個門徒說：「你們也要去嗎？」耶穌既然知道誰不信他，誰要賣他，這句話明顯是對加略人猶大說的。

西門彼得搶著回答說：「主啊，你有永生之道，我們還歸從誰呢？我們已經信了，又知道你是上帝的聖者。」

耶穌說：「我不是揀選了你們十二個門徒嗎？但你們中間有一個是魔鬼。」

經文解釋，耶穌這話是指著加略人西門的兒子猶大說的；他本是十二個門徒裏的一個，後來要賣耶穌的。

耶穌用了一句很重的話：「你們中間有一個是魔鬼。」猶大對號入座，應該心裡有數耶穌知道他的不信，心懷惡念，然而他並未醒覺，亦不悔改。

猶大極為深沉，對於耶穌的問題默不作聲，他既不信耶穌，為何不跟隨其他門徒一同離開，並堅持留下呢？

猶大的著眼點是門徒間的親密朋輩關係嗎？是耶穌的政治魅力，奇貨可居嗎？是圍繞耶穌的群眾所帶來金錢捐獻利益嗎？

約翰福音12章1-8節記述：

逾越節前六日，耶穌來到伯大尼，就是他叫拉撒路從死裏復活之處。有人在那裏給耶穌預備筵席；馬大伺候，拉撒路也在那同耶穌坐

席的人中。馬利亞就拿著一斤極貴的真哪噠香膏，抹耶穌的腳，又用自己頭髮去擦，屋裏就滿了膏的香氣。有一個門徒，就是那將要賣耶穌的加略人猶大，說：「這香膏為甚麼不賣三十兩銀子賙濟窮人呢？」他說這話，並不是掛念窮人，乃因他是個賊，又帶著錢囊，常取其中所存的。耶穌說：「由她吧！她是為我安葬之日存留的。因為常有窮人和你們同在，只是你們不常有我。」

正如經文所記，猶大對金錢十分著緊，即使是他人的資財，他也十分留意，馬利亞拿一斤極貴的真哪噠香膏去膏耶穌，猶大也看不過眼。深沉的猶大按捺不住開口埋怨，為甚麼不把香膏賣三十兩銀子賙濟窮人。猶大對於市場價格十分有概念，知道香膏可賣三十兩銀子。福音書作者約翰少有激動地指出，猶大說這話並不是掛念窮人，猶大是個賊，他帶著錢囊，時常中飽私囊。

對於上述事件，馬太福音沒有指明是猶大發出上面的埋怨，但馬太記載了之後發生的重要事情，馬太福音26章14-16節記載：「當下，十二門徒裏有一個稱為加略人猶大的，去見祭司長，說：『我把他交給你們，你們願意給我多少錢？』他們就給了他三十塊錢。從那時候，他就找機會要把耶穌交給他們。」

當時耶路撒冷的祭司長是該亞法，猶大出賣耶穌，安排祭司長的手下在合適的時間下手捉拿祂，祭司長開出的價錢是多少？三十塊錢；相比馬利亞膏耶穌的腳的香膏價值是三十兩銀子。上述兩者是如何比較呢？

三十兩銀子（300 pence），即三百個羅馬銀幣 denarius，當時一天的工人工資是一個 denarius，因此約為一年的工人工資。

猶大出賣耶穌所收的三十塊錢，估計是當時聖殿稅所收的銀幣推羅鑄造的舍克勒（Tyrian Shekels），成色較高，約為四個希臘雅典鑄造銀幣 Athenian Drachma，即 Tetra Drachm。

一個希臘銀幣約為一天工人的工資，因此三十塊銀子約為四個月的工人工資。

對於猶大而言，出賣耶穌的代價祇值香膏價值的三分之一！對比是何等的大！

馬太福音 26 章 20-25 節記述猶大出賣耶穌當晚最後晚餐時的情況：

到了晚上，耶穌和十二個門徒坐席。正吃的時候，耶穌說：

「我實在告訴你們，你們中間有一個人要賣我了。」

他們就甚憂愁，一個一個地問他說：

「主，是我嗎？」

耶穌回答說：

「同我蘸手在盤子裏的，就是他要賣我。人子必要去世，正如經上指著他所寫的；但賣人子的人有禍了！那人不生在世上倒好。」

令人十分奇怪的，是猶大聽了耶穌所講的話之後的反應，猶大沒有顯出羞愧、自責、悔改的情緒，反而，他明刀明槍的反問耶穌：

「拉比，是我嗎？」

耶穌說：「你說的是。」

值得留意，眾門徒都稱耶穌為主，問耶穌：「主，是我嗎？」，唯獨猶大稱耶穌為拉比，他問耶穌：「拉比，是我嗎？」這反映出猶大對耶穌的身分實在有保留，他相信耶穌是一位律法老師，卻未能相信耶穌是主。今天有多少去教會的人仍然與猶大一樣，未能跨越這道信心的鴻溝，承認耶穌是人生的主！

約翰福音 13 章 21-30 節對於這件事的過程有更深入的敍述：

「耶穌……說：『我實實在在地告訴你們，你們中間有一個人要賣我了。』

門徒彼此對看，猜不透所說的是誰。有一個門徒，是耶穌所愛的，側身挨近耶穌的懷裏。西門彼得點頭對他說：『你告訴我們，主是指著誰說的。』那門徒便就勢靠著耶穌的胸膛，問他說：

『主啊，是誰呢？』

耶穌回答說：

『我蘸一點餅給誰，就是誰。』

耶穌就蘸了一點餅，遞給加略人西門的兒子猶大。他吃了以後，撒但就入了他的心。耶穌便對他說：

『你所做的，快做吧！』

同席的人沒有一個知道是為甚麼對他說這話。……猶大受了那點餅，立刻就出去。那時候是夜間了。」

耶穌說明：「我蘸一點餅給誰，就是誰。」猶大若有半點羞愧的心，他大可以拒絕接受這餅。然而，猶大很直接的接過了餅，承認自己就是出賣耶穌的人。

約翰福音13章2節描述：「吃晚飯的時候，（魔鬼已將賣耶穌的意思，放在西門的兒子加略人猶大心裡）。」到約翰福音13章27節，聖經描述：「他吃了以後，撒但就入了他的心。」

這裡我們看到撒但如何控制一個人。最初，撒但將犯罪的意思放進一個人的心裡，當人拒絕神的提醒，承認自己的意圖，容讓自己犯罪，撒但便可以進入人的心。

猶大的情況下，即使耶穌道破了他的企圖，他仍然不肯悔改，反而出去配合祭司長捉拿耶穌的陰謀。撒但便有充足的權利進入人的心。

猶大走後，馬太福音26章26-56節記道耶穌與門徒設立聖餐：

他們吃的時候，耶穌拿起餅來，祝福，就擘開，遞給門徒，說：「你們拿著吃，這是我的身體」；又拿起杯來，祝謝了，遞給他們，說：「你們都喝這個；因為這是我立約的血，為多人流出來，使罪得赦。但我告訴你們，從今以後，我不再喝這葡萄汁，直到我在我父的國裏同你們喝新的那日子。」

他們唱了詩，就出來往橄欖山去。那時，耶穌對他們說：「今夜，你們為我的緣故都要跌倒。因為經上記著說：我要擊打牧人，羊就分散了。……」

耶穌同門徒來到一個地方，名叫客西馬尼禱告。耶穌憂愁起來，極其難過，俯伏在地，禱告說：「我父啊，倘若可行，求你叫這杯離開我。然而，不要照我的意思，只要照你的意思。」第二次，耶穌禱告說：「我父啊，這杯若不能離開我，必要我喝，就願你的意旨成全。」第三次禱告，說的話還是與先前一樣。

最後，耶穌到門徒那裏，對他們說：「……時候到了，人子被賣在罪人手裏了。起來！我們走吧。看哪，賣我的人近了！」

對於將要發生的事情，耶穌完全知道。

說話之間，猶大從祭司長和民間的長老那裏帶著許多人來，並帶著刀棒。猶大隨即到耶穌跟前，說：「請拉比安」，就與他親嘴。猶大給了他們一個暗號，說：「我與誰親嘴，誰就是他。你們可以拿住他。」

耶穌對他說：「朋友，你來要做的事，就做吧。」於是那些人上前，下手拿住耶穌。有跟隨耶穌的一個人伸手拔出刀來，將大祭司的僕人砍了一刀，削掉了他一個耳朵。耶穌對他說：「收刀入鞘吧！凡動刀的，必死在刀下。你想，我不能求我父現在為我差遣十二營多天使來嗎？若是這樣，經上所說，事情必須如此的話怎麼應驗呢？」當時，耶穌對眾人說：「你們帶著刀棒出來拿我，如同拿強盜嗎？我天天坐在殿裏教訓人，你們並沒有拿我。但這一切的事成就了，為要應驗先知書上的話。」當下，門徒都離開他，逃走了。

路加福音22章47-53節有多一點的記述：

說話之間，來了許多人。那十二個門徒裏名叫猶大的，走在前頭，就近耶穌，要與他親嘴。耶穌對他說：「猶大！你用親嘴的暗號賣人子嗎？」左右的人見光景不好，就說：「主啊！我們拿刀砍可以不可

以？」內中有一個人把大祭司的僕人砍了一刀，削掉了他的右耳。耶穌說：「到了這個地步，由他們吧！」就摸那人的耳朵，把他治好了。耶穌對那些來拿他的祭司長和守殿官並長老說：「你們帶著刀棒出來拿我，如同拿強盜嗎？我天天同你們在殿裏，你們不下手拿我。現在卻是你們的時候，黑暗掌權了。」

對於當時的情況，約翰福音18章3-11節有另一番論述：

猶大領了一隊兵，和祭司長並法利賽人的差役，拿著燈籠、火把、兵器，就來到園裏。耶穌知道將要臨到自己的一切事，就出來對他們說：「你們找誰？」他們回答說：「找拿撒勒人耶穌。」耶穌說：「我就是！」賣他的猶大也同他們站在那裏。耶穌一說「我就是」，他們就退後倒在地上。他又問他們說：「你們找誰？」他們說：「找拿撒勒人耶穌。」耶穌說：「我已經告訴你們，我就是。你們若找我，就讓這些人去吧。」這要應驗耶穌從前的話，說：「你所賜給我的人，我沒有失落一個。」

西門彼得帶著一把刀，就拔出來，將大祭司的僕人砍了一刀，削掉他的右耳；那僕人名叫馬勒古。耶穌就對彼得說：「收刀入鞘吧，我父所給我的那杯，我豈可不喝呢？」

猶大終於露出真面目，帶著兵丁到來。猶大用親嘴，向耶穌請安，作為出賣的記號，這是多麼令人傷感的場景，多麼荒謬的結局。耶穌對這個三年來常與他同在的門徒，教誨愛的真諦，最後換來的是一個背叛的親吻，而耶穌從起初就知道誰要賣祂，這是何等心碎！我們經歷過的背叛，比耶穌所經歷的更大嗎？

猶大稱呼耶穌為拉比，沒有稱呼祂為主。耶穌也祇能稱呼猶大為「朋友」，不再是門徒。關係的撕裂是何等的大！我們經歷過比這更大的撕裂嗎？

當猶大成功出賣耶穌，穩賺祭司長三十塊銀錢的時候，事情卻出人意表，馬太福音27章1-10節記述：

到了早晨，眾祭司長和民間的長老大家商議要治死耶穌，就把他

捆綁，解去，交給巡撫彼拉多。這時候，賣耶穌的猶大看見耶穌已經定了罪，就後悔，把那三十塊錢拿回來給祭司長和長老，說：「我賣了無辜之人的血是有罪了。」他們說：「那與我們有甚麼相干？你自己承當吧！」猶大就把那銀錢丟在殿裏，出去吊死了。祭司長拾起銀錢來，說：「這是血價，不可放在庫裏。」他們商議，就用那銀錢買了窯戶的一塊田，為要埋葬外鄉人。所以那塊田直到今日還叫做「血田」。這就應了先知耶利米的話，說：「他們用那三十塊錢，就是被估定之人的價錢，是以色列人中所估定的，買了窯戶的一塊田；這是照著主所吩咐我的。」

上述的經文可能引自先知耶利米失傳的著作，或其實是參考撒迦利亞書11章10-14節有關棄絕牧人的預表：

「斷那稱為『榮美』的杖，表明我廢棄與萬民所立的約。當日就廢棄了。這樣，那些仰望我的困苦羊就知道所說的是耶和華的話。我對他們說：『你們若以為美，就給我工價。不然，就罷了！』於是他們給了三十塊錢作為我的工價。耶和華吩咐我說：『要把眾人所估定美好的價值丟給窯戶。』我便將這三十塊錢，在耶和華的殿中丟給窯戶了。我又折斷稱為『聯索』的那根杖，表明我廢棄猶大與以色列弟兄的情誼。」

當猶大看見耶穌已經定了罪，就後悔，把那三十塊錢拿回來給祭司長和長老。為甚麼猶大到這時才後悔起來？他不是已經深思熟慮了嗎？甚至耶穌指出他的惡念，他仍然不肯回轉，為甚麼他現在突然醒覺起來？

這要先回想為甚麼猶大要出賣耶穌：

第一，猶大可能真的祇為了錢，若然如此，他其實無後悔的理由；

第二，猶大可能因為耶穌不同意他顧惜馬利亞的貴重香膏的言論，心存忌恨，以致決定離棄耶穌，並心生出賣耶穌之計。不過，這解釋不到為甚麼後來猶大會後悔，甚至出去上吊。

第三，猶大希望迫使耶穌做政治上的彌賽亞，顯神蹟帶領群眾反抗羅馬統治。若然，他見到耶穌被捆綁，押到彼拉多面前受審，猶大應該屏息以待，等著看耶穌顯神蹟；然而，猶大在未審前已經後悔，不合情理。

第四，猶大可能和耶穌有秘密協議，讓耶穌自我完成聖經預言中受苦的彌賽亞，成就宗教的狂熱。若然如此，猶大不用後悔，亦不用出去吊死，即使要死，亦應等到耶穌成功地自我完成聖經的預言才去死。即使他以自殘去應驗聖經對他自己的預言，他也難以預測祭司長會決定用那丟下的三十塊銀錢去買窯戶那塊血田，這亦不合情理。

以下是其中一種較合理的解釋：

1. 猶大本身貪財，常犯偷竊錢囊的罪，成為他的屬靈破口；

2. 撒但利用這個屬靈破口，將賣耶穌的意思放在猶大心裡；

3. 猶大內化賣耶穌的意思，以為是自己的意思，良心被蒙蔽。

4. 當耶穌指出猶大賣主的意圖，他沒有悔改，並接過耶穌遞給他的餅來吃了，直接承認賣主的意圖，公然向耶穌示意挑戰。

5. 撒但因猶大承認賣主的意圖，得到進入猶大的心的權利。

6. 猶大以向耶穌親嘴為記號，用行動實踐賣主的意圖。

7. 撒但詭計得逞，猶大再無利用價值，對猶大棄如敝屣。

8. 猶大蒙蔽的良心突然看清自己所犯的罪，出賣了無辜人的血，無法面對自己，又不願意到耶穌跟前認罪求赦免，祇好出去上吊。這正好滿足了撒但徹底操控人心，殺害生命的慾望。

其實，若猶大願意到耶穌面前悔改認罪，耶穌一樣會赦免他，就如耶穌赦免三次不認主的彼得一樣。

有關猶大的下場，使徒行傳1章15-20節記載：

那時，有許多人聚會，約有一百二十名，彼得就在弟兄中間站起來，說：「弟兄們！聖靈藉大衛的口，在聖經上預言領人捉拿耶穌的猶

大，這話是必須應驗的。他本來列在我們當中，並且在使徒的職任上得了一分。這人用他作惡的工價買了一塊田，以後身子仆倒，肚腹崩裂，腸子都流出來。住在耶路撒冷的眾人都知道這事，所以按著他們那裏的話給那塊田起名叫亞革大馬（Aceldama），就是「血田」的意思。因為詩篇上寫著，說：願他的住處變為荒場，無人在內居住。

上述詩篇應該是引自詩篇79篇6-7節：「願你將你的忿怒倒在那不認識你的外邦、和那不求告你名的國度。因為他們吞了雅各，把他的住處變為荒場。」

使徒行傳的記述看似與馬太福音的記述矛盾，其實亦可看為先後發生的分別。猶大出去到窯戶的一塊田上吊，後來可能受野狗等咬裂屍首，肚腹崩裂，腸子都流出來，並掉下來身子仆倒在地上。祭司長命人用那三十塊銀錢以猶大名義買了該血田，以後用作葬異鄉人之用，該地方不再有人居住。

血田（Field of Blood）一詞一方面反映該田是用血價而買，另一方面，該田的泥土因礦物質原故呈紅色，適合窯戶之用。

這塊血田位置在錫安山/聖殿山以南的欣嫩子谷（valley of Hinnom），是傳統埋葬外邦人的地方。中世紀十字軍的醫院在此埋葬已死的病人。在十九世紀，此地建立了一座希臘東正教的修院，名為亞革大馬修院（Aceldama Monastery）。

欣嫩子谷在舊約時代十分聞名，是以色列人向假神摩洛獻祭自己兒女，使他們經火的地方。此地希臘文稱為Gehenna，中文聖經按英文翻譯Sheol譯為陰間或按英文翻譯Hades譯為地獄，都是同一個希臘字所指死亡之地的意思，這地亦是耶路撒冷人焚燒垃圾的地方，啟示錄所描述的火湖亦是用同一個字。

值得一提的是，傳統認為猶大上吊的樹稱為猶大樹（Judas Tree），亦即南歐紫荊或洋蘇木（Cercis siliquastrum），盛放於四、五月間。

　　猶大作為一個福音書的大反派，歷史上吸引很多不同作者揣測和穿鑿附會。一九七零年代埃及發現二世紀一卷名為「猶大福音」的異端諾斯底主義作品，描述猶大是耶穌的真正門徒，他聽從耶穌的秘密吩咐，假意出賣耶穌，以成就耶穌的救世計劃。這明顯是穿鑿附會，一方面，這明顯與福音書的描述相反，另一方面，他應等到耶穌完成整個計劃，而不應後悔上吊。

　　此外，有一些鑽牛角尖的神學家認為，猶大應是第一個上天堂的人，因為他的行動成就了全人類的救贖。這種理論荒謬之處在於套用結果肯定手法的實用主義邏輯。聖經上有很多例子，神透過轉化一些壞事或災難使屬神的人得益處。神判斷一個人，是看內心和動機的。

　　在中世紀，西方亦出現一本名為巴拿巴福音（Gospel of Barnabas）的著作，內容講述上帝將猶大與耶穌的臉孔對調，實際釘十字架的是猶大，代替了耶穌，而耶穌則已升天。這本著作否認耶穌是彌賽亞，是一本異端著作。

　　在九世紀有一個天主教僧侶艾特（Aed）著作了一本書為亞古拉之書（The book of Agulah），指上帝懲罰猶大，令猶大由自殺後復活，令他不能得到死後的安息，並要他在地上行走，直至主耶穌再來時的審判日。他害怕日光，祇能在黑夜下生活，並以鮮血為生。這個傳說引伸出中世紀到現代有關吸血鬼的傳說。吸血鬼害怕十字架，因為十字架提醒它出賣耶穌和末日審判。吸血鬼害怕白銀，因為白銀提醒它出賣耶穌的三十塊銀子的代價。因為猶大流無辜人的血，嗜血成為吸血鬼一族的內在難以滿足的慾望。傳說加略人的後裔族群是紅色頭髮，活躍於塞爾維亞（Serbia）、保加利亞（Bulgaria）及羅馬尼亞（Romania）一帶。

　　對於這種故事，似真還假，近代亦有不少電影取材猶大賣主的故事，並持續地再創作。

第 19 章

祂不在這裏，已經復活了

今天，很多信徒都在不斷記念在十字架上受難的耶穌基督，他的受苦和代贖。天主教和東正教的教堂大多掛著耶穌被釘十字架的雕像作為敬拜和禱告的圖標（Icon）。基督新教的教堂多沒有耶穌釘十字架的雕像，但仍會用十字架這個羅馬刑具作為敬拜和禱告的圖標。

然而，這一切都已是過去式，現在活著接受我們敬拜的是已經復活，升天，進入榮耀裡的耶穌基督。

在耶穌時代之前的一千年，詩篇 16 篇 9-10 節預言了耶穌基督的受死與肉身復活：

「因此，我的心歡喜，我的靈快樂；我的肉身也要安然居住。因為你必不將我的靈魂撇在陰間，也不叫你的聖者見朽壞。」

耶穌的靈不受陰間所困，肉身也不會朽壞。

詩篇 68 篇 18-20 節預言耶穌基督升天，拯救人脫離死亡：

「你已經升上高天，擄掠仇敵；你在人間，就是在悖逆的人間，受了供獻，叫耶和華上帝可以與他們同住。天天背負我們重擔的主，就是拯救我們的上帝，是應當稱頌的！上帝是為我們施行諸般救恩的上帝；人能脫離死亡是在乎主耶和華。」

耶穌基督升天，擄掠仇敵就是魔鬼撒但；耶穌基督在地上受人敬拜，叫上帝可以與他們同住。耶穌基督天天背負我們的重擔，拯救我們脫離死亡，施行救恩。

使徒保羅在以弗所書 4 章 7-10 節指道：

「我們各人蒙恩，都是照基督所量給各人的恩賜。所以經上說：他升上高天的時候，擄掠了仇敵，將各樣的恩賜賞給人。既說升上，豈不是先降在地下麼？那降下的，就是遠升諸天之上要充滿萬有的。」

耶穌基督升天，擄掠仇敵魔鬼撒但，並將各樣的恩賜賞給人。耶穌基督的恩賜足夠信徒勝過仇敵魔鬼，勝過罪惡的捆綁和枷鎖。

使徒保羅在以弗所書 4 章 11 節接著說：

「祂所賜的有使徒、有先知、有傳福音的、有牧師和教師，要成全聖徒各盡其職，建立基督的身體。」

耶穌基督所賜的恩賜足夠勝過魔鬼撒但，建立地上的教會。

很多人不明白耶穌基督復活的意義，認為耶穌愛世人，捨身代贖，世人罪得赦免，加入教會群體，過道德的生活，彼此相愛，受人尊重，這不就是有意義的一生嗎？

使徒保羅並不是這麼看。對於哥林多教會有人認為沒有死人復活這一回事，他不以為然，哥林多前書 15 章 12-19 節指出：

「既傳基督是從死裏復活了，怎麼在你們中間有人說沒有死人復活的事呢？若沒有死人復活的事，基督也就沒有復活了。若基督沒有

復活，我們所傳的便是枉然，你們所信的也是枉然；並且明顯我們是為上帝妄作見證的，因我們見證上帝是叫基督復活了。若死人真不復活，上帝也就沒有叫基督復活了。因為死人若不復活，基督也就沒有復活了。基督若沒有復活，你們的信便是徒然，你們仍在罪裏。就是在基督裏睡了的人也滅亡了。我們若靠基督只在今生有指望，就算比眾人更可憐。」

他指出若基督沒有復活，我們所信的便是枉然，我們仍在罪裏；我們若只在今生有指望，就比眾人更可憐。

保羅在哥林多前書15章20-34節接著指出：

「但基督已經從死裏復活，成為睡了之人初熟的果子。死既是因一人而來，死人復活也是因一人而來。在亞當裏眾人都死了；照樣，在基督裏眾人也都要復活。但各人是按著自己的次序復活：初熟的果子是基督；以後，在他來的時候，是那些屬基督的。……儘末了所毀滅的仇敵就是死。……若死人不復活，我們就吃吃喝喝吧！因為明天要死了。」

耶穌基督是初熟的果子，以後屬基督的亦要復活。

羅馬書6章3-14節更清楚的指出：

「豈不知我們這受洗歸入基督耶穌的人是受洗歸入他的死嗎？所以，我們藉著洗禮歸入死，和他一同埋葬，原是叫我們一舉一動有新生的樣式，像基督藉著父的榮耀從死裏復活一樣。我們若在他死的形狀上與他聯合，也要在他復活的形狀上與他聯合；因為知道我們的舊人和他同釘十字架，使罪身滅絕，叫我們不再作罪的奴僕；因為已死的人是脫離了罪。我們若是與基督同死，就信必與他同活。因為知道基督既從死裏復活，就不再死，死也不再作他的主了。他死是向罪死了，只有一次；他活是向上帝活著。這樣，你們向罪也當看自己是死的；向上帝在基督耶穌裏，卻當看自己是活的。所以，不要容罪在你們必死的身上作王，使你們順從身子的私慾。也不要將你們的肢體獻給罪作不義的器具；倒要像從死裏復活的人，將自己獻給上帝，並將

肢體作義的器具獻給上帝。罪必不能作你們的主；因你們不在律法之下，乃在恩典之下。」

我們藉著洗禮歸入死，叫我們像基督藉著父的榮耀從死裏復活。我們不再作罪的奴僕，我們死是向罪死，活是為上帝而活。

使徒保羅在歌羅西書2章9-15節亦重申：

「你們既受洗與他一同埋葬，也就在此與他一同復活，都因信那叫他從死裏復活上帝的功用。你們從前在過犯和未受割禮的肉體中死了，上帝赦免了你們一切過犯，便叫你們與基督一同活過來；又塗抹了在律例上所寫、攻擊我們、有礙於我們的字據，把它撤去，釘在十字架上。既將一切執政的、掌權的擄來，明顯給眾人看，就仗著十字架誇勝。」

我們受洗與耶穌一同埋葬，因信上帝，祂就叫我們與耶穌一同復活。

福音書記載，在七日的第一日，即安息日之後，耶穌基督復活了！

以下嘗試以路加福音24章1-53節為主軸，參考其他福音書的敍述，重組整件事情。

誰是首先知道耶穌復活？

路加福音24章1節及10節記載：

「七日的頭一日，黎明的時候，那些婦女帶著所預備的香料來到墳墓前。……那告訴使徒的就是抹大拉的馬利亞和約亞拿，並雅各的母親馬利亞，還有與她們在一處的婦女。」

馬太福音28章1節記載：「安息日將盡，七日的頭一日，天快亮的時候，抹大拉的馬利亞和那個馬利亞來看墳墓。」

馬可福音16章1節則記述：

「過了安息日，抹大拉的馬利亞和雅各的母親馬利亞並撒羅米，買了香膏要去膏耶穌的身體。」

約翰福音 20 章 1 節記載：「七日的第一日清早，天還黑的時候，抹大拉的馬利亞來到墳墓那裡，看見石頭從墳墓挪開了。」

抹大拉的馬利亞是耶穌從她身上曾趕出七個鬼的門徒，雅各的母親馬利亞就是耶穌的母親，約亞拿是希律的家宰苦撒的妻子約亞拿，撒羅米可能是西庇太的妻子／馬利亞的嫂子。其他婦女也可能包括蘇撒拿，她是其中一個用自己的財物供應耶穌和門徒的女門徒。

婦女們首先看見甚麼？

路加福音 24 章 2-5 節記載：

「看見石頭已經從墳墓滾開了，她們就進去，只是不見主耶穌的身體。正在猜疑之間，忽然有兩個人站在旁邊，衣服放光。婦女們驚怕，將臉伏地。」

馬太福音 28 章 2-4 節記載：

「忽然，地大震動；因為有主的使者從天上下來，把石頭滾開，坐在上面。他的相貌如同閃電，衣服潔白如雪。看守的人就因他嚇得渾身亂戰，甚至和死人一樣。」

馬可福音 16 章 2-5 節記載：

「七日的第一日清早，出太陽的時候，她們來到墳墓那裏，彼此說：「誰給我們把石頭從墓門滾開呢？」那石頭原來很大，她們抬頭一看，卻見石頭已經滾開了。她們進了墳墓，看見一個少年人坐在右邊，穿著白袍，就甚驚恐。」

綜合而言，地大震動，有相貌如同閃電及衣服潔白如雪的天使把墓穴前的石頭滾開，坐在上面。婦女進入墓穴，不見耶穌的身體，但見有兩個衣服放光的人站在旁邊，墳墓的右邊坐著一個穿著白袍的少年人。

婦女見到天使時的反應如何？

馬太福音28章4節記載：「看守的人就因他嚇得渾身亂戰，甚至和死人一樣。」

馬可福音16章5節記載：「……就甚驚恐。」

路加福音24章6節記載：「婦女們驚怕，將臉伏地。」

天使對婦女說甚麼？

路加福音24章6節記載：「那兩個人就對她們說：「為甚麼在死人中找活人呢？他不在這裏，已經復活了。當記念他還在加利利的時候怎樣告訴你們，說：『人子必須被交在罪人手裏，釘在十字架上，第三日復活。』」

馬太福音28章5-7節記載：「天使對婦女說：「不要害怕！我知道你們是尋找那釘十字架的耶穌。他不在這裏，照他所說的，已經復活了。你們來看安放主的地方。快去告訴他的門徒，說他從死裏復活了，並且在你們以先往加利利去，在那裏你們要見他。看哪，我已經告訴你們了。」

馬可福音16章5節記載：「那少年人對她們說：『不要驚恐！你們尋找那釘十字架的拿撒勒人耶穌，他已經復活了，不在這裏。請看安放他的地方。你們可以去告訴他的門徒和彼得，說：他在你們以先往加利利去。在那裏你們要見他，正如他從前所告訴你們的。』」

天使告訴婦女耶穌已經按祂的預言復活了，並叫她們告訴耶穌的門徒，耶穌要先到加利利，在那裡要見門徒。

婦女聽到天使的話，她們怎麼做？

路加福音24章8-9節記載：「她們就想起耶穌的話來，便從墳墓那裏回去，把這一切的事告訴十一個使徒和其餘的人。」

馬太福音28章8節記載：「婦女們就急忙離開墳墓，又害怕，又大大地歡喜，跑去要報給他的門徒。」

馬可福音16章8節記載：「她們就出來，從墳墓那裏逃跑，又發抖又驚奇，甚麼也不告訴人，因為她們害怕。」

馬可福音的論述與其他福音書頗有不同，馬可福音說婦女害怕，甚麼也不告訴人，相信這是指其他人，不見指門徒。

馬可福音有早期古卷就停在這裡，給人有未完的感覺，有神學家認為後面的章節都是後人加上去，不屬正典。然而，從內文的完整性來說，作者在這裡完書更是難以令人信服。相信古卷抄本在這裡有遺失的機會較大。

兵丁後來怎樣？

馬太福音28章11-15節記載：「……看守的兵有幾個進城去，將所經歷的事都報給祭司長。祭司長和長老聚集商議，就拿許多銀錢給兵丁，說：『你們要這樣說：「夜間我們睡覺的時候，他的門徒來，把他偷去了。」倘若這話被巡撫聽見，有我們勸他，保你們無事。』兵丁受了銀錢，就照所囑咐他們的去行。這話就傳說在猶太人中間，直到今日。」

婦女向門徒講述她們所遇到的事情後，門徒反應怎樣？

路加福音24章11-12節記載：「她們這些話，使徒以為是胡言，就不相信。彼得起來，跑到墳墓前，低頭往裏看，見細麻布獨在一處，就回去了，心裏希奇所成的事。」

馬可福音16章9-11節記載：「在七日的第一日清早，耶穌復活了，就先向抹大拉的馬利亞顯現（耶穌從她身上曾趕出七個鬼）。她去告訴那向來跟隨耶穌的人；那時他們正哀慟哭泣。他們聽見耶穌活了，被馬利亞看見，卻是不信。」

約翰福音有更詳細關於抹大拉馬利亞與耶穌相遇的記載，約翰福音20章1-29節記載：

「七日的第一日清早，天還黑的時候，抹大拉的馬利亞來到墳墓那裏，看見石頭從墳墓挪開了，就跑來見西門彼得和耶穌所愛的那個門徒，對他們說：「有人把主從墳墓裏挪了去，我們不知道放在哪裏。」彼得和那門徒就出來，往墳墓那裏去。兩個人同跑，那門徒比彼得跑得更快，先到了墳墓，低頭往裏看，就見細麻布還放在那裏，只是沒有進去。西門彼得隨後也到了，進墳墓裏去，就看見細麻布還放在那裏，又看見耶穌的裹頭巾沒有和細麻布放在一處，是另在一處捲著。先到墳墓的那門徒也進去，看見就信了。（因為他們還不明白聖經的意思，就是耶穌必要從死裏復活。）於是兩個門徒回自己的住處去了。」

使徒以為抹大拉馬利亞和其他婦女胡說，最初並不相信。後來，彼得和約翰跑到墳墓去看，見裹頭巾和細麻布各放一處，就相信抹大拉馬利亞的話，並回到住處。約翰福音特別強調：「因為他們還不明白聖經的意思，就是耶穌必要從死裏復活，於是兩個門徒回自己的住處去了。」意思是，他們知道耶穌身體不見了，但無法相信耶穌已經復活。

這裡有一個問題，即使婦女已見到天使推開墓穴大石，而天使亦指耶穌已經復活，為甚麼抹大拉馬利亞會對彼得和約翰說有人把耶穌的屍體從墳墓裏挪了去，不知道放在哪裏？這可能反映抹大拉馬利亞還是不大相信所聽到的話，況且她亦未見到復活的耶穌，她心裡仍認為耶穌的屍體可能是被人挪去。對於彼得和約翰而言，抹大拉馬利亞所言非虛，耶穌的屍體果然不見了，但仍無法相信主已復活，因此未有表現興奮，祇回到自己的住處。

然而，彼得和約翰走後，卻發生了戲劇性的事情。約翰福音20章11-18節記載：

「馬利亞卻站在墳墓外面哭。哭的時候，低頭往墳墓裏看，就見兩個天使，穿著白衣，在安放耶穌身體的地方坐著，一個在頭，一個在腳。天使對她說：『婦人，你為甚麼哭？』她說：『因為有人把我主挪了去，我不知道放在哪裏。』說了這話，就轉過身來，看見耶穌站

在那裏，卻不知道是耶穌。耶穌問她說：『婦人，為甚麼哭？你找誰呢？』馬利亞以為是看園的，就對他說：『先生，若是你把他移了去，請告訴我，你把他放在哪裏，我便去取他。』耶穌說：『馬利亞。』馬利亞就轉過來，用希伯來話對他說：『拉波尼！』（拉波尼就是夫子的意思。）耶穌說：『不要摸我，因我還沒有升上去見我的父。你往我弟兄那裏去，告訴他們說，我要升上去見我的父，也是你們的父，見我的上帝，也是你們的上帝。』抹大拉的馬利亞就去告訴門徒說：『我已經看見了主。』她又將主對她說的這話告訴他們。」

抹大拉馬利亞何時才相信主耶穌已經復活呢？是當她聽到耶穌叫她的名字：「馬利亞！」她一直都按自己的想法跟隨耶穌，即使天使對她說主已復活，並見到空墳及裏頭巾和細麻布，她仍然祇用自己的常理去認識耶穌，認為耶穌的身體是被人挪去。馬利亞與其他門徒對耶穌基督大能的認識實在太少，亦相信得太遲鈍。

耶穌說「不要摸我」原文是「不要抓住我」的意思，這意味馬利亞可能已興奮得抓緊耶穌。耶穌告訴她要升上去見天父。

值得注意的是，在符類福音書中，祇有馬太福音記載婦女在離開空墳時遇見耶穌。馬太福音28章9-10節記載：「忽然，耶穌遇見她們，說：『願你們平安！』她們就上前抱住他的腳拜他。耶穌對她們說：『不要害怕！你們去告訴我的弟兄，叫他們往加利利去，在那裏必見我。』」

這段經文可能就是記載抹大拉馬利亞遇見耶穌時的情況，婦女抱住耶穌的腳拜祂，因此耶穌對抹大拉馬利亞說不要抓著我。

路加福音24章6節記載天使對哀慟的婦女的說話：「為甚麼在死人中找活人呢？他不在這裏，已經復活了。」然而，抹大拉的馬利亞仍然不信，她仍然在四處找死人（耶穌的屍體）。還有比這更大的迷惑嗎？

今天，很多人仍然在這個迷思之中，在死人中找活人。很多人在追思耶穌被釘十架、受難和受死，在悔疚與哀傷裡面，在苦難神學

中尋找「死去」的耶穌，疚恨死得不夠徹底的老我，使耶穌重釘十字架，加重祂的痛苦，卻沒有醒覺「他不在這裏，已經復活了！」

是的，耶穌帶著榮耀的身體，已經復活了，並且，祂已升上高天，擄掠了仇敵，將恩賜賞給人，並充滿了萬有。腓立比書2章9-11節指出：

「所以，上帝將他升為至高，又賜給他那超乎萬名之上的名，叫一切在天上的、地上的和地底下的，因耶穌的名無不屈膝，無不口稱『耶穌基督為主』，使榮耀歸與父上帝。」

歌羅西書2章9節指出：「你們既受洗與他一同埋葬，也就在此與他一同復活。」

因耶穌的名，無不屈膝，萬有都要稱耶穌基督為主。因耶穌的名，我們亦進入榮耀的復活生命裡面；因耶穌的名，我們不再在苦難和咒詛裡面，而是進入到屬天的榮耀裡。

天主教及東正教的傳統認為，耶穌的墓穴就在現時耶路撒冷的聖墓教堂裡面，每年有成千上萬信徒到這裡朝聖。

基督教則多以耶路撒冷城牆以北的花園塚（Garden Tomb）為紀念耶穌受死及復活的地方。一八八三年駐耶路撒冷英國將軍查理士哥頓（Charles Gordon）推斷以耶路撒冷城牆以北呈現髑髏頭形狀的石崖為真正的各各他山，該處有一園子，亦有石頭掘出的墓穴，認為這可能是耶穌埋葬的真正地點。一八九二年，英國基督徒成立花園塚協會，買下這塊地，發展成靈修默想的靜修花園。

支持以此地為真正的耶穌墓穴的人認為，利未記1章11節正是印證此地的預表經文：「要把羊宰於壇的北邊，在耶和華面前。亞倫子孫作祭司的，要把羊血灑在壇的周圍。」由於花園塚在聖殿以北，耶路撒冷城大馬士革門外，方向上與經文吻合；相反，聖墓教堂在聖殿以西，方向不對。不過，這段經文是否可以理解為各各他山位置的預表，亦頗有爭議性。

此外，約翰福音19章41-42節所描述的各各他山環境亦與花園塚接近：

「在耶穌釘十字架的地方有一個園子，園子裏有一座新墳墓，是從來沒有葬過人的。只因是猶太人的預備日，又因那墳墓近，他們就把耶穌安放在那裏。」

耶穌榮耀的復活是否真的在此發生，確是耐人尋味！

另一個引起重大爭議的就是耶穌的裹屍的細麻布和裹頭巾。約翰福音20章4-7節記載：

「彼得和那門徒就出來，往墳墓那裏去。兩個人同跑，那門徒比彼得跑得更快，先到了墳墓，低頭往裏看，就見細麻布還放在那裏，只是沒有進去。西門彼得隨後也到了，進墳墓裏去，就看見細麻布還放在那裏，又看見耶穌的裹頭巾沒有和細麻布放在一處，是另在一處捲著。」

不少天主教徒認為，耶穌的裹屍細麻布就是保存在意大利北部，米蘭以西的都靈（Turin）市都靈主教座堂、（又名施洗約翰大教堂 Cathedral of Saint John the Baptist）裡面，薩伏伊王室（Savoy）皇家禮拜堂內的都靈裹屍布（Shroud of Turin）。至於裹頭巾，就保存在西班牙奧貝多（Oviedo）的奧貝多主教座堂內。

相傳耶穌的裹屍布一直保存在君士坦丁堡。一二零四年君士坦丁堡被十字軍攻陷後，裹屍布被帶到法國雷內（Lirey），一三五七年首次公開展出。一四五二年，薩伏依王室將裹屍布保存在尚百里（Chambery）的小聖堂。一五三二年一場大火將裹屍布兩邊烤焦，最後，意大利王朝薩伏依（Savoy）王室於一五七八年將裹屍布送到意大利北部都靈主教座堂（Duomo di Torino）保存至今。

這塊裹屍布是一種稱為「鯡魚骨編織法」的高級亞麻布，長4.4米，寬1.1米，上面有多方面證據與耶穌受難的事蹟接近：

1. 裹屍布正面影像顯示屍身手、腳和右肋有三處積血痕跡。

2. 裹屍布有皮膚出血，反映死者「汗流如血」。

3. 裹屍布有大量鞭傷的血痕，包括胸、背及手腳上的鞭傷，遠超律法所訂的四十次。

4. 裹屍布呈現荊棘冠冕所扎出的大量出血小孔痕跡。

5. 裹屍布上發現有以色列荊棘的花粉、黃連乳香果實及花卉的圖像，證明死者接觸荊棘及乳香，與耶穌相關記載吻立。

6. 裹屍布經三維影像分析呈現清楚面容，科學家認為是由放射性能量所造成，該能量可能就是上帝叫耶穌由死裡復活的大能。

對於裹屍布的歷史性，科學研究亦充滿爭議：英國、瑞士和美國三家實驗室於一九八八年曾對裹屍布樣本進行放射性碳測試，結果顯示裹屍布屬於一二六零至一三九零年代。有人認為裹屍布的影像是後期藝術偽作，但亦有人認為裹屍布樣本受污染影響，引致分析出錯。二零一三年意大利教授引進最新碳年代測定，結果發現指裹屍布年代為公元一世紀。對於都靈裹屍布的真偽，成為歷史懸案。

另一塊引起爭議的是耶穌的裹頭巾，據說目前存於西班牙北部城市奧維耶多（Oviedo）的救主主教座堂（Cámara Santa of the Cathedral of San Salvador），稱為 Sudarium of Oviedo。

該裹頭巾約八十四乘五十三公分，是主耶穌死後在放下十字架及處理遺體時，用以遮蓋其面部的。該裹頭巾每年在耶穌受難日，十字架勝利日（9月14日）及一星期後（9月21日）公開展出。

主後五七零年，首次有文獻記載耶穌的裹頭巾收藏於耶路撒冷外聖馬可修道院（Monastery of Saint Mark）附近的一個山洞。後來，波斯入侵猶大地，於主後六一四年耶穌的裹頭巾被移至北非亞歷山大城。未幾，波斯大軍殺至亞歷山大城，該裹頭巾隨難民被送至西班牙塞維爾（Seville）。之後，西班牙人逃避摩爾人（Moors）的入侵，將該裹頭巾送到西班牙北部亞斯圖里亞斯山區（mountains of Asturias）一個名為蒙

特薩克羅（Montesacro）的洞穴收藏。直至主後八四零年，亞斯圖里亞斯君主亞方索二世（Alfonso II）擊敗了摩爾人，在奧維耶多建立了一間小教堂存放該裹頭巾，該裹頭巾存放於一個寶盒（Arca Santa）。其後，存放該裹頭巾的寶盒被移至奧維耶多救主主教座堂至今。

曾有科學家以碳十四測年法分析該裹頭巾樣本，證實為一世紀文物。

使徒保羅在哥林多前書15章20節指出：

「但基督已經從死裏復活，成為睡了之人初熟的果子。」

「初熟的果子」這個形容詞大有背景，其實是指摩西律法中所指除酵節所獻的素祭。摩西律法指定猶太人有三大節期，出埃及記23章14-17節指出：

「一年三次，你要向我守節。你要守除酵節，照我所吩咐你的，在亞筆月內所定的日期，吃無酵餅七天。誰也不可空手朝見我，因為你是這月出了埃及。又要守收割節，所收的是你田間所種、勞碌得來初熟之物。並在年底收藏，要守收藏節。一切的男丁要一年三次朝見主耶和華。」

除酵節要吃無酵餅七天，記念猶太人除去罪孽，走出埃及。除酵節的前一天就是逾越節。逾越節記念以色列人出埃及前，耶和華把埃及地一切頭生的，無論是人是牲畜都擊殺了，敗壞埃及一切的神。而以色列人用羔羊的血在所住的房屋上作記號，耶和華的使者見這血就越過他們，災殃不臨到以色列人（出埃及記12:11-14）。

正如利未記23章5-8節記載：

「正月十四日，黃昏的時候，是耶和華的逾越節。這月十五日是向耶和華守的無酵節；你們要吃無酵餅七日。第一日當有聖會，甚麼勞碌的工都不可做；要將火祭獻給耶和華七日。第七日是聖會，甚麼勞碌的工都不可做。」

利未記23章9-14節跟著記載：

耶和華對摩西說：「你曉諭以色列人說：你們到了我賜給你們的
地，收割莊稼的時候，要將初熟的莊稼一捆帶給祭司。他要把這一捆
在耶和華面前搖一搖，使你們得蒙悅納。祭司要在安息日的次日把這
捆搖一搖。搖這捆的日子，你們要把一歲、沒有殘疾的公綿羊羔獻
給耶和華為燔祭。同獻的素祭，就是調油的細麵伊法十分之二，作為
馨香的火祭，獻給耶和華。同獻的奠祭，要酒一欣四分之一。無論是
餅、是烘的子粒、是新穗子，你們都不可吃，直等到把你們獻給上帝
的供物帶來的那一天才可以吃。這在你們一切的住處作為世世代代永
遠的定例。」

利未記2章14-16節亦記載：

「若向耶和華獻初熟之物為素祭，要獻上烘了的禾穗子，就是軋
了的新穗子，當作初熟之物的素祭。並要抹上油，加上乳香；這是素
祭。祭司要把其中作為紀念的，就是一些軋了的禾穗子和一些油，並
所有的乳香，都焚燒，是向耶和華獻的火祭。」

綜合來說，主耶穌的受難和復活，滿足了上帝的要求：

在猶太曆正月十四日黃昏逾越節開始的時間，耶穌與門徒用逾越
節的筵席，就是最後的晚餐，之後在客西馬尼園被賣，翌日被釘十字
架受死，成為被殺的羔羊，為世人的贖罪祭。

之後，耶穌被埋葬，進入安息日。

安息日之後，即七天的第一天，耶穌從死裡復活，成為初熟的果
子。耶穌被埋葬時被裹屍布包成一捆，像軋了初熟的新穗子，加上油
和乳香，成為素祭，復活時在耶和華面前搖一搖，使我們得蒙祂的悅
納。

上帝的救贖計劃按照祂千多年前所定的節期和祭禮，以祂的獨生
愛子來完成，這是何等奧秘，亦是何等的慈愛和恩典！

第 20 章

在往以馬忤斯的路上

除了婦女，最先見證耶穌復活的門徒還有兩個，馬可福音16章1-20節記載：

「這事以後，門徒中間有兩個人往鄉下去。走路的時候，耶穌變了形像，向他們顯現。他們就去告訴其餘的門徒；其餘的門徒也是不信。」

在路加福音24章11-12節有更詳細的記載：「正當那日，門徒中有兩個人往一個村子去；這村子名叫以馬忤斯（Emmaus），離耶路撒冷約有二十五里。他們彼此談論所遇見的這一切事。正談論相問的時候，耶穌親自就近他們，和他們同行；只是他們的眼睛迷糊了，不認識他。耶穌對他們說：『你們走路彼此談論的是甚麼事呢？』他們就站住，臉上帶著愁容。二人中有一個名叫革流巴（Cleopas）的

回答說：『你在耶路撒冷作客，還不知道這幾天在那裏所出的事嗎？』耶穌說：『甚麼事呢？』他們說：『就是拿撒勒人耶穌的事。他是個先知，在上帝和眾百姓面前，說話行事都有大能。祭司長和我們的官府竟把他解去，定了死罪，釘在十字架上。但我們素來所盼望、要贖以色列民的就是他！不但如此，而且這事成就，現在已經三天了。再者，我們中間有幾個婦女使我們驚奇；她們清早到了墳墓那裏，不見他的身體，就回來告訴我們，說看見了天使顯現，說他活了。又有我們的幾個人往墳墓那裏去，所遇見的正如婦女們所說的，只是沒有看見他。』耶穌對他們說：『無知的人哪，先知所說的一切話，你們的心信得太遲鈍了。基督這樣受害，又進入他的榮耀，豈不是應當的嗎？』於是從摩西和眾先知起，凡經上所指著自己的話都給他們講解明白了。將近他們所去的村子，耶穌好像還要往前行，他們卻強留他，說：『時候晚了，日頭已經平西了，請你同我們住下吧！』耶穌就進去，要同他們住下。到了坐席的時候，耶穌拿起餅來，祝謝了，擘開，遞給他們。他們的眼睛明亮了，這才認出他來。忽然耶穌不見了。他們彼此說：『在路上，他和我們說話，給我們講解聖經的時候，我們的心豈不是火熱的嗎？』他們就立時起身，回耶路撒冷去，正遇見十一個使徒和他們的同人聚集在一處，說：『主果然復活，已經現給西門看了。』兩個人就把路上所遇見，和擘餅的時候怎麼被他們認出來的事，都述說了一遍。」

以馬忤斯原文是「溫泉」的意思，是在耶路撒冷的西面約有二十五里。這兩個門徒一個名叫革流巴（Cleopas），另一位則沒有記下名字。

革流巴是一個希臘名字，衹在聖經出現過一次。有學者認為革流巴與革羅罷（Clopas）是同一個名字。革羅罷的妻子馬利亞就是約翰福音19章記載在十字架下三個馬利亞的其中一個。優西比烏在「教會史」記載耶穌的父親約瑟的兄弟名叫革羅罷，他的兒子西門繼耶穌兄弟公義者雅各死後成為耶路撒冷教會主教。換言之，革流巴可能是耶

穌的叔叔。此外，革羅罷可直譯為希臘文亞勒腓（Alphaeus），而耶穌的十二門徒之一就是亞勒腓的兒子雅各，他稱為小雅各，以分別於西庇太的兒子雅各（大雅各），他可能亦是耶穌的表弟，亦有學者認為他就是耶路撒冷教會首任主教公義者雅各。

如果革流巴就是革羅罷，則與他一同到以馬忤斯的人可能就是他的兒子西門，因為他們回到耶路撒冷見十一個門徒和他們一起的人時，他們說：「主果然復活，已經現給西門看了。」

另外，也有學者猜測革流巴的同行者可能就是他的妻子馬利亞。約翰福音19章記載她在十字架下陪伴耶穌母親馬利亞，親眼看著耶穌釘十字架而死，但卻沒有記載她到耶穌的墳墓膏抹祂。

可以想像，革流巴及其同行者經過目擊耶穌受難，曾深信耶穌「說話行事都有大能」，相信祂就是「要贖以色列民的」那一位，現已被現實踐躪得垂頭喪氣，信心盡失。耶穌被釘十字架而死，祂的十二門徒中，加略人猶大賣主之後吊頸自殺，耶穌大弟子彼得竟在危急關頭三次不認主，並出去痛哭；這個信仰團隊已經分崩離析，還有甚麼值得留戀的地方？於是，這兩個門徒黯然地離開耶路撒冷，回到自己的地方去。

這段馬可福音的經文中，指耶穌變了形像，向兩個門徒顯現。路加福音則記載兩個門徒「眼睛迷糊了，不認識他」。顯然地，耶穌的外表和聲線與祂在苦路上的形像截然不同，以致門徒與耶穌在路上同行，都認不到耶穌。在他們的腦海裡，祇有被鞭打得死去活來的耶穌、軟弱的耶穌、被釘受死的耶穌，卻沒有榮耀復活的耶穌。

他們按自己對耶穌的期望去相信耶穌，當他們發現真正的耶穌與他們期望的耶穌不一樣的時候，他們便失去信心，冷淡下來。

當門徒看到耶穌「說話行事都有大能」，就聯想到耶穌就是「要贖以色列民」的彌賽亞。可是，天父的時間表與門徒的期望不一樣。耶

穌第一次來的時候是作為代贖的羔羊，拯救世人脫離罪惡；到祂第二次來的時間，祂才成為榮耀的君王，審判列國。

門徒由於對上帝的計劃不了解，就用自己的期望代替上帝的計劃，結果，門徒自招苦果，卻怪罪所信的失信。

其實，耶穌之前已三番四次向門徒講論自己要受死，三天後復活；可是，耶穌從死裡復活對他們來說並沒有意思，永生對他們來說更是遙不可及，現在與主在一起，以色列得脫離羅馬壓迫才是心裡的渴求。

耶穌指門徒是「無知的人」，因他們對先知所說的，「心信得太遲鈍了」。

認識真正耶穌的方法不是憑經驗，不是憑期望和推測，也不是憑文士、專家的講論，而是憑摩西和眾先知在聖經上指著耶穌的話，亦即透過上帝的啟示。

當門徒經過耶穌講解，明白聖經的預言，他們終於明白上帝的計劃，才了解到「基督這樣受害，又進入他的榮耀，豈不是應當的嗎？」門徒就由灰心和冷淡中，心裡重新火熱起來。真正令門徒火熱起來的，是認識到耶穌已經進入他的榮耀裡，不再是受苦受死的耶穌！

門徒回想他們何時心裡火熱起來呢？不是他們坐席時認出是耶穌的時候，是他們聽明白聖經指著耶穌的預言。既然耶穌已經進入榮耀裡面，人生還有甚麼值得憂慮和垂頭喪氣的地方？

將近到以馬忤斯的村子，時間已到黃昏，門徒強留耶穌與他們同住。坐席的時候，耶穌做了一件特別的事情，就是反客為主，像主人一樣「拿起餅來，祝謝了，擘開，遞給他們」，就像耶穌設立聖餐時一樣。

就在這時，門徒的眼睛突然明亮了，這才認出是耶穌。忽然，耶穌就不見了。

為甚麼到擘餅的時候，門徒的眼睛突然明亮起來呢？

可能，門徒記起耶穌獨特的擘餅動作及祝謝的說話，衹有耶穌才會如此做。也許，當耶穌擘餅時，門徒醒覺到耶穌的受死是為分享自己的生命予門徒，門徒才真正認識耶穌。又或，當門徒認識到耶穌為主人的身分，自己其實是客人時，他們才認識真正的耶穌和真實的自己。

當門徒真正認識耶穌後，耶穌就不見了，但這不再影響他們的信心。兩個門徒發足狂奔回耶路撒冷，告訴其他門徒他們見到耶穌復活。兩個門徒的心不再被絕望的憂悶所困，他們重新願意與其他門徒接觸，分享自己與主耶穌的經歷。因為，耶穌已經復活，進入祂的榮耀裡！

第 21 章

耶穌顯現，門徒生命更新

　　耶穌復活後，最先向抹大拉的馬利亞和婦女顯現，她們跑去告訴門徒，但礙於社會地位低微，男門徒都不相信。

　　後來耶穌在以馬忤斯的路上變了形像向兩個門徒顯現，兩個門徒於是跑回耶路撒冷告訴十一個門徒及其他人。可是，門徒還是不信。馬可福音16章14節記載：

　　「後來，十一個門徒坐席的時候，耶穌向他們顯現，責備他們不信，心裏剛硬，因為他們不信那些在他復活以後看見他的人。」

　　路加福音的記載更加形像化，正當革流巴和另外一位門徒跑回耶路撒冷，向十一個門徒和其他人滔滔不絕地講論他們在往以馬忤斯路上遇見主的經過，路加福音24章36-49節記載：

「正說這話的時候，耶穌親自站在他們當中，說：『願你們平安！』他們卻驚慌害怕，以為所看見的是魂。耶穌說：『你們為甚麼愁煩？為甚麼心裏起疑念呢？你們看我的手、我的腳，就知道實在是我了。摸我看看！魂無骨無肉，你們看，我是有的。』說了這話，就把手和腳給他們看。他們正喜得不敢信，並且希奇；耶穌就說：『你們這裏有甚麼吃的沒有？』他們便給他一片燒魚。他接過來，在他們面前吃了。耶穌對他們說：『這就是我從前與你們同在之時所告訴你們的話說：摩西的律法、先知的書和詩篇上所記的，凡指著我的話都必須應驗。』於是耶穌開他們的心竅，使他們能明白聖經，又對他們說：『照經上所寫的，基督必受害，第三日從死裏復活，並且人要奉他的名傳悔改、赦罪的道，從耶路撒冷起直傳到萬邦。你們就是這些事的見證。我要將我父所應許的降在你們身上，你們要在城裏等候，直到你們領受從上頭來的能力。』」

約翰福音20章19-23節記載有點不一樣：

「那日（就是七日的第一日）晚上，門徒所在的地方，因怕猶太人，門都關了。耶穌來，站在當中，對他們說：『願你們平安！』說了這話，就把手和肋旁指給他們看。門徒看見主，就喜樂了。耶穌又對他們說：『願你們平安！父怎樣差遣了我，我也照樣差遣你們。』說了這話，就向他們吹一口氣，說：『你們受聖靈！你們赦免誰的罪，誰的罪就赦免了；你們留下誰的罪，誰的罪就留下了。』」

福音書記載復活後的耶穌不受時空所限，即使門都關了，祂仍然可以自由地顯現在門徒聚集的地方。當天是七天的第一天，亦即是耶穌復活的那天。

當耶穌對門徒說：「願你們平安！」路加福音記載門徒最初仍以為是魂，甚是懼怕。其後，耶穌向他們展示了祂的手、腳和肋旁，都是有骨有肉的，門徒就知道實在是耶穌。門徒認出眼前的實在是耶穌，可能是因為耶穌釘痕的手腳和被兵丁扎傷的右邊肋旁都是清晰可見的。這表明耶穌復活後的身體，仍然遺留著之前所受的傷痕。

路加福音特別記載耶穌問門徒：

「『你們這裏有甚麼吃的沒有？』他們便給他一片燒魚。他接過來，在他們面前吃了。」經文沒有特別解釋耶穌吃東西的原因，可能耶穌要給門徒顯示祂真的肉身復活了，可以吃東西，但亦有可能肉身復活後的耶穌仍然會飢餓，需要吃東西。

耶穌再次提醒門徒：摩西的律法、先知的書和詩篇上所記的，凡指著祂的話都必須應驗。照經上所寫的，基督必受害，第三日從死裏復活。

路加福音特別指出：「於是耶穌開他們的心竅，使他們能明白聖經。」原來門徒能明白聖經，不是因為自己努力研究，不是門徒自己的智慧和感悟，而是因為耶穌開他們的心竅。

猶太人自小研讀聖經，到會堂聽文士講論，又按摩西律法到聖殿獻祭及進行一切宗教禮儀，最後卻不明白聖經指著耶穌的說話。

門徒也是一樣，跟隨耶穌三年，耶穌多次預言自己要受害，第三日從死裏復活，門徒是聽了，卻不明白，也不相信，即使看見復活的耶穌，仍然害怕，以為是見到耶穌的魂。

門徒都是用既有的觀念去認識耶穌和跟隨耶穌，祂的教訓帶著權柄，是良善的道德倫理老師，能行神蹟，醫病趕鬼，羣眾都擁戴祂，認為祂就是解放以色列的彌賽亞。他們知道耶穌愛他們，他們也愛耶穌。彼得更宣認耶穌是神的兒子，在祂有永生之道。祇是，門徒無法相信耶穌會真的從死裡復活！

門徒的信心究竟出了甚麼問題？以致耶穌向他們顯現的時候，要責備他們不信，心裏剛硬。或許，門徒的信都祇是頭腦的「知道」，並未有從心裡的相信。甚麼是從心裡的相信？從心裡相信的意思就是，與原有觀念相反，仍然相信；違反生活經驗，仍然相信；未曾看見，仍然相信。這種信心，誰能擁有？祇有耶穌為他們打開心竅，門徒才能相信。

所以使徒保羅在羅馬書10章9-10節指出:「你若口裡認耶穌為主,心裡信神叫他從死裡復活,就必得救。因為人心裡相信,就可以稱義;口裡承認,就可以得救。」

約翰福音記載門徒確認耶穌已經復活後,耶穌差遣門徒,讓他們領受聖靈,並授予他們赦罪的權柄。耶穌對他們說:「願你們平安!父怎樣差遣了我,我也照樣差遣你們。」說了這話,就向他們吹一口氣,說:「你們受聖靈!你們赦免誰的罪,誰的罪就赦免了;你們留下誰的罪,誰的罪就留下了。」(約翰福音 20:21-23)

路加福音則記載耶穌差遣門徒為祂的復活作見證,奉祂的名傳悔改、赦罪的道,從耶路撒冷起直傳到萬邦。耶穌吩咐門徒要在城裏等候,祂要將上帝所應許的能力降在他們身上。(路加福音24:46-49)

大家知道,在使徒行傳二章記載於五十天後五旬節(即收割節),聖靈降臨,門徒得著能力,並開始傳道,醫病趕鬼,建立教會。

綜合來說,門徒經歷生命的更新有以下五個階段:

1. 相信耶穌復活的大能;
2. 領受耶穌的差遣,奉耶穌的名傳悔改、赦罪的道;
3. 領受聖靈;
4. 獲授予赦罪的權柄;
5. 等候從上頭來的能力。

不少信徒踏出生命更新的第一步後,已經走不下去,就是無法從心裡相信主耶穌已經復活了。很多人欣賞主耶穌是生活行為道德倫理的典範,並祂的犧牲的精神,但祂已經被人類在二千多年前釘死在十字架上,與他們遙不可及。又有人認為耶穌復活,是為了證明自己真的是神的兒子而已,然而,與自身亦關係不大。真正相信耶穌復活的人是讓基督在我裡面活著,正如加拉太書2章20節所述:

「我已經與基督同釘十字架,現在活著的不再是我,乃是基督在

我裏面活著；並且我如今在肉身活著，是因信上帝的兒子而活；他是愛我，為我捨己。」

不少信徒在第二個階段就卡住了，他們不明白耶穌的差遣。他們以為，信主之後，生活行為要榮神益人，彼此相愛，活出豐盛的生命，等候進入天堂，不用下地獄。但耶穌對他的門徒是有期望的，祂說：「父怎樣差遣了我，我也照樣差遣你們。」羅馬書6章16-18節指出：

「豈不曉得你們獻上自己作奴僕，順從誰，就作誰的奴僕嗎？或作罪的奴僕，以至於死；或作順命的奴僕，以致成義。感謝上帝！因為你們從前雖然作罪的奴僕，現今卻從心裏順服了所傳給你們道理的模範。 你們既從罪裏得了釋放，就作了義的奴僕。」

信徒蒙差遣，不是作自己的主人，而是作義的奴僕，按上帝的旨意而行。上帝是否給基督徒自由決定選擇生活的方式呢？基督徒的自由是不再做罪的奴僕，而選擇做義的奴僕。那麼，基督徒可以不做義的奴僕，做回自己嗎？做回自己的意思就是做回罪的奴僕。以弗所書4章22-24節指出：「就要脫去你們從前行為上的舊人，這舊人是因私慾的迷惑、漸漸變壞的，又要將你們的心志改換一新，並且穿上新人，這新人是照著神的形像造的、有真理的仁義和聖潔。」祇有以照著神的形像造的新人，成為義的奴僕，取代變壞的舊人，才能脫離罪的奴僕的身分。

耶穌預言人要奉他的名傳悔改、赦罪的道，從耶路撒冷起直傳到萬邦，門徒就是祂的見證。門徒生命得到更新，是他們明白自己被差遣，為主作見證，並奉耶穌的名傳悔改及赦罪的道。

當代基督徒聲稱要尋求上帝在他們生命中的旨意和使命時，其實耶穌已向門徒作出差遣，是奉他的名傳悔改赦罪的道，清清楚楚，絕不含糊。所傳的是令人不安、並不討好的悔改之道，但亦是叫人真正得到平安喜樂的赦罪之道。問題是，我們認為主耶穌的差遣是給專業的神職人員，抑或是每一個跟隨耶穌的門徒？

　　第三階段「領受聖靈」是較為難明白的事情。以弗所書1章13-14節指出：「你們既聽見真理的道，就是那叫你們得救的福音，也信了基督，既然信他，就受了所應許的聖靈為印記。這聖靈是我們得基業的憑據，直等到上帝之民被贖，使他的榮耀得著稱讚。」基督徒信了基督，就受了所應許的聖靈。

　　事實上，我們相信耶穌乃是聖靈的工作。主耶穌說：「只等真理的聖靈來了，他要引導你們明白一切的真理。」（約翰福音16:13）「他既來了，就要叫世人為罪、為義、為審判、自己責備自己。」（約翰福音16:8）「他要榮耀我，因為他要將受於我的，告訴你們。」（約翰福音16:14）聖靈叫我們為罪、為義、為審判，自己責備自己，悔改歸向耶穌。

　　使徒保羅在帖撒羅尼迦前書1章5節亦指出：「……我們的福音傳到你們那裡，不獨在乎言語，也在乎權能和聖靈，並充足的信心……」福音改變人心的能力有四個面向：言語、權能、聖靈、並充足的信心。

　　哥林多後書1章22節指出：「他又用印印了我們、並賜聖靈在我們心裡作憑據。」我們領受聖靈，聖靈就住在我們心裡。

　　我們領受聖靈有甚麼表徵？

　　羅馬書5章5節指出：「……所賜給我們的聖靈，將神的愛澆灌在我們心裡。」聖靈讓我們心裡充滿著神的愛。

　　此外，羅馬書15章13節指出：「但願使人有盼望的神，因信將諸般的喜樂平安充滿你們的心，使你們藉著聖靈的能力大有盼望。」聖靈使我們充滿喜樂平安和盼望。

　　羅馬書15章16節又指出：「……因著聖靈成為聖潔，可蒙悅納」。聖靈使我們成為聖潔。

　　加拉太書5章22-23節指出：「聖靈所結的果子，就是仁愛、喜樂、和平、忍耐、恩慈、良善、信實、溫柔、節制；這樣的事沒有律

法禁止。」聖靈叫我們結出屬靈的果子，更新我們的品格。

使徒保羅在哥林多前書2章10節指出：「只有神藉著聖靈向我們顯明了，因為聖靈參透萬事，就是神深奧的事也參透了。」聖靈向我們顯明神深奧的事。

哥林多前書2章13節指出：「……我們講說這些事，不是用人智慧所指教的言語，乃是用聖靈所指教的言語，將屬靈的話，解釋屬靈的事。」聖靈指教我們言語，解釋屬靈的事。

腓立比書2章1節指出：「所以在基督裡若有甚麼勸勉，愛心有甚麼安慰，聖靈有甚麼交通，心中有甚麼慈悲憐憫，你們就要意念相同，愛心相同，有一樣的心思，有一樣的意念，使我的喜樂可以滿足。」聖靈叫信徒有合一的心。

門徒更新的第四階段是獲授予赦罪的權柄。

對於赦罪的權柄，耶穌對門徒說：「你們赦免誰的罪，誰的罪就赦免了；你們留下誰的罪，誰的罪就留下了。」（約翰福音20:23）這是多麼大的權柄！赦罪不是上帝的主權嗎？軟弱的門徒怎可以有資格行使這宣赦的權柄？

不單我們問這個問題，當文士見耶穌向四個人抬來的癱子宣赦的時候，馬可福音2章7節記載他們議論：「這個人為甚麼這樣說呢？他說僭妄的話了，除了神以外，誰能赦罪呢？」

馬太福音亦記載了耶穌類似的說話，當彼得宣認耶穌是上帝的兒子的時侯，馬太福音16章18-19節記載：「我還告訴你，你是彼得，我要把我的教會建造在這磐石上，陰間的權柄，不能勝過他。我要把天國的鑰匙給你，凡你在地上所捆綁的，在天上也要捆綁，凡你在地上所釋放的，在天上也要釋放。」同樣，在天上釋放的權柄不是屬於上帝的嗎？門徒怎可以僭越上帝的權柄？

幸好，當耶穌教導門徒禱告的時候，祂也解釋了捆綁與釋放的意思。馬太福音18章18-19節記載：「我實在告訴你們，凡你們在地上

所捆綁的，在天上也要捆綁；凡你們在地上所釋放的，在天上也要釋放。我又告訴你們，若是你們中間有兩個人在地上，同心合意的求甚麼事，我在天上的父必為他們成全。」

從這個角度來看，當教會/基督徒同心合意向天父祈求，祂就為我們成全：在地上捆綁的，在天上也要捆綁；在地上釋放的，在天上也要釋放。同理，當我們同心合意向天父祈求，赦免誰的罪，誰的罪就赦免了；留下誰的罪，誰的罪就留下了。

這是天父多麼大的應許！ 基督徒禱告所帶來的力量是多麼大！

第五個階段的門徒生命更新是等候從上頭來的能力。然而，為甚麼耶穌差遣門徒後，卻叫他們等候從上而來的能力，而不是立刻出去工作呢？

在初熟節，門徒從耶穌領受聖靈，生命必須經歷內在的更新。然而，他們仍然沒有傳悔改赦罪的能力，這能力必須從上而來。

上帝按祂所定的節期，就是收割節（即五旬節），聖靈的能力才正式降臨，門徒的內在更新才轉化成為改變世界的動力。

門徒要經歷生命的更新，必須明白耶穌復活的大能，確認耶穌的差遣，領受聖靈的管理，認識信心禱告的赦罪權柄，等候從上而來聖靈的能力。

結果，在五旬節聖靈的能力降臨在門徒身上，「他們就都被聖靈充滿，按著聖靈所賜的口才說起別國的話來。」（使徒行傳2：4）。之後，彼得和十一個使徒站起來高聲傳悔改赦罪之道。使徒行傳2章41-43節記載：「於是領受他話的人就受了洗，那一天門徒約添了三千人，都恆心遵守使徒的教訓，彼此交接、擘餅、祈禱。眾人都懼怕，使徒又行了許多奇事神蹟。」

傳統認為，耶穌向門徒顯現的地方就在馬可樓，即馬可福音作者家族的房屋，或稱為 Cenacle 或 Upper Room，亦是五旬節聖靈降臨的地方。現址在耶路撒冷舊城區內錫安門以南的一座兩層高中世紀建築

物。上述位置自四世紀已有朝聖活動，建築物經過多次重建及拆毀，現址是十字軍時期所建。據十字軍的傳說，大衛王的墓塚就在馬可樓之下，建有墓塚供朝聖活動。十五世紀時，此地曾被用作清真寺。以色列於一九四八年立國後，現址開放作旅遊及朝聖參觀之用。

在苦路遇見耶穌

第 22 章

實證主義的多馬

主耶穌復活及顯現後,約翰福音特別記載了十二門徒中的多馬對耶穌復活的懷疑。約翰福音20章24-29節記載:

「那十二個門徒中,有稱為低土馬的多馬;耶穌來的時候,他沒有和他們同在。那些門徒就對他說:『我們已經看見主了。』多馬卻說:『我非看見他手上的釘痕,用指頭探入那釘痕,又用手探入他的肋旁,我總不信。』過了八日,門徒又在屋裏,多馬也和他們同在,門都關了。耶穌來,站在當中說:『願你們平安!』就對多馬說:『伸過你的指頭來,摸我的手;伸出你的手來,探入我的肋旁。不要疑惑,總要信!』多馬說:『我的主!我的上帝!』耶穌對他說:『你因看見了我才信;那沒有看見就信的有福了。』」

　　對於現代人來說，懷疑一切是求真的精神，親身經驗是確認事實的方法，這點沒有甚麼人會有爭議。多馬亦有獨立思考的精神，並不人云亦云；當其他門徒對他說他們已經看見耶穌時，多馬卻斬釘截鐵地說：「我非看見他手上的釘痕，用指頭探入那釘痕，又用手探入他的肋旁，我總不信。」

　　事實上，做一個獨立思考的人是相當痛苦的。當其他門徒都因耶穌復活而歡樂起來的時候，獨有多馬愁眉不展，仍然被懷疑所困，無法投入門徒的團契裡面。

　　事實上，多馬並非不愛主。約翰福音11章記載耶穌要到猶太地看拉撒路，但門徒勸阻祂，指猶太人要拿石頭打祂。但耶穌回應說：「……這是為你們的緣故，好叫你們相信……。」約翰福音11章16節記載多馬對其他門徒說：「我們也去和祂同死罷！」

　　多馬願意與耶穌同冒被猶太人用石頭打死的風險，反映多馬對耶穌的愛與誠。

　　在最後晚餐，耶穌向門徒表示祂將要回到天父那裡去，約翰福音14章2-4節記載：「……我去原是為你們預備地方去。我若去為你們預備了地方，就必再來接你們到我那裏去，我在哪裏，叫你們也在那裏。 我往哪裏去，你們知道；那條路，你們也知道。」

　　然而，多馬不明白耶穌的意思，他很想跟耶穌去，約翰福音14章5-6節記載多馬對耶穌說：「主啊，我們不知道你往哪裏去，怎麼知道那條路呢？」

　　耶穌就在這個時候向多馬及門徒揭示基督教的重要真理：「我就是道路、真理、生命；若不藉著我，沒有人能到父那裏去。你們若認識我，也就認識我的父。從今以後，你們認識他，並且已經看見他。」（約翰福音14:7）耶穌與天父原為一，耶穌就是認識天父的唯一途徑，別無其他。

然而，到耶穌復活了，多馬反而懷疑起來。多馬愛主嗎？他愛耶穌，願意與祂同死！多馬認識真理嗎？他認識，是耶穌首先向他揭示真理！多馬相信耶穌嗎？他卻懷疑起來。多馬祇能相信他經驗範圍以內的耶穌，他無法相信他經驗以外的耶穌。

當多馬斬釘截鐵的說出懷疑的話時，耶穌並沒有即時否定多馬，等了八天之後，耶穌才再向門徒顯現。耶穌對多馬說：「伸過你的指頭來，摸我的手；伸出你的手來，探入我的肋旁。不要疑惑，總要信！」耶穌並沒有斥責多馬的不信，祂反而順應多馬的想法，邀請多馬用指頭摸祂的手，並探入祂的肋旁。面對復活的救主耶穌，多馬祇能說：「我的主！我的上帝！」

耶穌對多馬說：「你因看見了我才信；那沒有看見就信的有福了。」這亦是耶穌對懷疑者的評價，若事實已經得到驗證，就沒有所謂信心；但耶穌指出，那沒有看見就信的有福了，換言之，沒有信心跳出自己狹小經驗的牢籠，就無法體驗信心跳躍後的福分。祇有承認自己經驗的限制，憑信心向耶穌開放，我們才能經歷耶穌復活的大能。

腓立比書3章9-11節指出：「並且得以在他裡面，不是有自己因律法而得的義，乃是有信基督的義，就是因信神而來的義，使我認識基督，曉得他復活的大能，並且曉得和他一同受苦，效法他的死，或者我也得以從死裡復活。」

當多馬曉得耶穌復活的大能，他就曉得和耶穌一同受苦，效法他的死，最後憑信盼望藉著耶穌從死裡復活。

約翰福音稱多馬為低土馬的多馬（Didymus Thomas），低土馬的意思是雙生子，而多馬這個名字來自亞蘭文Tau'ma，亦是雙生子的意思。

一九四五年，北埃及村莊 Nag Hammadi 出土了一批古卷，其中包括諾斯底主義的偽經「多馬福音」。該古卷稱多馬為低土馬‧猶大‧多馬（Didymus Judas Thomas）。另一古卷「爭論者多馬之書」（Book of

Thomas the Contender），記載耶穌稱多馬為「我的孿生子、我的真正伴侶」，因此有人認為多馬可能是耶穌的孿生兄弟，但這其實沒有事實根據。

偽經「多馬行傳」記述多馬首先到敍利亞及波斯傳福音，後來主在異象中差遣多馬到印度傳道。多馬起初不願意，後來多馬被主耶穌以二十塊銀幣賣給統治現今印度西北、巴基斯坦及南阿富汗的皇帝根達法魯斯王（Gudnaphar）的商人艾伯利（Aabbnes）為奴隸。多馬隨商隊於主後五十二年遠赴印度東南部馬拉巴海岸（Malabar Coast），服侍當地皇帝。多馬醒悟後向皇帝傳福音，叫多人相信耶穌，並接受洗禮。另有說法他曾到印度西岸喀拉拉邦（Kerala）傳道，並建立教會。此外，多馬在印度東岸塔末拉金（Tamilakam）亦建立印度馬蘭加拉（Malankara）教會，當地基督徒稱為 Nasranis，即聖多馬基督徒。

偽經「馬利亞離世」（Passing of Mary）講述馬利亞去世時，聖靈將門徒帶回耶路撒冷為馬利亞送終，唯獨多馬仍在印度。後來多馬終於來到，要到墓穴憑弔，卻看見馬利亞身體被接升天，並遺下馬利亞的腰帶給多馬。東正教有一些畫作記念此故事，基督新教則普遍不接受偽經作品，認為是後人杜撰而已。

在印度教會迦勒底祈禱書記述，多馬曾傳福音至中國，當時約為東漢漢明帝永平年間。後漢書記載漢明帝夜夢發光金人向他顯現（跟啟示錄第一章描述的耶穌顯現情況接近），朝臣向皇帝建議派人到印度邀請高僧講經，兩位高僧由印度騎著白馬而來，皇帝因而在洛陽建造了著名的白馬寺。有天主教研究員認為此歷史記載可能與多馬來華的傳說有關，但事實已難以考究。

此外，該天主教研究員亦認為，江蘇徐州連雲港附近孔望山西面的東漢「摩崖造像」石刻有可能是記述多馬來華傳道的事跡，而非佛像石刻，原因是石刻有各種基督教標記例如十字架等聖號，而石刻人像亦有早期敍利亞基督教的畫像風格。

　　此外，徐州漢畫像石藝術館收藏的東漢時期墓葬陪葬品中，亦有畫像石刻及銅盆出現基督教符號及與聖經故事相似圖案。同樣，這些文物都出現早期近東基督教藝術風格。

　　敍利亞教會及天主教傳統認為多馬於主後七十二年在印度金奈（Chennai）的邁拉麼爾縣（Mylapore）被印度教祭司用長矛刺死殉道。

　　多馬的遺骸於三世紀由商人從印度帶回米所波大米的埃德薩（Edessa）。一二五八年，多馬的遺骸被帶到意大利奧托納市（Ortona）阿布魯佐（Abruzzo）聖多馬教堂安放。

　　對於一個掉進懷疑漩渦的門徒，如何能叫他重拾信心呢？多馬由一個懷疑的門徒，更新成為一個至死不渝的傳道者，全因為他親眼看見復活的耶穌，親耳聽見耶穌的聲音，並親手摸過耶穌的傷痕，親身體驗了耶穌復活的大能。

第 23 章

耶穌升天與差遣

　　在福音書的尾聲，符類福音都講述耶穌完成救贖及復活，在約定的山上（橄欖山）囑咐門徒後，便被接升天，得著當得的敬拜。

　　耶穌升天，應驗了詩篇68篇18節的預言：「你已經升上高天，擄掠仇敵，你在人間、就是在悖逆的人間，受了供獻，叫耶和華神可以與他們同住。」

　　按詩篇110篇1節的預言，耶穌已在天上坐在天父的右邊：「耶和華對我主說：你坐在我的右邊，等我使你仇敵作你的腳凳。」主耶穌已得著權柄，勝過一切仇敵。

　　馬太福音28章16-20節記載耶穌升天的經過如下：「十一個門徒往加利利去，到了耶穌約定的山上。他們見了耶穌就拜他，然而還有人疑惑。耶穌進前來，對他們說：『天上地下所有的權柄都賜給我了。

所以，你們要去，使萬民作我的門徒，奉父、子、聖靈的名給他們施洗。凡我所吩咐你們的，都教訓他們遵守，我就常與你們同在，直到世界的末了。』」

在這段著名的「大使命」經文中，耶穌差遣門徒使萬民作祂的門徒，奉父、子、聖靈的名給他們施洗，教訓他們遵守耶穌的教訓；前題是，天上地下所有的權柄都已賜給耶穌，而耶穌亦會常與門徒同在，直至世界的終結。耶穌升天後並非撇下門徒自己承擔大使命，而是應許常與門徒同在，而祂就是擁有天上地下所有權柄的那一位！這樣，門徒執行大使命有甚麼困難嗎？問題是，門徒是否願意領受這大使命：使萬民作門徒，奉父子聖靈的名施洗，教訓他們遵守耶穌的吩咐。

當代不少信徒對使萬民作門徒反應冷淡，宣教士佔會眾比例極少，信徒被「宗教自由、互相尊重」的意識形態洗腦，失去傳福音的熱忱，沒有行使教會的權柄，福音被看成眾多宗教倫理的一種理論而已。

當代不少信徒對「奉父、子、聖靈的名施洗」的要求亦相當模糊，他們將洗禮看為「加入教會」的儀式，失去「歸入基督的名下，與基督同死同復活」的真義。有人將焦點放在個人如何得救，如何上天堂，以偏蓋全地認為保羅指「口裡承認，心裡相信，就必得救」，就結論受洗祇屬一種公開見證，無關乎得救及上天堂！從耶穌基督給教會的大使命角度，受洗是三大使命之一，是作耶穌門徒的條件，是遵行耶穌吩咐的關鍵！

我們對於教訓門徒遵守耶穌的吩咐亦頗為輕忽。聖經教師祇著重文士式的學術研究，卻沒有推動門徒遵守耶穌的教訓；過分強調聖經寫作時代的文化處境及文字體材，輕抹聖經真理及要求，以遷就現代人本價值觀及倫理觀；尤有甚者，以投票方式決定哪些教訓應該遵守，哪些教訓已經過時！

教會真的要檢討，對照大使命的要求，在哪裡跌倒，就在那裡起來。

馬可福音16章15-20節記載耶穌差遣門徒的內容強調「權能佈道」：

「他又對他們說：『你們往普天下去，傳福音給萬民聽。信而受洗的，必然得救；不信的，必被定罪。信的人必有神蹟隨著他們，就是奉我的名趕鬼；說新方言；手能拿蛇；若喝了甚麼毒物，也必不受害；手按病人，病人就必好了。』主耶穌和他們說完了話，後來被接到天上，坐在上帝的右邊。門徒出去，到處宣傳福音。主和他們同工，用神蹟隨著，證實所傳的道。阿們！」

馬可描述門徒所傳的福音是「信而受洗，必然得救」的福音；另一方面，則是「不信的，必被定罪」的禍音。並且，所傳的福音有神蹟隨著，以證實所傳的道，這些神蹟包括五項：奉耶穌的名趕鬼；說新方言；手能拿蛇；喝毒物不受害；按手治病。耶穌所指的是「信的人必有神蹟隨著他們」，不單是使徒，是信的人！

對於現代信徒，這些神蹟都是匪夷所思的事情，然而在使徒行傳中，使徒都能行神蹟：

1. 奉耶穌的名趕鬼——在腓立比城，有一個使女被巫鬼所附，能用法術叫他的主人們賺大錢。保羅對那鬼說：「我奉耶穌基督的名，吩咐你從他身上出來。」那鬼就出來了。（使徒行傳16:16-18）

2. 按手治病——地中海米利大島島主部百流的父親患熱病和痢疾躺著，保羅進去為他禱告，按手在他身上，治好了他。（使徒行傳28:8）

3. 說新方言——大家都知道，在五旬節聖靈降臨，門徒在馬可樓被聖靈充滿，說方言，開始傳道，建立教會。（使徒行傳2:1-8）保羅在以弗所按手在信徒頭上，聖靈便降在他們身上，他們就說方言，又說預言。（使徒行傳19:6）

4. 手能拿蛇——保羅在地中海米利大島與土人生火的時候被一條毒蛇所咬，土人認為他必要腫起來，或會忽然仆倒死去，那知保羅把那毒蛇甩在火裡，並沒有受傷。（使徒行傳28:3-6）

5. 喝毒物不受害——在新約聖經中，並沒有記載信徒喝毒物不受害的事件。反而在舊約列王紀下4章38-41節記述先知以利沙來到正有饑荒的吉甲，他吩咐僕人給先知門徒熬湯，有人去摘了一兜野瓜熬湯，眾人吃的時候才知道有致死的毒物；以利沙把麵撒在鍋中，給眾人吃，鍋中就沒有毒了。在中世紀一本名為「黃金傳奇」（Golden Legend of Jacobus de Voragine）的著作中，傳說使徒約翰在以弗所傳道，亞底米（Diana）神廟的女祭司拿一杯毒酒挑戰約翰，若他喝下那杯毒酒而不死，她就相信約翰所傳的上帝是真神。約翰接過毒杯禱告祝謝，就有一條雙頭蛇走出來，約翰之後喝下這杯毒酒，未見受害。

對於現代信徒，在理性主義的洗腦下，大都不相信信的人可以行神蹟，並認為初期教會要證明耶穌是神，新約聖經未確立，才有神蹟奇事賜下來證實所傳的道。現在聖經既然確立，就不再需要有神蹟。其實，祇要翻查教會歷史，神蹟並未完全停止，今時今日，在南美、非洲、亞洲，神蹟一直隨著一些宣教士，證明耶穌是神，既使在發達國家，神蹟仍時有所聞。

問題是，今天普通信徒可以行神蹟嗎？馬可福音指：「信的人必有神蹟隨著他們」，那麼，行神蹟不在乎職位或神學訓練，而是在乎「信心」，不是自信，是對上帝、對耶穌的名的相信。

事實上，今天信徒至少行一種神蹟：為食物祝謝求主潔淨！除非我們其實看這些祈禱都祇是表達心意給其他人看，是一種儀式多於真的是向上帝祈禱，而我們又相信上帝對我們的祈禱並不認真看待，那我們便不是在行神蹟。若我們相信上帝對我們的祈禱認真看待，那我們便是在行神蹟。

可能有人認為，基督徒祈禱是求上帝施行神蹟，上帝擁有回應與不回應的主權，並不是信徒自己施行神蹟。事實上，使徒行神蹟亦是一樣，他們禱告上帝，奉耶穌的名行神蹟，不是靠自己的能力去行神蹟。使徒相信耶穌的應許，馬太福音18章18-19節記載：「我實在告訴你們，凡你們在地上所捆綁的，在天上也要捆綁；凡你們在地上所釋

放的,在天上也要釋放。我又告訴你們,若是你們中間有兩個人在地上,同心合意的求甚麼事,我在天上的父必為他們成全。」換言之,信的人才能行神蹟,不信的「信徒」不能行神蹟。

耶穌已向信的人賜下行神蹟的權柄,問題是信徒有沒有信心行使這種權柄。

在馬可福音9章14-29節,記載了門徒趕鬼不成功的事件:

「耶穌到了門徒那裏,看見有許多人圍著他們,又有文士和他們辯論。眾人一見耶穌,都甚希奇,就跑上去問他的安。耶穌問他們說:『你們和他們辯論的是甚麼?』眾人中間有一個人回答說:『夫子,我帶了我的兒子到你這裏來,他被啞巴鬼附著。無論在哪裏,鬼捉弄他,把他摔倒,他就口中流沫,咬牙切齒,身體枯乾。我請過你的門徒把鬼趕出去,他們卻是不能。』耶穌說:『噯!不信的世代啊,我在你們這裏要到幾時呢?我忍耐你們要到幾時呢?把他帶到我這裏來吧。』他們就帶了他來。他一見耶穌,鬼便叫他重重地抽瘋,倒在地上,翻來覆去,口中流沫。耶穌問他父親說:『他得這病有多少日子呢?』回答說:『從小的時候。鬼屢次把他扔在火裏、水裏,要滅他。你若能做甚麼,求你憐憫我們,幫助我們。』耶穌對他說:『你若能信,在信的人,凡事都能。』孩子的父親立時喊著說:『我信!但我信不足,求主幫助。』耶穌看見眾人都跑上來,就斥責那污鬼,說:『你這聾啞的鬼,我吩咐你從他裏頭出來,再不要進去!』那鬼喊叫,使孩子大大地抽了一陣瘋,就出來了。孩子好像死了一般,以致眾人多半說:『他是死了。』但耶穌拉著他的手,扶他起來,他就站起來了。耶穌進了屋子,門徒就暗暗地問他說:『我們為甚麼不能趕出他去呢?』耶穌說:『非用禱告,這一類的鬼總不能出來。』」

當耶穌知道門徒趕鬼不成功,祂第一個反應就是嘆息這個「不信的世代」,換言之,門徒雖然試圖行神蹟趕鬼,其實門徒仍然是不信的。門徒膽粗粗試圖趕鬼,若無信心,其實是不會成功的。

當孩子的父親來求耶穌的時候,耶穌對他說:「你若能信,在信的

人，凡事都能。」這裡，耶穌沒有告訴那父親神的主權的理論，卻將決定性的一步放在人的層面：你若能信。

耶穌知道附著孩子的是甚麼鬼，不是孩子父親說的「啞巴鬼」，而是「聾啞的鬼」，耶穌接著斥責這「聾啞的鬼」，行使權柄吩咐牠離開孩子出來，鬼就被趕出了。

門徒事後分析未能施行神蹟趕鬼的原因，耶穌說：「非用禱告，這一類的鬼總不能出來。」

馬太福音17章20-21節則記載耶穌說：「是因你們的信心小，我實在告訴你們，你們若有信心像一粒芥菜種，就是對這座山說你從這邊挪到那邊，他也必挪去，並且你們沒有一件不能作的事了。至於這一類的鬼，若不禱告禁食，他就不出來。」

綜合來說，信的人有神蹟隨著他們，首要的是不疑惑的信心，以及恆切的禱告和禁食。

對於馬可福音16章9-20節，釋經家有很大爭議。由於有兩份重要古卷都沒有上述一段，祇停在第8節：「他們就出來，從墳墓那裡逃跑，又發抖、又驚奇，甚麼也不告訴人，因為他們害怕。」有人認為馬可福音16章9-20節都是後人加上，因此欠缺正典的權威，認為不能以真理看待。

然而，馬可會以「因為他們害怕」來完結這本福音書嗎？古卷沒有16章9-20節可以有多種合理解釋：古卷傳遞者無法接受9-20節的內容而將之撕毀；古卷在戰亂中損毀，但無礙其他抄本；馬可後加修訂版等等。畢竟，歷代教會都接受馬可福音16章9-20節，不能因為有古卷散失就否定其內容。

路加福音24章50-53節比較深入的記載耶穌升天的情景：「耶穌領他們到伯大尼的對面，就舉手給他們祝福。正祝福的時候，他就離開他們，被帶到天上去了。他們就拜他，大大地歡喜，回耶路撒冷去，常在殿裏稱頌上帝。」

路加在使徒行傳1章3-12節有更詳細的記述:

「他受害之後,用許多的憑據將自己活活地顯給使徒看,四十天之久向他們顯現,講說上帝國的事。耶穌和他們聚集的時候,囑咐他們說:『不要離開耶路撒冷,要等候父所應許的,就是你們聽見我說過的。約翰是用水施洗,但不多幾日,你們要受聖靈的洗。』他們聚集的時候,問耶穌說:『主啊,你復興以色列國就在這時候嗎?』耶穌對他們說:『父憑著自己的權柄所定的時候、日期,不是你們可以知道的。但聖靈降臨在你們身上,你們就必得著能力,並要在耶路撒冷、猶太全地和撒馬利亞,直到地極,作我的見證。』說了這話,他們正看的時候,他就被取上升,有一朵雲彩把他接去,便看不見他了。當他往上去,他們定睛望天的時候,忽然有兩個人身穿白衣,站在旁邊,說:『加利利人哪,你們為甚麼站著望天呢?這離開你們被接升天的耶穌,你們見他怎樣往天上去,他還要怎樣來。』有一座山,名叫橄欖山,離耶路撒冷不遠,約有安息日可走的路程。當下,門徒從那裏回耶路撒冷去。」

綜合來說,耶穌升天的地點是在橄欖山。耶穌囑咐門徒不要離開耶路撒冷,要等候天父所應許的——聖靈的洗。

門徒問耶穌復興以色列國的時間,耶穌說當聖靈降臨時,門徒就必得著能力,他們要在耶路撒冷、猶太全地和撒馬利亞,直到地極,作耶穌的見證。這就是復興以色列國。

耶穌正祝福門徒的時候被一朵雲彩接上天,門徒就拜祂,並歡喜在殿裏稱頌上帝。

路加在這裡強調的主題是「聖靈的洗」,當聖靈降臨在門徒身上,他們就得著能力去為耶穌作見證。

按照以弗所書1章13節:「你們既聽見真理的道,就是那叫你們得救的福音,也信了基督,既然信他,就受了所應許的聖靈為印記。」門徒相信耶穌,不就已經受了所應許的聖靈嗎?為甚麼耶穌還要門徒等候「聖靈的洗」?

「聖靈的洗」可理解為聖靈充滿，讓聖靈全然掌管和更新，並從聖靈得著能力去為主作見證。

為主作見證不是個人行動的選擇嗎？需要聖靈的能力嗎？我們為主作見證真的是靠我們自己的口才、表達技巧和熱忱嗎？若沒有聖靈的能力，我們的見證如何可以叫人「為罪、為義、為審判，自己責備自己」？

正如主耶穌說：「約翰是用水施洗，但不多幾日，你們要受聖靈的洗。」約翰用水施洗是悔改的洗，悔改是個人生命方向的抉擇，但經驗告訴我們，人可以悔改又悔改，但生命卻沒有更新。耶穌叫門徒等候，悔改的洗不等同聖靈的洗。當日期屆滿，耶穌以聖靈施洗，門徒生命便得著本質上的更新。門徒得著能力，為主作見證。

綜合馬太、馬可和路加三卷福音書的論述：耶穌得著天上、地下所有的權柄，差遣門徒執行大使命，傳「信而受洗的必然得救，不信的必被定罪」的信息，又賜下「聖靈的洗」，讓門徒得著能力，為主作見證，並憑著信以神蹟隨著，證實所傳的道。門徒要使萬民作耶穌的門徒，奉父、子、聖靈的名為他們施洗，教訓他們遵守耶穌的吩咐。耶穌要與門徒同在，直至世界的末了。

腓立比書2章6-11節引述的僕人之歌記述：

「他本有上帝的形像，不以自己與上帝同等為強奪的；反倒虛己，取了奴僕的形像，成為人的樣式；既有人的樣子，就自己卑微，存心順服，以至於死，且死在十字架上。所以，上帝將他升為至高，又賜給他那超乎萬名之上的名，叫一切在天上的、地上的、和地底下的，因耶穌的名無不屈膝，無不口稱『耶穌基督為主』，使榮耀歸與父上帝。」

是的，今日耶穌已升為至高，得著超乎萬名之上的名。一切都因耶穌的名，無不屈膝，無不口稱耶穌基督為主，願榮耀頌讚歸與我們的天父上帝！

第 24 章

門徒的苦路

在耶穌復活後，他多次向門徒顯現，激勵他們。約翰福音20章
19-23節記載，在耶穌復活後的晚上顯現站在門徒當中，把手和肋旁
指給他們看，門徒看見耶穌，就喜樂了。耶穌差遣他們說：「願你們
平安，父怎樣差遣了我，我也照樣差遣你們。」之後，耶穌向他們
吹一口氣，並說：「你們受聖靈。」他並且賜下權柄給門徒，說：
「你們赦免誰的罪，誰的罪就赦免了。你們留下誰的罪，誰的罪就留
下了。」對於這一群窩囊的人，耶穌竟然不計前嫌，並將聖靈賜給他
們，又賜予屬天赦罪的權柄。

在耶穌升天前，他再囑咐門徒要等候父所應許的聖靈的洗（使徒
行傳1章3-5節）。耶穌並差遣門徒，當聖靈降臨在他們身上，他們就
得著能力，並要在耶路撒冷、猶太全地和撒瑪利亞，直到地極，作主
的見證。（使徒行傳1章8-9）

　　門徒脫胎換骨的改變記載於使徒行傳2章2-4節，就是在五旬節那天，「忽然從天上有響聲下來，好像一陣大風吹過，充滿了他們所坐的屋子。又有舌頭如火焰顯現出來，分開落在他們各人頭上。他們就都被聖靈充滿，按著聖靈所賜的口才，說起別國的話來。」之後，人羣聚集，彼得大膽起來宣講福音，當下三千人悔改信主。從此，耶穌基督的教會開始建立，福音蓆捲整個世界。

　　門徒一定記得，在最後晚餐的時候，彼得問耶穌說：「主往那裡去？」耶穌回答說：「我所去的地方，你現在不能跟我去，後來卻要跟我去。」（約翰福音13:36）

　　之後，耶穌對門徒說：「世人若恨你們，你們知道，恨你們以先已經恨我了。你們若屬世界，世界必愛屬自己的；只因你們不屬世界，乃是我從世界中揀選了你們，所以世界就恨你們。你們要記念我從前對你們所說的話：『僕人不能大於主人。』他們若逼迫了我，也要逼迫你們；若遵守了我的話，也要遵守你們的話。但他們因我的名要向你們行這一切的事，因為他們不認識那差我來的。」（約翰福音15:18-21）

　　耶穌接著說：「我已將這些事告訴你們，使你們不至於跌倒。人要把你們趕出會堂，並且時候將到，凡殺你們的就以為是事奉上帝。他們這樣行，是因未曾認識父，也未曾認識我。我將這事告訴你們，是叫你們到了時候可以想起我對你們說過了。」（約翰福音 16:1-4）

　　耶穌早已告訴門徒「僕人不能大於主人」，世人恨耶穌，也要恨祂的門徒；他們逼迫了耶穌，也要逼迫祂的門徒。人要把門徒趕出會堂，凡殺害門徒的還以為是事奉上帝。耶穌所去的地方，門徒現在不能去，後來卻要跟耶穌去。耶穌走過的苦路，門徒亦要走上這條苦路。

　　耶穌曾鄭重地對門徒及眾人說：「若有人要跟從我，就當捨己，背起他的十字架來跟從我。因為，凡要救自己生命的，必喪掉生命；凡為我和福音喪掉生命的，必救了生命。」（馬可福音8:34-35）如今，十字架的苦路就擺在門徒面前。

　　當耶穌被賣之後，門徒作鳥獸散，經歷靈性的低潮；當耶穌被
釘十字架，門徒更進入絕望之中。然而，當門徒經歷耶穌的復活的大
能，門徒的生命便不再一樣了，因為他們知道，主要常與他們同在，
直到世界的末了。（馬太福音28:20）

　　門徒應記起耶穌在最後晚餐時保證：「我不撇下你們為孤兒，我必
到你們這裡來。」（約翰福音14:18）主又說：「我要求父，父就另外賜
給你們一位保惠師，叫他永遠與你們同在，就是真理的聖靈，乃世人
不能接受的，因為不見他，也不認識他。你們卻認識他，因他常與你
們同在，也要在你們裡面。」（約翰福音14:16-17）

　　對於門徒將來如何，主耶穌說：「但保惠師，就是父因我的名所
要差來的聖靈，他要將一切的事指教你們，並且要叫你們想起我對你
們所說的一切話。我留下平安給你們，我將我的平安賜給你們。我所
賜的，不像世人所賜的，你們心裡不要憂愁，也不要膽怯。」（約翰福
音14:26-27）

　　主耶穌預告門徒有苦難在他們前面：「我將這些事告訴你們，是
要叫你們在我裡面有平安。在世上你們有苦難，但你們可以放心，我
已經勝了世界。」（約翰福音16:33），但耶穌亦將使命及權柄交予門
徒：「我實實在在地告訴你們，我所做的事，信我的人也要做，並且
要做比這更大的事，因為我往父那裏去，你們奉我的名無論求甚麼，
我必成就，叫父因兒子得榮耀。你們若奉我的名求甚麼，我必成就。」
（約翰福音14:12-14）

　　經歷主耶穌復活的大能，門徒不再憂愁，不再膽怯，他們充滿耶
穌所賜的平安和喜樂，而面對前面的苦難，亦無所懼怕，因為耶穌已
經勝過世界。門徒要作耶穌所作的事，並且要做比這更大的事，因為
耶穌應許，門徒奉耶穌的名無論求甚麼，祂必成就！

　　按使徒行傳的記載，門徒最先在耶路撒冷傳福音，建立教會，約
有七年的時間。

福音傳到撒馬利亞主要由執事腓力開始，使徒行傳8:5-12節記載：

「腓利下撒瑪利亞城去宣講基督。眾人聽見了，又看見腓利所行的神蹟，就同心合意的聽從他的話。……及至他們信了腓利所傳神國的福音和耶穌基督的名，連男帶女就受了洗。」

之後，使徒行傳8章14-17節記載：

「使徒在耶路撒冷見撒馬利亞人領受了上帝的道，就打發彼得、約翰往他們那裏去。兩個人到了，就為他們禱告，要叫他們受聖靈。因為聖靈還沒有降在他們一個人身上，他們只奉主耶穌的名受了洗。於是使徒按手在他們頭上，他們就受了聖靈。」

在撒瑪利亞，信徒奉主耶穌的名受了洗，卻未領受聖靈，使徒彼得和約翰就為他們禱告，叫他們領受聖靈。在撒瑪利亞的信徒由此時開始，亦得到由聖靈而來的能力和權柄，開展天國。

福音傳到外邦人亦由彼得正式開始。使徒行傳10章記載，在凱撒利亞的意大利營百夫長哥尼流，在異象中見到天使叫他派人到約帕（Jaffa）邀請彼得到凱撒利亞傳道。彼得同時亦見到異象：

「……彼得魂遊象外，看見天開了，有一物降下，好像一塊大布，繫著四角，縋在地上，裏面有地上各樣四足的走獸和昆蟲，並天上的飛鳥；又有聲音向他說：『彼得，起來，宰了吃！』彼得卻說：『主啊，這是不可的！凡俗物和不潔淨的物，我從來沒有吃過。』第二次有聲音向他說：『上帝所潔淨的，你不可當作俗物。』這樣一連三次，那物隨即收回天上去了。」（使徒行傳10:10-16）

當彼得來到凱撒利亞百夫長哥尼流的家，他明白上帝給他異象的意思，就對哥尼流說：

「……你們知道猶太人和別國的人親近來往本是不合例的，但神已經指示我，無論甚麼人都不可看作俗而不潔淨的。」（使徒行傳10:28）

彼得向他們講道的時候，使徒行傳10章44-48節記載：

「彼得還說這話的時候，聖靈降在一切聽道的人身上。那些奉割禮、和彼得同來的信徒，見聖靈的恩賜也澆在外邦人身上，就都希奇；因聽見他們說方言，稱讚上帝為大。於是彼得說：「這些人既受了聖靈，與我們一樣，誰能禁止用水給他們施洗呢？」就吩咐奉耶穌基督的名給他們施洗。……」

使徒開始離開耶路撒冷，傳福音直到地極，始於希律王的逼迫。使徒行傳12章3-19節記載，希律王阿基柏把西庇太的兒子雅各殺了，又捉拿彼得，打算在逾越節後處死彼得，以討猶太人喜歡。但上帝差祂的天使帶彼得逃離牢獄：

「他見猶太人喜歡這事，又去捉拿彼得。那時正是除酵的日子。希律拿了彼得，收在監裏，交付四班兵丁看守，每班四個人，意思要在逾越節後把他提出來，當著百姓辦他。於是彼得被囚在監裏；教會卻為他切切地禱告上帝。希律將要提他出來的前一夜，彼得被兩條鐵鍊鎖著，睡在兩個兵丁當中；看守的人也在門外看守。忽然，有主的一個使者站在旁邊，屋裏有光照耀，天使拍彼得的肋旁，拍醒了他，說：『快快起來！』那鐵鍊就從他手上脫落下來。天使對他說：『束上帶子，穿上鞋。』他就那樣做。天使又說：『披上外衣，跟著我來。』彼得就出來跟著他，不知道天使所做是真的，只當見了異象。過了第一層第二層監牢，就來到臨街的鐵門，那門自己開了。他們出來，走過一條街，天使便離開他去了。彼得醒悟過來，說：『我現在真知道主差遣他的使者，救我脫離希律的手和猶太百姓一切所盼望的。』想了一想，就往那稱呼馬可的約翰、他母親馬利亞家去，在那裏有好些人聚集禱告。彼得敲外門，有一個使女，名叫羅大，出來探聽，聽得是彼得的聲音，就歡喜的顧不得開門，跑進去告訴眾人說：『彼得站在門外。』他們說：『你是瘋了！』使女極力地說：『真是他！』他們說：『必是他的天使！』彼得不住地敲門。他們開了門，看見他，就甚驚奇。彼得擺手，不要他們作聲，就告訴他們主怎樣領他出監；又

說：『你們把這事告訴雅各和眾弟兄。』於是出去，往別處去了。到了天亮，兵丁擾亂得很，不知道彼得往哪裏去了。希律找他，找不著，就審問看守的人，吩咐把他們拉去殺了。後來希律離開猶太，下凱撒利亞去，住在那裏。」

自此，彼得離開耶路撒冷，到凱撒利亞去傳道。

使徒行傳一直記載聖靈如何帶領彼得及其他門徒實踐耶穌所交付他們的大使命：

「但聖靈降臨在你們身上，你們就必得著能力，並要在耶路撒冷、猶太全地和撒瑪利亞，直到地極，作我的見證。」（使徒行傳1:8）

大家都知道，耶穌在眾多的跟隨者中選立了十二個使徒，路加福音6章12-16節記載：

「那時，耶穌出去，上山禱告，整夜禱告上帝；到了天亮，叫他的門徒來，就從他們中間挑選十二個人，稱他們為使徒。這十二個人有西門（耶穌又給他起名叫彼得），還有他兄弟安得烈，又有雅各和約翰、腓力和巴多羅買、馬太和多馬、亞勒腓的兒子雅各和奮銳黨的西門、 雅各的兒子猶大和賣主的加略人猶大。」

除了賣主的加略人猶大，其餘十二個使徒都毋忘初衷，按主耶穌所交付的大使命走完他們自己的十架路。

最初，彼得和約翰到了敘利亞的安提阿傳福音，約翰的兄弟雅各到歐洲最西部的西班牙，彼得的兄弟安德烈和腓力到愛奧尼亞海岸希臘地區，巴多羅買（即約翰福音3章所記的拿但業）和多馬到亞述、波斯及至印度，馬太到埃及和埃塞俄比亞，奮銳黨的西門到埃及、利比亞和不列顛，亞勒腓的兒子雅各在巴勒斯坦和埃及傳道，達太則到達敘利亞、波斯等地。使徒行傳1章所述，使徒選出馬提亞代替加略人猶大，馬提亞其後在猶大地及現時格魯吉亞傳道。綜合而言，在第一世紀，福音已到達已知的地極！

門徒西庇太的兒子雅各（James, son of Zebedee）

在耶穌眾多的門徒之中，西庇太的兒子雅各（使徒約翰的兄弟）應該是第一位走完他的十字架路的門徒。西庇太的兒子雅各一般稱為大雅各（James the Greater），以分別於另一位使徒亞勒腓的兒子雅各，即小雅各（James the Less）與及耶穌的兄弟義者雅各（James the Just）。雅各及約翰的母親是撒羅米（Salome），傳統認為撒羅米就是耶穌母親馬利亞的姊妹，換言之，雅各和約翰是耶穌的表弟。

馬太福音4章21-22節記載耶穌呼召雅各和約翰做門徒的經過：「從那裡往前走，又看見弟兄二人，就是西庇太的兒子雅各和他兄弟約翰，同他們的父親西庇太在船上補網，耶穌就招呼他們。他們立刻捨了船，別了父親，跟從了耶穌。」

馬可福音10章35-40節記載：「西庇太的兒子雅各、約翰進前來，對耶穌說：『夫子，我們無論求你甚麼，願你給我們做。』耶穌說：『要我給你們做甚麼？』他們說：『賜我們在你的榮耀裏，一個坐在你右邊，一個坐在你左邊。』耶穌說：『你們不知道所求的是甚麼。我所喝的杯，你們能喝嗎？我所受的洗，你們能受嗎？』他們說：『我們能。』耶穌說：『我所喝的杯，你們也要喝；我所受的洗，你們也要受；只是坐在我的左右，不是我可以賜的，乃是為誰預備的，就賜給誰。』」

事實上，雅各最終喝下他的杯，慷慨殉道。

使徒行傳12章1-2節記載：

「那時，希律王下手苦害教會中幾個人，用刀殺了約翰的哥哥雅各。」

當時，希律王阿基柏（Agrippa I）為了討好猶太人，以鞏固自己的政權，命人殘害教會，並以劍將西庇太的兒子雅各斬首，時為主後四十四年。據優西比烏的《教會史》所記，雅各在審判時作見證，押解他的人受感動宣認相信耶穌，一同被判死刑。在往刑場的路上，他

要求雅各寬恕他的罪，雅各回答：「平安歸你。」之後，雙雙被斬首殉
道。

據西班牙教會傳統，雅各在西班牙傳教七年，建立教會，之後回
到耶路撒冷後遇害。傳說雅各的遺骸被移送至西班牙西北部　Iria Fla-
via，之後轉移安置在西班牙北部加利西亞（Galicia）首府聖地牙哥康
波斯特拉（Santiago de Compostela）。相傳八一三年，當地人發現雅各之
墓，並在其上建立了聖地牙哥康波斯特拉主教座堂（Cathedral of Santia-
go de Compostela）。此地現成為歐洲人重要的朝聖地。聖地牙哥就是西
班牙語聖雅各（St. James）的意思。

西庇太的兒子約翰

雅各的兄弟約翰是十二門徒中唯一沒有殉道的門徒，但他的十字
架路亦不易走，他一直照顧耶穌的母親馬利亞至她離世，之後到小亞
細亞傳道，後在以弗所牧養教會。當羅馬皇帝豆米仙當政的時候，約
翰被捉拿予以烹刑，即置於一鍋滾油裡烹，但奇蹟不死，後被送到拔
摩島的石礦場任苦工。在那裡，約翰見到末世異象，寫成「啟示錄」。
皇帝豆米仙死後，約翰獲釋放回以弗所，在晚年寫成「約翰壹、貳及
叁書」，約翰死時約為主後九十八年。

安得烈

另一對初期跟隨耶穌的兄弟是彼得與安得烈，是加利利湖邊伯賽
大（Bethsaida）人。最初安得烈是施洗約翰的門徒，但後來轉而跟隨耶
穌，約翰福音1章35-42節記載：

「再次日，約翰同兩個門徒站在那裏。他見耶穌行走，就說：
『看哪，這是上帝的羔羊！』兩個門徒聽見他的話，就跟從了耶穌。
耶穌轉過身來，看見他們跟著，就問他們說：『你們要甚麼？』他們
說：『拉比，在哪裏住？』耶穌說：『你們來看。』他們就去看他在
哪裏住，這一天便與他同住；那時約有申正了。聽見約翰的話跟從耶

穌的那兩個人，一個是西門彼得的兄弟安得烈。他先找著自己的哥哥西門，對他說：『我們遇見彌賽亞了。』於是領他去見耶穌。耶穌看著他，說：『你是約翰的兒子西門，你要稱為磯法。』」

由認識耶穌到成為門徒經歷一個過程。馬太福音4章18-20節記載耶穌呼召彼得與安得烈的情景：「耶穌在加利利海邊行走，看見弟兄二人，就是那稱呼彼得的西門和他兄弟安得烈在海裡撒網。他們本是打魚的。耶穌對他們說：來跟從我，我要叫你們得人如得魚一樣。他們就立刻捨了網，跟從了他。」

安得烈果然是一個「得人如魚」的傳道者，聖經記載安得烈把帶有五餅二魚的小童引見耶穌，之後，耶穌施行大神蹟，用小童的五餅二魚餵飽五千人（約翰福音6:8-13）。此外，當耶穌叫拉撒路復活，騎驢駒進入耶路撒冷，受民眾歡呼時，腓力和安得烈將希臘人引見給耶穌。（約翰福音12:20-22）。

當耶穌升天後，安得烈四處傳道。按優西比烏的《教會史》，安得烈到黑海北部塞西亞（Scythia）地區傳道，直至烏克蘭基輔（Kiev）及俄羅斯高爾基（Novgorod）等地。因此，俄羅斯東正教自稱為使徒教會（Apostolic Church），承接使徒安得烈建立的教會傳統，並封安得烈為俄羅斯、烏克蘭及羅馬尼亞的「守護聖人」。安得烈亦在現今土耳其伊斯坦堡（Istanbul），即舊君士坦丁堡（Constantinople）建立教會，成為普世座堂（Ecumenical Patriarch）。此外，亦有文獻記載安得烈曾到中歐巴爾幹半島東南部色雷斯（Thrace），即現今土耳其、保加利亞及希臘北部地區。最後，安得烈到達希臘西北部亞該亞（Achaea）當地城市佩特雷（Patras）殉道。

相傳當地羅馬巡撫迫害基督徒，安得烈為救信徒，主動赴難。羅馬巡撫下令將安得烈釘十字架，但他要求以「X」型釘他十字架，因為他不配與主耶穌釘一樣的十字架。自此，「X」型被稱為 "saltire" 或聖安得烈十字架，安得烈殉道時約為主後六十年。

關於安得烈的遺骸亦具傳奇性。最初安得烈的遺骸被置於佩特雷，後一位修士聖雷古拉斯（St. Regulus）夢見天使叫他把安得烈的部分遺骸收藏，其後羅馬皇帝於主後三五七年要求把安得烈的遺骸包括頭骨，移往君士坦丁堡。及後，雷古拉斯又夢見天使叫他把安得烈的遺骸移至世界的盡頭，當所坐的船觸礁後，就在那裡建造教堂，把安得烈的遺骸葬在那裡。結果，雷古拉斯的船到達蘇格蘭愛丁堡東北部的海岸法夫（Fife），並在那裡建立教堂。現時，在法夫海岸地區名為聖安得烈（St. Andrews），有十二世紀建築的天主教聖安得烈大教堂（St. Andrew's Cathedral）的遺址。當地於一四一三年建立了全蘇格蘭第一所大學，名為聖安得烈大學（University of St. Andrews）。

相傳九世紀蘇格蘭王溫古斯二世（Óengus II）領軍與盎格魯人戰爭，之前一晚夢見安得烈為他祝福，翌日上戰場時，又見到天上有藍天白雲，而白雲呈現聖安得烈十字架形狀。結果，蘇格蘭大獲全勝，而蘇格蘭王宣布聖安得烈為蘇格蘭的「守護聖人」。十三世紀開始，聖安得烈十字架被用作蘇格蘭國旗。十六世紀，英格蘭與蘇格蘭合併成為聯合王國（United Kingdom），英國的「米」字國旗中的「X」符號就是代表蘇格蘭的聖安得烈十字架，而國旗中的「十」符號就是代表英格蘭的聖佐治十字架（St. George's Cross）。聖佐治是羅馬帝國皇帝戴克里先（Diocletian）的近身侍衛，因公開宣認基督徒的身分而被皇帝於主後三零三年下令處死。由於他的見證感人，皇后亞歷山卓（Alexandra）及一名異教祭司決定與聖佐治一同殉道。後期，聖佐治被軍人奉為「守護聖人」，「聖佐治十字架」符號在十字軍東征時廣泛應用。

回說安得烈的遺骸，十三世紀君士坦丁堡失陷，安得烈的遺骸被移至意大利的阿馬爾菲（Amalfi）海岸，並建立阿馬爾菲聖安得烈大教堂（Amalfi Cathedral）。十五世紀，拜占庭帝國末代皇帝將安得烈的頭骨贈予羅馬教皇，並置於聖彼得大教堂內。到二十世紀，安得烈的頭骨被教皇送回希臘北部佩特雷大教堂。

西門彼得

西門彼得是安得烈的兄弟，是加利利湖邊伯賽大（Bethsaida）人。約翰福音1章42節記載安得烈把彼得介紹給耶穌，耶穌看著彼得，對他說：「你是約翰的兒子西門，你要稱為磯法（磯法翻出來就是彼得）。」彼得這個名字是耶穌替他改的，他原名是西門，是約翰（John）或約拿（Jonas）的兒子。

彼得是首先宣認耶穌是基督的門徒。馬太福音16章13-19節記載：

「耶穌到了凱撒利亞腓立比的境內，就問門徒說：『人說我人子是誰？』他們說：『有人說是施洗的約翰，有人說是以利亞，又有人說是耶利米或是先知裏的一位。』耶穌說：『你們說我是誰？』西門彼得回答說：『你是基督，是永生上帝的兒子。』耶穌對他說：『西門巴約拿，你是有福的！因為這不是屬血肉的指示你的，乃是我在天上的父指示的。我還告訴你，你是彼得，我要把我的教會建造在這磐石上；陰間的權柄不能勝過他。我要把天國的鑰匙給你，凡你在地上所捆綁的，在天上也要捆綁；凡你在地上所釋放的，在天上也要釋放。』」

當耶穌升天，聖靈降臨後，彼得與眾門徒在耶路撒冷傳道，建立教會，並成為教會主要領袖及發言人，約有七年的時間。其後希律王把西庇太的兒子雅各殺了，又捉拿彼得，打算在逾越節後處死彼得，以討猶太人喜歡。但上帝差祂的天使帶彼得逃離牢獄。自此，彼得開始了他的傳道旅程。

彼得終身四處傳道，足跡遍及安提阿、加拉太、哥林多、小亞細亞、以至羅馬，為教會長老。

當羅馬暴君尼錄當政的時候，他為了得到空地建做他的御花園，放火焚燒羅馬城。及後，他怪罪基督徒，四處追捕及處死他們。彼得夫婦當時在羅馬，亦遭到捉拿，被判以死刑。

優西比烏的《教會史》第三卷引述教父革利免的記述，當彼得的妻子被押解處決時，彼得對妻子喊叫道：「毋忘我主！」反映彼得對耶穌至死忠心的信念。

而教父俄利根（Origen）則記述，當彼得自己被押上刑場並判以釘十字架時，彼得認為自己不配與耶穌同釘一樣的十字架，要求倒釘十字架，最後壯烈殉道。彼得殉道時為主後六十四年。

現時，彼得的遺骸收藏在羅馬聖彼得大教堂。天主教以倒十字架為彼得的標誌，聖公會則以鑰匙與牧杖為彼得的標誌。

腓力（Philip）

使徒腓力亦是加利利湖邊伯賽大（Bethsaida）人，是彼得和安得烈的同鄉。

約翰福音1章43-44節記載，當安得烈將彼得介紹給耶穌後：

「又次日，耶穌想要往加利利去，遇見腓力，就對他說：『來跟從我罷。』這腓力是伯賽大人，和安得烈、彼得同城。」

約翰福音6章5-7節記載耶穌在施行五餅二魚餵飽五千人的神蹟前，曾考驗腓力：

「耶穌舉目看見許多人來，就對腓力說：『我們從哪裏買餅叫這些人吃呢？』（他說這話是要試驗腓力；他自己原知道要怎樣行。）腓力回答說：『就是二十兩銀子的餅，叫他們各人吃一點也是不夠的。』」

明顯地，腓力的考驗失敗了，完全從眼前的問題去思考，沒有將答案放在耶穌身上。反而他的同鄉安得烈將帶著五餅二魚的小孩引見耶穌。安得烈亦是無計可施，但他把帶著五餅二魚的小孩帶到耶穌面前，看耶穌可以怎樣作。

在另一事上，我們看到腓力與耶穌的關係有點距離。約翰福音12章21節記載有希臘人要求見耶穌：

「他們來見加利利伯賽大的腓力，求他說：先生，我們願意見耶穌。 腓力去告訴安得烈，安得烈同腓力去告訴耶穌。」

腓力沒有直接告訴耶穌，反而先找安得烈，然後一同去告訴耶穌，反映腓力有點怕直接面對耶穌，可能出於尊重，也可能出於懼怕；在腓力的感覺裡，他與耶穌之間的關係似主僕的關係多於朋友的關係。

在最後晚餐時，耶穌指出聖父與聖子關係的重要真理，約翰福音14章6-9節記載：

「耶穌說：『我就是道路、真理、生命；若不藉著我，沒有人能到父那裏去。你們若認識我，也就認識我的父。從今以後，你們認識他，並且已經看見他。』」

然而，腓力不明白：

腓力對他說：「求主將父顯給我們看，我們就知足了。」耶穌對他說：「腓力，我與你們同在這樣長久，你還不認識我嗎？人看見了我，就是看見了父；你怎麼說『將父顯給我們看』呢？」

對腓力來說，耶穌反問：「你還不認識我嗎？」對他確是極大的打擊，因為他跟隨耶穌三年，卻仍然不認識耶穌！就是父與子原為一的真理。然而，亦有幸透過腓力的提問，耶穌宣告這個奧秘。

耶穌升天後，腓力在敘利亞、小亞細亞（今土耳其一帶）及希臘傳道。

以弗所教會教父坡旅甲（Polycrates）的書信指腓力有三個女兒。傳統認為腓力死於小亞細亞城市希拉波里斯（Hierapolis）。當地拜大蛇為神，腓力成功叫當地人悔改，拆毀偶像，後卻被異教祭司捉拿下監，最後被釘死。

四世紀有偽經「腓力行傳」（The Acts of Philip）記載腓力與他的姊妹瑪利暗（Mariamne）及巴多羅買在小亞細亞城市希拉波里斯

（Hierapolis）傳道，神蹟醫好地方總督的妻子，並叫她信耶穌。總督大怒，最後把他們倒釘十架。腓力在十架上繼續傳福音，游說了總督釋放瑪利暗及巴多羅買，自己則留下殉道。另外有傳說指腓力被斬首殉道。

腓力在希拉波里斯殉道時約為主後五十二年。腓力遺骸最初移至康士坦丁堡，後移至羅馬十二使徒大教堂（The church of the Dodici Apostoli）安放。

巴多羅買（Bartholomew）或稱為拿但業（Nathanael）

使徒巴多羅買或稱為拿但業，是加利利的迦拿人。巴多羅買是亞蘭文名字，意思是皺紋之子或農耕之子，拿但業可能是他的正名。

約翰福音1章45-51節記載，是腓力將巴多羅買或拿但業介紹給耶穌：

腓力找著拿但業，對他說：「摩西在律法上所寫的和眾先知所記的那一位，我們遇見了，就是約瑟的兒子拿撒勒人耶穌。」拿但業對他說：「拿撒勒還能出甚麼好的嗎？」腓力說：「你來看！」耶穌看見拿但業來，就指著他說：「看哪，這是個真以色列人，他心裏是沒有詭詐的。」拿但業對耶穌說：「你從哪裏知道我呢？」耶穌回答說：「腓力還沒有招呼你，你在無花果樹底下，我就看見你了。」拿但業說：「拉比，你是上帝的兒子，你是以色列的王！」耶穌對他說：「因為我說『在無花果樹底下看見你』，你就信嗎？你將要看見比這更大的事」；又說：「我實實在在地告訴你們，你們將要看見天開了，上帝的使者上去下來在人子身上。」

巴多羅買可說是首先稱耶穌是神的兒子和以色列的王的門徒。

巴多羅買的傳道地區包括土耳其與伊朗接壤的亞美尼亞（Armenia）、亞述（Assyria）、伊朗、伊拉克及印度等地，亦有傳到過

埃及、埃塞俄比亞、亞拉伯等地。據傳統指，巴多羅買在黑海附近亞美尼亞的德爾本特城（Derbent）殉道，被凌遲（剝皮）後斬首。殉道時約為主後一百年。

亞美尼亞後來成為第一個以基督教為國教的國家，甚至在耶路撒冷亦設有亞美尼亞區。

多馬（Thomas）

約翰福音稱多馬為低土馬的多馬（Didymus Thomas），意思是雙生子的意思。多馬亦被稱為多疑的門徒，當其他門徒對他說他們已經看見復活的耶穌時，多馬卻說：「我非看見他手上的釘痕，用指頭探入那釘痕，又用手探入他的肋旁，我總不信。」最後，耶穌向他顯現，消除多馬的疑惑。

多馬先到敍利亞及波斯傳福音，後來到印度傳道。印度教會的傳說指多馬曾到中國傳道。敍利亞教會及天主教傳統指多馬於主後七十二年在印度金奈（Chennai）的邁拉麼爾縣（Mylapore）被印度教祭司用長矛刺死殉道。

馬太（Matthew）

教會傳統認為，使徒馬太就是馬太福音的作者。馬太是一個稅吏，在馬太福音9章9-13節，馬太記載了自己被耶穌呼召的經過：

「‧耶穌從那裏往前走，看見一個人名叫馬太，坐在稅關上，就對他說：『你跟從我來。』他就起來跟從了耶穌。」

對於收入豐厚的稅吏來說，馬太回應耶穌的呼召可謂代價沉重。可是，馬太記述自己的回應十分簡單：「他就起來跟從了耶穌。」沒有交待任何的業務，直接的站起來，跟耶穌過一無所有的生活。

在馬可福音2章14節，馬太稱為亞勒腓的兒子利未（the son of Alpheus）：

「耶穌經過的時候，看見亞勒腓的兒子利未坐在稅關上，就對他說：『你跟從我來。』他就起來，跟從了耶穌。」

同樣利未的稱呼出現在路加福音5章27節。有解經家認為，馬太可能是另一門徒亞勒腓的兒子雅各的兄弟。

馬太福音9章9-13節記述，他邀請耶穌到他的家中坐席，被法利賽人非議，但耶穌肯定他：

耶穌在屋裏坐席的時候，有好些稅吏和罪人來，與耶穌和他的門徒一同坐席。法利賽人看見，就對耶穌的門徒說：「你們的先生為甚麼和稅吏並罪人一同吃飯呢？」耶穌聽見，就說：「康健的人用不著醫生，有病的人才用得著。經上說：『我喜愛憐恤，不喜愛祭祀。』這句話的意思，你們且去揣摩。我來本不是召義人，乃是召罪人。」

對於耶穌常與罪人一起，有現代神學家認為這表示耶穌愛這些被社會厭惡的人，接納他們，肯定他們的作為，因此教會都應一樣為他們爭取社會地位及權益。按照福音書，耶穌的確愛這些被社會厭惡的罪人，不過，耶穌是有目的的。路加福音5章31-32節記述：

「耶穌對他們說：無病的人用不著醫生，有病的人才用得著。我來本不是召義人悔改，乃是召罪人悔改。」

馬太引述耶穌的說話，間接謙卑承認自己罪人的身分，他願意悔改，並得到耶穌的呼召。

是甚麼叫一個精於計算，不顧旁人看法，祇著眼不義之財的貪婪稅吏放下一切跟隨耶穌呢？相信是因為馬太見到耶穌對他的罪惡從不計算，不理社會的眼光，祇關注這位窮得祇剩下錢的罪人。當耶穌對馬太說：「你跟從我來」，馬太在他周圍所建立物質的安全城堡就完全的崩潰，他祇有跟從耶穌，才找到人生的意義。

耶穌交付大使命後，馬太主要在猶太人間傳道，馬太福音的對象亦為猶太人。後來，馬太到了埃及、埃塞俄比亞傳道。

教會傳統認為馬太在埃塞俄比亞殉道，被異教徒用刀殺死，殉道時約為主後六十年。亦有傳統指馬太於土耳其希拉波里斯殉道。馬太的遺骸現置於南意大利薩萊諾大教堂（Salerno Cathedral）。

亞勒腓的兒子雅各（James, son of Alphaeus）

亞勒腓的兒子雅各被稱為小雅各，以分別西庇太的兒子雅各，稱為大雅各。有解經家認為亞勒腓的兒子利未（即馬太）可能是他的兄弟。

馬可福音15章40節記載耶穌釘十字架時，小雅各的母親馬利亞就在那裡：「還有些婦女遠遠的觀看，內中有抹大拉的馬利亞，又有小雅各和約西的母親馬利亞，並有撒羅米。」因此有人認為，小雅各是耶穌母親馬利亞的外甥，亦即表弟。此外，亦有人認為此小雅各是指耶穌同父異母的兄弟義者雅各（James the Just），不是亞勒腓的兒子雅各。

教會傳統指亞勒腓的兒子雅各最先在巴勒斯坦傳道，後往下埃及並在那裡被釘十字架殉道，約為主後六十二年。

奮銳黨的西門（Simon the Zealot）

奮銳黨（Zealot）的西門又稱為迦南人西門（Simon the Canaanite），是猶太革命黨人。

大家記得使徒行傳5章34-39節記載當猶太公會審判彼得和約翰，想要殺死他們，使徒保羅的老師迦瑪列為他們辯護：

「但有一個法利賽人，名叫迦瑪列，是眾百姓所敬重的教法師，在公會中站起來，吩咐人把使徒暫且帶到外面去，就對眾人說：『以色列人哪，論到這些人，你們應當小心怎樣辦理。從前杜達起來，自誇

為大，附從他的人約有四百，他被殺後，附從他的全都散了，歸於無有。此後，報名上冊的時候，又有加利利的猶大起來，引誘些百姓跟從他；他也滅亡，附從他的人也都四散了。現在，我勸你們不要管這些人，任憑他們吧！他們所謀的、所行的，若是出於人，必要敗壞；若是出於上帝，你們就不能敗壞他們，恐怕你們倒是攻擊上帝了。』」

這位迦瑪列所述的加利利人猶大（Judas the Galilean），就是主後六年在加利利創立奮銳黨，並組織起義，後被羅馬所殺。加利利人猶大的父親希西家（Hezekiah）在主前四十六年起義，被大希律處死。

加利利人猶大的兒子雅各（James）及西門（Simon）則在主後四十六至四十八年起義而遭羅馬釘十字架處死。

奮銳黨推崇的信仰是以上帝為猶太人唯一的王，主張廢除異教，掙開羅馬的枷鎖，與外邦人分別為聖，反對納稅給羅馬。對於當權派，奮銳黨就是恐怖份子，以武力試圖推翻羅馬統治。

耶穌呼召奮銳黨的西門，並沒有叫他武力推翻羅馬統治。耶穌給奮銳黨的西門的衝擊是，猶太人的王為愛世人的緣故甘心成為沉默的羔羊，交在羅馬巡撫彼拉多的手上，被釘十字架而死；卻藉由死裡復活，成就上帝救贖的計劃。耶穌基督為世人重奪自由的方法是「以愛易暴」，犧牲自己的自由為換取世人的生命。

奮銳黨的西門沒有參與後期幾次的起義，他先後到埃及和利比亞等地傳道，亦有傳他曾到不列顛。最後在波斯與使徒達太一同被釘十字架殉道。

達太（Thaddaeus）

馬太及馬可福音稱為使徒達太，但路加福音6章16節稱他為雅各的兒子（或兄弟）猶大（Jude of James）。有人認為他就是耶穌的兄弟猶大，猶大書作者，但無法確定。

據教會傳說，達太與巴多羅買最先到亞美尼亞傳道，後達太轉到敘利亞及波斯，最後與奮銳黨西門在波斯一同被釘十字架殉道。

另一傳說是達太與奮銳黨西門於主後六十五年在敘利亞的貝魯特（Beirut）殉道，傳說達太是被斧頭所殺，因此成為了他的標誌。

他的遺骸最初存於貝魯特，後移存於羅馬聖彼得大教堂。

馬提亞（Matthias）

加略人猶大（Judas Iscariot）出賣耶穌，後出去自殺，他的職分由馬提亞承接（使徒行傳1:15-26）。教會傳說他曾在猶大地區及土耳其黑海附近傳道，後在埃塞俄比亞殉道。

對於加略人猶大，有現代解經家猜測加略人（Iscariot）的意思可能是Sicarii，即小刀會的意思，即當時一個暴力革命團體，該組織曾刺殺當時大祭司約拿單，在主後七十年耶路撒冷被毀後，死守馬撒大（Masada）而殉難。

解經家猜測，猶大最初跟隨耶穌，以為耶穌就是解放以色列的彌賽亞。其後，當他發覺耶穌的使命並非如自己期望對抗羅馬時，心裡由失望變為忌恨，認為耶穌是假彌賽亞，最終背叛耶穌，把祂出賣給猶太祭司長及長老。到他心生悔疚時，已為時太晚。他沒有選擇悔改尋求耶穌饒恕，卻選擇了結束自己的生命。

在苦路遇見耶穌

第 25 章

哀哉！耶路撒冷

當耶穌上十字架之前一周，他帶著門徒上到耶路撒冷傳道。門徒都驚歎耶路撒冷的聖殿的宏偉壯觀。馬可福音13章1-2節記載：

耶穌從殿裏出來的時候，有一個門徒對他說：「夫子，請看，這是何等的石頭！何等的殿宇！」耶穌對他說：「你看見這大殿宇嗎？將來在這裏沒有一塊石頭留在石頭上，不被拆毀了。」

路加福音21章5-6節則記載：

有人談論聖殿是用美石和供物妝飾的；耶穌就說：「論到你們所看見的這一切，將來日子到了，在這裏沒有一塊石頭留在石頭上，不被拆毀了。」

事實上，耶穌曾為耶路撒冷哀哭，路加福音13章34-35節記載耶穌說：

「耶路撒冷啊！耶路撒冷啊！你常殺害先知，又用石頭打死那奉差遣到你這裏來的人。我多次願意聚集你的兒女，好像母雞把小雞聚集在翅膀底下；只是你們不願意。看哪，你們的家成為荒場留給你們。我告訴你們，從今以後你們不得再見我，直等到你們說：『奉主名來的是應當稱頌的。』」

路加福音21章7節記載門徒追問耶穌：

他們問他說：「夫子！甚麼時候有這事呢？這事將到的時候有甚麼預兆呢？」

上述問題似乎是問聖殿被毀的時間。

然而，馬太福音24章3節記載：

耶穌在橄欖山上坐著，門徒暗暗地來說：「請告訴我們，甚麼時候有這些事？你降臨和世界的末了有甚麼預兆呢？」

這裡記載門徒其實是問兩個問題，第一是甚麼時候聖殿被毀；第二是耶穌降臨和世界末日有甚麼預兆。在這一章，我們集中看聖殿被毀的預言。

路加福音21章8-24節記載耶穌的回答：

耶穌說：「你們要謹慎，不要受迷惑；因為將來有好些人冒我的名來，說：『我是基督』，又說：『時候近了』，你們不要跟從他們！你們聽見打仗和擾亂的事，不要驚惶；因為這些事必須先有，只是末期不能立時就到。」當時，耶穌對他們說：「民要攻打民，國要攻打國；地要大大震動，多處必有饑荒、瘟疫，又有可怕的異象和大神蹟從天上顯現。但這一切的事以先，人要下手拿住你們，逼迫你們，把你們交給會堂，並且收在監裏，又為我的名拉你們到君王諸侯面前。但這些事終必為你們的見證。所以，你們當立定心意，不要預先思想怎樣

分訴；因為我必賜你們口才、智慧，是你們一切敵人所敵不住、駁不倒的。連你們的父母、弟兄、親族、朋友也要把你們交官；你們也有被他們害死的。你們要為我的名被眾人恨惡，然而，你們連一根頭髮也必不損壞。你們常存忍耐，就必保全靈魂。」「你們看見耶路撒冷被兵圍困，就可知道它成荒場的日子近了。那時，在猶太的應當逃到山上；在城裏的應當出來；在鄉下的不要進城；因為這是報應的日子，使經上所寫的都得應驗。當那些日子，懷孕的和奶孩子的有禍了！因為將有大災難降在這地方，也有震怒臨到這百姓。他們要倒在刀下，又被擄到各國去。耶路撒冷要被外邦人踐踏，直到外邦人的日期滿了。」

另外，我們可以參考馬太福音24章4-26節記載：

耶穌回答說：「你們要謹慎，免得有人迷惑你們。因為將來有好些人冒我的名來，說：『我是基督』，並且要迷惑許多人。你們也要聽見打仗和打仗的風聲，總不要驚慌；因為這些事是必須有的，只是末期還沒有到。民要攻打民，國要攻打國；多處必有饑荒、地震。這都是災難的起頭。那時，人要把你們陷在患難裏，也要殺害你們；你們又要為我的名被萬民恨惡。那時，必有許多人跌倒，也要彼此陷害，彼此恨惡；且有好些假先知起來，迷惑多人。只因不法的事增多，許多人的愛心才漸漸冷淡了。惟有忍耐到底的，必然得救。這天國的福音要傳遍天下，對萬民作見證，然後末期才來到。」「你們看見先知但以理所說的『那行毀壞可憎的』站在聖地（讀這經的人須要會意）。那時，在猶太的，應當逃到山上；在房上的，不要下來拿家裏的東西；在田裏的，也不要回去取衣裳。當那些日子，懷孕的和奶孩子的有禍了。你們應當祈求，叫你們逃走的時候，不遇見冬天或是安息日。因為那時必有大災難，從世界的起頭直到如今，沒有這樣的災難，後來也必沒有。若不減少那日子，凡有血氣的總沒有一個得救的；只是為選民，那日子必減少了。那時，若有人對你們說：『基督在這裏』，或說：『基督在那裏』，你們不要信！因為假基督、假先知將要起來，顯大神蹟、大奇事，倘若能行，連選民也就迷惑了。看哪，我預先告

訴你們了。若有人對你們說：『看哪，基督在曠野裏』，你們不要出去！或說：『看哪，基督在內屋中』，你們不要信！」

另外，馬可福音13章亦記載耶穌相同的預言，在此不表。

綜合這裡兩段記載，耶穌預言聖殿被毀的預言分三個階段：

第一階段：聖殿被毀前

1. 假基督、假先知起來，預言時候近了，顯大神蹟、大奇事，迷惑多人；

2. 門徒被逼迫、恨惡、下監、控訴、陷害、出賣、害死；

3. 不法的事增多，許多人的愛心漸漸冷淡；

4. 打仗和擾亂的事，民要攻打民，國要攻打國；

5. 地震、饑荒、瘟疫；

6. 天上有可怕的異象和大神蹟；

7. 福音要傳遍天下。

第二階段：聖殿被毀

1. 耶路撒冷被兵圍困；

2. 先知但以理所說的『那行毀壞可憎的』站在聖地；

3. 大災難和震怒臨到，耶路撒冷人要倒在刀下。

第三階段：聖殿被毀後

1. 猶太人要被擄到各國去；

2. 耶路撒冷被外邦人踐踏，直到外邦人的日期滿了。

對於假先知，耶穌早已警告門徒，馬太福音7章15-23節記載：

「你們要防備假先知。他們到你們這裏來，外面披著羊皮，裏面卻是殘暴的狼。憑著他們的果子，就可以認出他們來。荊棘上豈能

摘葡萄呢？蒺藜裏豈能摘無花果呢？這樣，凡好樹都結好果子，唯獨壞樹結壞果子。好樹不能結壞果子；壞樹不能結好果子。凡不結好果子的樹就砍下來，丟在火裏。所以，憑著他們的果子就可以認出他們來。」「凡稱呼我『主啊，主啊』的人不能都進天國；唯獨遵行我天父旨意的人才能進去。當那日必有許多人對我說：『主啊，主啊，我們不是奉你的名傳道，奉你的名趕鬼，奉你的名行許多異能嗎？』我就明明地告訴他們說：『我從來不認識你們，你們這些作惡的人，離開我去吧！』」

耶穌指出，假先知都是外表良善，內裡殘暴。他們不能結果子，雖然傳道趕鬼，能行神蹟異能，口稱耶穌為主，卻不遵行天父的旨意。

路加福音6章26節亦記載耶穌說：

「人都說你們好的時候，你們就有禍了，因為他們的祖宗待假先知也是這樣。」

假先知用美言說平安的話，卻令信徒失去警醒。

正如彼得後書2章1-3節的論述：

「從前在百姓中有假先知起來，將來在你們中間也必有假師傅，私自引進陷害人的異端，連買他們的主他們也不承認，自取速速地滅亡。將有許多人隨從他們邪淫的行為，便叫真道因他們的緣故被毀謗。他們因有貪心，要用捏造的言語在你們身上取利。他們的刑罰，自古以來並不遲延；他們的滅亡也必速速來到。」

使徒彼得指出，假先知及假師傅要從教會內起來傳異端，不認耶穌，引誘人行邪淫，又捏造謊言在信徒身上騙財。

然而，使徒約翰在約翰壹書4章1-4節教導我們辨認假先知的方法：

「親愛的弟兄啊，一切的靈，你們不可都信，總要試驗那些靈是出於上帝的不是，因為世上有許多假先知已經出來了。凡靈認耶穌

基督是成了肉身來的，就是出於上帝的；從此你們可以認出上帝的靈來。凡靈不認耶穌，就不是出於上帝，這是那敵基督者的靈。你們從前聽見他要來，現在已經在世上了。小子們哪，你們是屬上帝的，並且勝了他們；因為那在你們裏面的，比那在世界上的更大。」

約翰指出，假先知有敵基督的靈，凡靈不認耶穌基督是成了肉身來的，就是敵基督的。約翰肯定信徒：「在你們裏面的，比那在世界上的更大。」信徒有足夠權柄勝過假先知。

約翰在啟示錄20章10節指出假先知的終局：

「那迷惑他們的魔鬼，被扔在硫磺的火湖裡，就是獸和假先知所在的地方。他們必晝夜受痛苦，直到永永遠遠。」

對於假基督、假先知起來迷惑多人，使徒行傳5章34-39節已有記載。當使徒彼得及約翰被拉到猶太公會受審問，猶太人要用石頭打死他們，猶太法利賽人教法師迦瑪列為他們辯護：

「但有一個法利賽人，名叫迦瑪列，是眾百姓所敬重的教法師，在公會中站起來，吩咐人把使徒暫且帶到外面去，就對眾人說：『以色列人哪，論到這些人，你們應當小心怎樣辦理。從前杜達起來，自誇為大，附從他的人約有四百，他被殺後，附從他的全都散了，歸於無有。此後，報名上冊的時候，又有加利利的猶大起來，引誘些百姓跟從他；他也滅亡，附從他的人也都四散了。現在，我勸你們不要管這些人，任憑他們吧！他們所謀的、所行的，若是出於人，必要敗壞；若是出於上帝，你們就不能敗壞他們，恐怕你們倒是攻擊上帝了。』」

歷史家約瑟夫（Flavius Josephus）在「猶太戰史」第二卷（Jewish War）對於假先知、假基督有更詳細的記載。

杜達或譯丟大（Theudas）是猶太人，於主後四十四至四十六年間在羣眾間行神蹟奇事或掩眼法（charlatan），自稱先知，吸引羣眾跟隨他。後來，他帶領四百人到約旦河邊，宣稱要吩咐約旦河分開，讓他

帶領羣眾經過。當時羅馬巡撫法德斯（Fadus）聞訊，帶領騎兵到約旦河屠殺信眾，生擒杜達，並斬首帶回耶路撒冷。

在主後五十二至五十八年間，有一個埃及人自稱先知，引領約四千猶太人到曠野等候神蹟啟示。之後，他聚眾上耶路撒冷的東面橄欖山，宣稱他要命令耶路撒冷城牆倒塌，並帶領群眾殺入耶路撒冷城，制服羅馬軍團，成為耶路撒冷的領袖。當時，羅馬的猶太巡撫腓力斯（Felix）率領大量騎兵及步兵出耶路撒冷，在橄欖山屠殺了四百人，並俘虜二百人，那埃及假先知則逃之夭夭，不再出現。其後，這些餘黨威嚇猶太人不要服從羅馬，不從者的村莊將被縱火焚燒。

使徒行傳21章38節記載使徒保羅在耶路撒冷被猶太人捉拿，羅馬千夫長審問他說：「你莫非是從前作亂，帶領四千兇徒往曠野去的那埃及人麼？」千夫長所指的就是這件事。

不久，在主後五十九年，又有無名假先知呼籲猶太人跟隨他到曠野，他可以解放他們，叫他們得自由。當時羅馬巡撫法提斯（Festus）派兵將他們屠殺。

猶太人一直盼望彌賽亞（Messiah）將他們從外族的統治中解放出來，基督（Christ）就是希臘文的翻譯。

早在主後六年，加利利已出現猶太人起義。當時，加利利的猶大（Judas of Galilee or Judas of Gamala）帶領羣眾暴力反抗由敍利亞巡撫居里扭（Quirinius）在猶太省的人口普查以作人頭稅之用。居里扭曾兩次作敍利亞巡撫，分別是主前七年及主後六年。

按約瑟夫的「猶太古史」（In Antiquities of the Jews）所記，加利利的猶大與法利賽人沙各（Zadok the Pharisee）創立了奮銳黨（Zealots），宣揚上帝是以色列唯一的統治者，拒絕向羅馬納稅。加利利的猶大一黨其後被敍利亞巡撫居里扭派兵屠殺。

加利利猶大的兒子雅各（James）及西門（Simon）在羅馬巡撫提比利亞（Tiberius）時再度領導猶太人起義，在主後四十六年被殺。

加利利猶大的孫子米拿（Menahem）在主後六十六年在加利利帶領猶太人三度起義。米拿率眾攻陷羅馬在馬撒大（Masada）的軍營，搶奪武器，並以王者的姿態攻入耶路撒冷。米拿控制耶路撒冷之後，奪取了羅馬巡撫的官邸和堡壘，殺死聖殿大祭司亞拿尼亞斯（Ananias），儼然一位新的暴君。大祭司的兒子以利亞撒（Eleazar）及聖殿衛隊與米拿對抗，有一次米拿穿著皇室衣著與隨從到聖殿獻祭，以利亞撒（Eleazar）及聖殿衛隊攻擊米拿及他的隨從，米拿逃到俄弗（Ophla）躲藏，最後被捉拿及殺死。米拿的外甥以利亞撒（Eleazar ben Ya'ir）則逃回馬撒大，最終成為猶太對抗羅馬的最後防守。

在主後六十七年，吉查拉的約翰（John of Gischala）在加利利對抗羅馬軍隊戰敗，帶領六千猶太人南下，攻佔大部分耶路撒冷，成為新的暴君。他應前大祭司亞拿尼亞邀請，圍攻佔據聖殿的奮銳黨人，在聖殿與奮銳黨發生內鬨，令耶路撒冷生靈塗炭。直至主後七十年，羅馬提多（Titus）將軍征服耶路撒冷，吉查拉的約翰投降，處以終生被困。

在主後六十六年，另一奮銳黨人以都念的西門（Idumean Simon bar Giora）率領四萬士兵反抗羅馬，以解放以色列為號召，一度打敗羅馬軍隊，奪取武器，進入耶路撒冷。可是，耶路撒冷的權貴不喜歡農民出身的西門，認為他難以與羅馬達致和平。西門老羞成怒，派士兵搶掠耶路撒冷有錢人區，之後，帶兵退到馬撒大。

其後聖殿大祭司被殺，西門帶兵攻打猶太地，並駐軍於耶路撒冷城外。

在吉查拉的約翰擔心耶路撒冷政權不保，派人挾持西門妻子，迫令西門離開。西門反過來殘殺出城的人，迫使約翰放人。

其後，耶路撒冷權貴邀請西門入城，趕走暴虐的約翰。西門進入耶路撒冷後，佔據耶路撒冷上城區及部分下城區；約翰則佔據下城區及聖殿外院。

約翰與西門兩派猶太革命分子在耶路撒冷城內互相廝殺，禍及無辜，死傷枕藉。他們甚至燒毀儲糧庫以打擊對手。

主後七十年，羅馬提多將軍進攻耶路撒冷，兩派才願意聯手對抗外敵，可惜耶路撒冷內耗太大，在圍城期間缺乏糧食，出現饑荒及瘟疫，甚至人食人事件。

最後，羅馬軍隊攻陷耶路撒冷，西門與隨從試圖挖掘隧道逃走不遂，被羅馬軍兵生擒，並押回羅馬示眾，最後被人從羅馬朱彼特神廟頂擲下喪生。

猶太人一心等候政治的彌賽亞（基督）把他們從外族壓制中解放出來，在主後六十六至七十年先後來了三位自命為猶太人的王，對抗羅馬政權。可惜，三位都無法帶來真正的猶太解放，反而成為新的暴君，最後落得滿城傾覆，歷史家約瑟夫記述耶路撒冷死亡人數多達一百萬人，部分是逾越節到聖殿朝聖而被圍城所困的海外猶太人。這三位猶太革命份子正是名符其實的「假基督」、「假彌賽亞」，他們看似帶來解放的希望，其實衹是另一批麻木不仁的強盜，最終帶來民族的災劫。

假先知、假基督的出現，帶來了「打仗和擾亂的事，民要攻打民，國要攻打國」的預言應驗。假先知、假基督的殘暴行為，令平民百姓希望幻滅，加上羅馬軍隊圍城，糧食短缺，帶來饑荒；戰爭屠殺之後屍橫城區無人理會，又引發瘟疫。在不法的事情增多，生活絕望下，許多人的愛心漸漸冷淡，甚至出現互相搶掠，甚至人食人的慘況。凡此種種，又應驗了耶穌對耶路撒冷的預言。

關於地震作為聖城被毀的徵兆，一世紀羅馬史學家達西提斯（Tacitus）描述主後五十一年的情況：「今年出現異常的徵兆，包括持續的地震。」

史學家亨利‧阿爾弗德（Henry Alford）列舉地震事件如下：

西元46-47年，在克里特島（Crete）發生大地震；

西元51年，羅馬發生大地震；

西元53年，弗裡吉亞（Phrygia）的阿帕米亞（Apamaea）發生大地震；

西元60年，弗裡吉亞（Phrygia）的老底嘉（Laodicea）及坎帕尼亞（Campania）。

羅馬史學家塞涅卡（Seneca）在主後五十八年記述：「有很多亞洲和亞該亞（Achaea）的城市在一次致命地震中被衝擊，很多在敍利亞及馬其頓的城市被吞沒，賽浦路斯（Cyprus）在這場災難被催毀，帕福斯（Paphos）成為一片廢墟！新聞往往帶給我們整座城市被一次性毀滅的消息。」

其他歷史學家也有記載，在主後七十年之前的十二年期間有密集的地震發生，包括在克里特島（Crete）、士麥那（Smyrna），米利都（Miletus），

希俄斯（Chios）、薩莫斯島（Samos）、老底嘉（Laodicea）、赫拉（Hierapolis）、羅西（Colosse）、坎帕尼亞（Campania）、羅馬（Rome），龐貝城（Pompeii）和猶太地區（Judea）的地震。

有關猶太地區的地震，約瑟夫形容該地震是宇宙聯合起來去毀滅人類，為「非一般」的災難，彷彿上帝的作為以達成其特殊的目的。

有關耶穌對猶太饑荒的預言，使徒行傳11章27-30節已記載在羅馬皇帝克勞第（Claudius）的年間應驗，即主後四十一至五十四年：

「當那些日子，有幾位先知從耶路撒冷下到安提阿。內中有一位名叫亞迦布，站起來，藉著聖靈指明天下將有大饑荒。（這事到克勞第年間果然有了。）於是門徒定意照各人的力量捐錢，送去供給住在猶太的弟兄。他們就這樣行，把捐項託巴拿巴和掃羅送到眾長老那裏。」

值得注意的是，使徒行傳16章25-26節記載使徒保羅和西拉在腓立比城將一名會說預言的使女身上所附的巫鬼趕出，她的主人見財路被斷，便捉保羅和西拉見官，他們被下在監裡。當時發生神蹟性的地震：

「約在半夜，保羅和西拉禱告，唱詩讚美上帝，眾囚犯也側耳而聽。忽然，地大震動，甚至監牢的地基都搖動了，監門立刻全開，眾囚犯的鎖鍊也都鬆開了。」

這次地震有多大呢？不單地大震動，就連監牢的地基都搖動了。

大家都知道，當大地震發生，沿海地區都可能有海嘯或海難出現。

使徒行傳27章記述保羅所坐的船在地中海遇到海難，使徒行傳27章20節記述：「太陽和星辰多日不顯露、又有狂風大浪催逼，我們得救的指望就都絕了。」這次海難，可能亦是與地震相關。

在耶穌的預言裡，他指出天上將有可怕的異象出現。按羅馬史學家達西提斯（Tacitus）及迪奧卡西烏斯（Cassius Dio）的記述，有兩顆彗星分別在主後六十四年及六十九年出現。

猶太人都記得在摩西律法書記述先知巴蘭預言，有星要出於雅各，有杖要興於以色列，他必掌大權，除滅城中的餘民。猶太人認為，這星就是以色列解放者（基督）出現的徵兆。該預言記載於民數記24章14-19節：

「現在我要回本族去。你來，我告訴你這民日後要怎樣待你的民。他就題起詩歌說，比珥的兒子巴蘭說：眼目閉住的人說，得聽上帝的言語，明白至高者的意旨，看見全能者的異象，眼目睜開而仆倒的人說：我看他卻不在現時；我望他卻不在近日。有星要出於雅各，有杖要興於以色列，必打破摩押的四角，毀壞擾亂之子。他必得以東為基業，又得仇敵之地西珥為產業；以色列必行事勇敢。有一位出於雅各的，必掌大權；他要除滅城中的餘民。」

這預言配合主後六十四年及六十九年彗星的出現，吸引了假彌賽亞/假基督借天象的出現，聳動民眾，意圖奪取羅馬在猶太及耶路撒冷的控制權。

耶穌的預言亦包括門徒所受的苦難：門徒要受逼迫，遭恨惡，門徒會被控訴、陷害及出賣，被下在監裡，甚至被害死。這些一切，在使徒行傳中已有充分應驗。

最先被猶太人恨惡及殺害的是執事史提反。他在耶路撒冷作見證，最後被猶太羣眾用石頭擲死。

使徒西庇太的兒子雅各被希律捉拿並斬首，以換取猶太人的喜悅。

彼得之後亦被希律下在監裡，若非天使帶他出獄，他亦如雅各一樣下場。

使徒保羅四處傳道，猶太人逼迫他，把他下在監裡，又向官府控訴他，保羅被押到羅馬受審，最後被羅馬皇帝尼祿斬首。

正如使徒保羅在哥林多後書11章23-28節所述：

「他們是基督的僕人嗎？我說句狂話，我更是。我比他們多受勞苦，多下監牢，受鞭打是過重的，冒死是屢次有的。被猶太人鞭打五次，每次四十減去一下；被棍打了三次；被石頭打了一次；遇著船壞三次，一晝一夜在深海裏。又屢次行遠路，遭江河的危險、盜賊的危險、同族的危險、外邦人的危險、城裏的危險、曠野的危險、海中的危險、假弟兄的危險。受勞碌、受困苦，多次不得睡，又飢又渴，多次不得食，受寒冷，赤身露體。除了這外面的事，還有為眾教會掛心的事，天天壓在我身上。」

耶穌十一個門徒中，有十個殉道，事跡已記在前章。

四世紀教會史家優西比烏在「教會史」中記載在聖殿被毀前六年，即主後六十四年，留守耶路撒冷的教會領袖義者雅各（Jacob the Just），即耶穌的兄弟，被當時大祭司亞拿利亞（Ananias）及長老逼迫，帶他到聖殿頂向群眾宣布否認耶穌，雅各卻借此機會勸群眾悔改信耶穌。大祭司及長老在盛怒下把雅各由聖殿頂擲下。奄奄一息的雅各在平臺躺著，仍不住為猶太人祈禱，最終猶太群眾用石頭把他打死。

這都是耶穌對聖殿被毀前預言的徵兆的充分應驗。

對於耶穌預言福音要傳遍天下，對萬民作見證，末期才會來到，有很多解經家認為這是預言耶穌再來前才能達成。事實上，在耶穌升天後的三十年，門徒已把福音傳遍已知的世界。

安得烈把福音傳到俄羅斯、烏克蘭及羅馬尼亞等歐亞北部，抹大拉馬利亞把福音傳到現在的法國，是已知世界北面盡頭；小雅各把福音傳到不列顛（英倫三島），已知世界西面盡頭；馬太、腓力把福音傳到埃塞俄比亞等非洲南部，已知世界的南面盡頭；多馬把福音傳到印度，有說中國甚至日本，已知世界的東面盡頭；彼得及保羅先後把福音傳到羅馬，是當時世界的中心。由此看來，耶穌預言福音要傳遍天下的預言亦已應驗。

進入耶穌預言聖殿被毀的第二階段：

1. 耶路撒冷被兵圍困；

2. 先知但以理所說的『那行毀壞可憎的』站在聖地；

3. 大災難和震怒臨到，耶路撒冷人要倒在刀下。

這階段的預言是指羅馬軍隊圍困耶路撒冷五個月，最後城破，聖殿被毀的歷史。

羅馬與猶太的直接軍事導火線是主後六十六年，當時羅馬巡撫富勒斯（Gessius Florus）因稅收減少，派兵到聖殿搶走聖殿銀庫內的銀幣，引發猶太人極度不滿，群起反抗。當時富勒斯派兵入耶路撒冷鎮壓，屠殺了三千六百人。

猶太奮銳黨（Zealots）首次進攻在死海附近的羅馬堡壘馬撒大（Masada），奇蹟地成功攻陷堡壘，屠殺羅馬兵團，並奪取武器庫的武器。

耶路撒冷的聖殿祭司停止每天的凱撒獻祭，引發全城反抗羅馬統治，並殺死羅馬官員及兵團。

當時羅馬帝國的敍利亞總督加盧斯（Cestius Gallus）聞訊率領兩萬大軍，圍攻耶路撒冷六個月，結果損失六千士兵大敗。

羅馬暴君尼祿（Nero）大怒，派出名將維斯帕先（Vespasian）領軍進攻耶路撒冷。維斯帕先首先攻下加利利、約旦及以東等地，然後包圍耶路撒冷城。

然而，正當羅馬大軍要進攻耶路撒冷時，羅馬傳來暴君尼祿自殺駕崩，時為主後六十八年。之後北方軍團的加爾巴（Galba）奪得政權七個月，就被奧圖（Otho）的軍隊刺殺。但奧圖亦難以保得帝位，與北方大將軍維提留斯（Vitellius）鬥爭，三個月後自殺身亡。維提留斯的帝位亦不能持久，祗維持了八個月。東方的羅馬軍隊擁立維斯帕先回羅馬爭奪帝位，最後維提留斯被殺，維斯帕先成功奪得帝位。

當羅馬軍隊擁立維斯帕先回羅馬爭奪帝位，圍城下的猶太人見羅馬軍團急忙拔營而去，嘖嘖稱奇，認為是顯現大神蹟。然而，在耶路撒冷的基督徒記起耶穌的預言，認為是城毀的徵兆，紛紛逃亡到約旦河北部的柏拉城（Pella），避過最終屠城的慘劇。

維斯帕先奪得帝位後，第一時間派遣兒子提多（Titus）將軍領軍再度圍攻耶路撒冷。在五個月圍城期間，奮銳黨人殊死反抗。城內發生饑荒及瘟疫，甚至傳出人食人的慘狀。最後，羅馬軍隊先後攻破三道城牆，守軍退守到聖殿內院。

由於奮銳黨人負隅頑抗，羅馬士兵不理提多將軍保存聖殿的指示，放火焚燒聖殿，大批奮銳黨守軍在聖殿內燒死。羅馬士兵又爭相搜刮聖殿的寶庫，甚至牆上的金銀裝飾，以致一塊石頭不疊在另一塊石頭之上，應驗了耶穌對聖殿被毀的預言。

提多將軍攻陷耶路撒冷之後，下令在聖殿向希臘戰神獻祭，褻瀆聖殿，應驗了耶穌預言，就是「先知但以理所說的『那行毀壞可憎的』（the abomination of desolation）站在聖地」。

　　耶穌所指的是但以理書9章24-27節的記載。在巴比倫城，但以理禱告上帝，上帝就打發天使加百列（Gabriel）到但以理那裡，告訴他有關未來的預言：

　　「為你本國之民和你聖城，已經定了七十個七。要止住罪過，除淨罪惡，贖盡罪孽，引進永義，封住異象和預言，並膏至聖者。你當知道，當明白，從出令重新建造耶路撒冷，直到有受膏君的時候，必有七個七和六十二個七。正在艱難的時候，耶路撒冷城連街帶濠都必重新建造。過了六十二個七，那受膏者必被剪除，一無所有；必有一王的民來毀滅這城和聖所，至終必如洪水沖沒。必有爭戰，一直到底，荒涼的事已經定了。一七之內，他必與許多人堅定盟約；一七之半，他必使祭祀與供獻止息。那行毀壞可憎的如飛而來，並且有忿怒傾在那行毀壞的身上，直到所定的結局。」

　　在這預言裡面，上帝的旨意是「要止住罪過，除淨罪惡，贖盡罪孽，引進永義，封住異象和預言，並膏至聖者。」「那受膏者必被剪除，一無所有；必有一王的民來毀滅這城和聖所。」

　　能夠除淨罪惡，贖盡罪孽的祇有一位至聖的受膏者，就是耶穌。當受膏者被剪除後，必有一王的民來毀滅這城和聖所。這人明顯就是羅馬皇帝維斯帕先及他的兒子提多（Titus），提多在主後七十九年亦登上皇帝寶座。

　　當那行毀壞可憎的出現在聖地上，耶穌預言「大災難和震怒臨到，耶路撒冷人要倒在刀下。」

　　對於但以理書9章七十個七的預言，歷代吸引了不少解經家的興趣，包括英國十八世紀科學家牛頓亦曾寫作討論。

　　從出令重新建造耶路撒冷的日期可追溯至舊約尼希米記2章1-6節的記述。當時巴比倫已被波斯打敗，猶太人尼希米成為波斯亞達薛西王的酒政。經文記載：

　　亞達薛西王二十年尼散月，在王面前擺酒，我拿起酒來奉給王。我素來在王面前沒有愁容。王對我說：「你既沒有病，為甚麼面帶愁容呢？這不是別的，必是你心中愁煩。」於是我甚懼怕。我對王說：「願王萬歲！我列祖墳墓所在的那城荒涼，城門被火焚燒，我豈能面無愁容嗎？」王問我說：「你要求甚麼？」於是我默禱天上的上帝。我對王說：「僕人若在王眼前蒙恩，王若喜歡，求王差遣我往猶大，到我列祖墳墓所在的那城去，我好重新建造。」那時王后坐在王的旁邊。王問我說：「你去要多少日子？幾時回來？」我就定了日期。於是王喜歡差遣我去。

　　按歷史記載，亞達薛西王於主前四六五年登基，亞達薛西王二十年尼散月就是西曆主前四四五年三月，波斯王出令重新建造耶路撒冷。

　　七個七年就是四十九個猶太年（猶太曆一年有360天，西曆一年平均有365.24天），亦即是說，48.3年後，即主前三九五年，耶路撒冷城連街帶濠都必重新建造。

　　六十二個七年就是434個猶太年，亦即是說西曆427.8年後，即主後三十二至三十三年，那受膏者必被剪除。明顯地，那被剪的受膏者就是耶穌基督。

　　之後，預言指「必有一王的民來毀滅這城和聖所」，「荒涼的事已經定了。」就是指羅馬帝國在主後七十年，毀滅耶路撒冷一事。

　　預言內最後一個七年：「一七之內，他必與許多人堅定盟約；一七之半，他必使祭祀與供獻止息。那行毀壞可憎的如飛而來，並且有忿怒傾在那行毀壞的身上，直到所定的結局。」

　　耶穌指先知但以理所說的『那行毀壞可憎的』站在聖地，是大災難和震怒臨到，耶路撒冷人要倒在刀下。較為直接的解釋是羅馬軍隊拆毀聖殿及耶路撒冷城，使祭祀與供獻止息。

　　換言之，這最後的七年可能是預言猶太人在主後六十六年起義，至主後七十三年在死海馬撒大最後抗爭堡壘被破的七年猶太對羅馬的戰爭。維斯帕先在主後六十六年開始的三年半成功與羅馬許多人堅定盟約，平定羅馬於主後六十九年內先後四王爭奪皇位的內亂，登上皇座；在主後七十年派提多將軍圍攻耶路撒冷，在這「一七之半」拆毀聖殿，使祭祀與供獻止息。

　　在後「一七之半」，直至主後七十三年，猶太奮銳黨人的軍事力量被徹底摧毀，「有忿怒傾在那行毀壞的身上，直到所定的結局」。嚴格而言，是奮銳黨人的內戰首先破壞聖城；聖殿被焚毀是因為奮銳黨人首先在聖殿走廊放火以阻止羅馬軍隊推進，「那行毀壞的」可能是指奮銳黨人而不是羅馬軍隊，因此，最後「有忿怒傾在那行毀壞的身上」。

　　按約瑟夫「猶太戰史」的記載，當耶路撒冷城破之後，羅馬軍隊展開屠城，大量猶太人及朝聖者死於刀下，城裡城外插滿十字架，釘著的都是戰犯和戰俘，哀鴻遍野，慘不忍睹。約瑟夫估計在耶路撒冷內外傷亡人數多達一百萬人，部分是逾越節的朝聖者。

　　約瑟夫本身是投靠羅馬的猶太叛軍，戰爭期間作為羅馬對猶太人的說客，戰後到耶路撒冷尋找親人朋友，在十字架上救下幾位朋友，但已奄奄一息，不免悲從中來。

　　進入預言的第三階段，聖殿被毀後，羅馬為防止猶太人再度起義，提多將軍命令士兵將聖殿及耶路撒冷的城牆拆毀，將猶太餘民擄至各國為奴隸，不容許猶太人回耶路撒冷居住，聖殿的獻祭亦告停止。

　　猶太奮銳黨人在聖城被攻陷後退守死海堡壘馬撒大作殊死反抗。戰鬥維持了三年，到主後七十三年時，羅馬兵團正式攻破馬撒大。當羅馬士兵進入堡壘時，發覺奮銳黨人已全部集體自殺殉國，計算軍人及婦孺，死亡人數達九百六十人。

按約瑟夫的記述，有兩個婦女及五個小孩躲在蓄水池逃過這次浩劫。她們憶述在羅馬攻破堡壘的前一晚，奮銳黨領袖艾亞沙（Eleazar）將所有人聚在一起，說服其他人寧死不作羅馬奴隸。由於猶太人相信自殺不能上天堂，他們選擇由男人首先殺死自己妻子及兒女，再由男人中抽籤選十個男人殺死其他男人；十個男人再抽籤選一個人殺死另外九人，最後一個放火焚燒建築物後引刀自殺，結果，祇有一個人不能上天堂！現時，以色列人當兵的第一站就是到馬撒大，宣誓不再讓馬撒大失守。

羅馬將外邦人包括巴勒斯坦人、以東人等移居至耶路撒冷，應驗了耶穌的預言：「耶路撒冷被外邦人踐踏，直到外邦人的日期滿了。」

外邦人的日期自一世紀開始一直未完，直至主後一九四八年以色列復國為止。

羅馬帝國盛大慶祝今次戰爭勝利，主後七十五年，羅馬建成和平神殿（Temple of Peace），收藏了由耶路撒冷聖殿搶掠而得的金燈臺（Menorah）。此外，羅馬用搶掠耶路撒冷而得的財物建成羅馬弗拉維圓形劇院（Flavian Amphitheater）。

提多將軍於主後七十九年登上帝位，但執政祇有兩年就因熱病逝世，於主後八十一年由弟弟豆米田（Domitian）接任羅馬皇帝。於主後八十二年，豆米田在羅馬神聖大道（Via Sacra）建築了提多拱門（Arch of Titus），以紀念提多征服耶路撒冷的戰功，目前成為羅馬的著名古蹟。

在詩篇74篇，記載一篇亞薩的訓誨詩，預言一千年後聖殿被毀。

亞薩是大衛王的詩班長，歷代志上16章37節記載：「大衛派亞薩和他的弟兄在約櫃前常常事奉耶和華，一日盡一日的職分。」歷代志上25章1節記載：「大衛和眾首領分派亞薩、希幔、並耶杜頓的子孫彈琴、鼓瑟、敲鈸、唱歌（原文作說預言）。」換言之，亞薩是大衛王同時代的人，也是先知。那時，聖殿還未建造，他就被上帝的靈感動，作了以下的預言詩：

「上帝啊，你為何永遠丟棄我們呢？你為何向你草場的羊發怒，如煙冒出呢？求你記念你古時所得來的會眾，就是你所贖作你產業支派的，並記念你向來所居住的錫安山。求你舉步去看那日久荒涼之地，仇敵在聖所中所行的一切惡事。你的敵人在你會中吼叫；他們豎了自己的旗為記號。他們好像人揚起斧子，砍伐林中的樹。聖所中一切雕刻的，他們現在用斧子錘子打壞了。他們用火焚燒你的聖所，褻瀆你名的居所，拆毀到地。他們心裏說：我們要盡行毀滅；他們就在遍地把上帝的會所都燒毀了。我們不見我們的標幟，不再有先知；我們內中也沒有人知道這災禍要到幾時呢！上帝啊，敵人辱罵要到幾時呢？仇敵褻瀆你的名要到永遠嗎？你為甚麼縮回你的右手？求你從懷中伸出來，毀滅他們。上帝自古以來為我的王，在地上施行拯救。你曾用能力將海分開，將水中大魚的頭打破。你曾砸碎鱷魚的頭，把牠給曠野的禽獸為食物。你曾分裂磐石，水便成了溪河；你使長流的江河乾了。白晝屬你，黑夜也屬你；亮光和日頭是你所預備的。地的一切疆界是你所立的；夏天和冬天是你所定的。耶和華啊，仇敵辱罵，愚頑民褻瀆了你的名，求你記念這事。不要將你斑鳩的性命交給野獸；不要永遠忘記你困苦人的性命。求你顧念所立的約，因為地上黑暗之處都滿了強暴的居所。不要叫受欺壓的人蒙羞回去；要叫困苦窮乏的人讚美你的名。上帝啊，求你起來為自己申訴！要記念愚頑人怎樣終日辱罵你。不要忘記你敵人的聲音；那起來敵你之人的喧嘩時常上升。」

主後七十年，耶路撒冷被毀，聖殿被火焚燒，正應驗了上述的預言：「聖所中一切雕刻的，他們現在用斧子錘子打壞了。他們用火焚燒你的聖所，褻瀆你名的居所，拆毀到地。」

亞薩的另一首預言詩記載於詩篇79篇：

「上帝啊，外邦人進入你的產業，污穢你的聖殿，使耶路撒冷變成荒堆，把你僕人的屍首交與天空的飛鳥為食，把你聖民的肉交與地上的野獸，在耶路撒冷周圍流他們的血如水，無人葬埋。我們成為鄰

國的羞辱，成為我們四圍人的嗤笑譏刺。耶和華啊，這到幾時呢？你要動怒到永遠嗎？你的憤恨要如火焚燒嗎？願你將你的忿怒倒在那不認識你的外邦和那不求告你名的國度。因為他們吞了雅各，把他的住處變為荒場。求你不要記念我們先祖的罪孽，向我們追討；願你的慈悲快迎著我們，因為我們落到極卑微的地步。拯救我們的上帝啊，求你因你名的榮耀幫助我們！為你名的緣故搭救我們，赦免我們的罪。為何容外邦人說「他們的上帝在哪裏」呢？願你使外邦人知道你在我們眼前伸你僕人流血的冤。願被囚之人的歎息達到你面前；願你按你的大能力存留那些將要死的人。主啊，願你將我們鄰邦所羞辱你的羞辱加七倍歸到他們身上。這樣，你的民，你草場的羊，要稱謝你，直到永遠；要述說讚美你的話，直到萬代。」

　　預言詩中提到：「外邦人污穢聖殿，使耶路撒冷變成荒堆，僕人的屍首交與天空的飛鳥為食，聖民的肉交與地上的野獸，在耶路撒冷周圍流他們的血如水，無人葬埋。」豈不都一一應驗了？

第 26 章

耶穌再來

　　當耶穌被捉拿到大祭司該亞法那裡審問的時候，馬太福音26章63-64節記載：「……大祭司對他說：我指著永生神叫你起誓告訴我們，你是神的兒子基督不是？耶穌對他說：你說的是，然而我告訴你們，後來你們要看見人子，坐在那權能者的右邊，駕著天上的雲降臨。」

　　及至耶穌死而復活，升天之時，使徒行傳1章10-11節記述：

　　當他往上去，他們定睛望天的時候，忽然有兩個人身穿白衣，站在旁邊，說：「加利利人哪，你們為甚麼站著望天呢？這離開你們被接升天的耶穌，你們見他怎樣往天上去，他還要怎樣來。」

　　歷代基督徒都等待耶穌，很多人認為，耶穌再來的時候會在橄欖山，因為天使說：「他怎樣往天上去，他還要怎樣來。」

　　猶太人應該會記得主前五二零年先知撒迦利亞的預言，撒迦利亞書 14 章 1-9 節記載：

「耶和華的日子臨近，你的財物必被搶掠，在你中間分散。因為我必聚集萬國與耶路撒冷爭戰，城必被攻取，房屋被搶奪，婦女被玷污，城中的民一半被擄去；剩下的民仍在城中，不致剪除。那時，耶和華必出去與那些國爭戰，好像從前爭戰一樣。那日，他的腳必站在耶路撒冷前面朝東的橄欖山上。這山必從中間分裂，自東至西成為極大的谷。山的一半向北挪移，一半向南挪移。你們要從我山的谷中逃跑，因為山谷必延到亞薩。你們逃跑，必如猶大王烏西雅年間的人逃避大地震一樣。耶和華－我的上帝必降臨，有一切聖者同來。那日，必沒有光，三光必退縮。那日，必是耶和華所知道的，不是白晝，也不是黑夜，到了晚上才有光明。那日，必有活水從耶路撒冷出來，一半往東海流，一半往西海流；冬夏都是如此。耶和華必作全地的王。那日耶和華必為獨一無二的，他的名也是獨一無二的。」

　　先知撒迦利亞預言，萬國將攻擊耶路撒冷，耶和華必與那些國爭戰。祂必站在橄欖山上，這山必自東至西裂開成為大谷。上帝必與一切聖者降臨，那日必沒有光，三光必退縮，到了晚上才有光明。必有活水從耶路撒冷向東西流出，耶和華作全地的王。先知撒迦利亞的預言與耶穌的末世預言一致。

　　當門徒問耶穌，末後將到的時候有甚麼預兆，路加福音 21 章 25-36 節記載耶穌說：

「日、月、星辰要顯出異兆，地上的邦國也有困苦；因海中波浪的響聲，就慌慌不定。天勢都要震動，人想起那將要臨到世界的事，就都嚇得魂不附體。那時，他們要看見人子有能力，有大榮耀駕雲降臨。一有這些事，你們就當挺身昂首，因為你們得贖的日子近了。」耶穌又設比喻對他們說：「你們看無花果樹和各樣的樹；它發芽的時候，你們一看見，自然曉得夏天近了。這樣，你們看見這些事漸

漸地成就，也該曉得上帝的國近了。我實在告訴你們，這世代還沒有過去，這些事都要成就。天地要廢去，我的話卻不能廢去。」

耶穌警告門徒要時時警醒，路加福音21章34-36節記載：

「你們要謹慎，恐怕因貪食、醉酒、並今生的思慮，累住你們的心，那日子就如同網羅忽然臨到你們；因為那日子要這樣臨到全地上一切居住的人。你們要時時警醒，常常祈求，使你們能逃避這一切要來的事，得以站立在人子面前。」

馬太福音記載門徒問耶穌，祂降臨和世界的末了有甚麼預兆。馬太福音24章27-44節記載耶穌的回答：

「閃電從東邊發出，直照到西邊。人子降臨也要這樣。屍首在哪裏，鷹也必聚在那裏。」「那些日子的災難一過去，日頭就變黑了，月亮也不放光，眾星要從天上墜落，天勢都要震動。那時，人子的兆頭要顯在天上，地上的萬族都要哀哭。他們要看見人子，有能力，有大榮耀，駕著天上的雲降臨。他要差遣使者，用號筒的大聲，將他的選民，從四方，從天這邊到天那邊，都招聚了來。」「你們可以從無花果樹學個比方：當樹枝發嫩長葉的時候，你們就知道夏天近了。這樣，你們看見這一切的事，也該知道人子近了，正在門口了。我實在告訴你們，這世代還沒有過去，這些事都要成就。天地要廢去，我的話卻不能廢去。」「但那日子、那時辰，沒有人知道，連天上的使者也不知道，子也不知道，唯獨父知道。挪亞的日子怎樣，人子降臨也要怎樣。當洪水以前的日子，人照常吃喝嫁娶，直到挪亞進方舟的那日；不知不覺洪水來了，把他們全都沖去。人子降臨也要這樣。那時，兩個人在田裏，取去一個，撇下一個；兩個女人推磨，取去一個，撇下一個。所以，你們要警醒，因為不知道你們的主是哪一天來到。家主若知道幾更天有賊來，就必警醒，不容人挖透房屋；這是你們所知道的。所以，你們也要預備，因為你們想不到的時候，人子就來了。」

馬可福音13章1-37節的記載則如下：

「在那些日子，那災難以後，日頭要變黑了，月亮也不放光，眾星要從天上墜落，天勢都要震動。那時，他們要看見人子有大能力、大榮耀，駕雲降臨。他要差遣天使，把他的選民，從四方、從地極直到天邊，都招聚了來。你們可以從無花果樹學個比方：當樹枝發嫩長葉的時候，你們就知道夏天近了。這樣，你們幾時看見這些事成就，也該知道人子近了，正在門口了。我實在告訴你們，這世代還沒有過去，這些事都要成就。天地要廢去，我的話卻不能廢去。但那日子，那時辰，沒有人知道，連天上的使者也不知道，子也不知道，惟有父知道。你們要謹慎，警醒祈禱，因為你們不曉得那日期幾時來到。這事正如一個人離開本家，寄居外邦，把權柄交給僕人，分派各人當做的工，又吩咐看門的警醒。所以，你們要警醒；因為你們不知道家主甚麼時候來，或晚上，或半夜，或雞叫，或早晨；恐怕他忽然來到，看見你們睡著了。我對你們所說的話，也是對眾人說：要警醒！」

綜合來說，耶穌指出，祂再來前有以下徵兆：

1. 天上的徵兆：閃電從東邊發出，直照到西邊。日、月、星辰要顯出異兆；日頭變黑，月亮不放光，眾星要從天上墜落，天勢都要震動。

2. 海上的徵兆：海中有波浪的響聲。人子降臨也要像挪亞的日子，不知不覺洪水來了，把人全都沖去。

3. 地上的徵兆：屍首在哪裏，鷹也必聚在那裏；地上的邦國也有困苦；地上的萬族都要哀哭。

耶穌再來的時候，祂的形像不再是受苦的義僕和被宰的羔羊，祂以能力和榮耀駕雲降臨。

他要差遣天使，用號筒的大聲，把他的選民從四方招聚來。兩個人在工作時取去一個，撇下一個。

　　主再來的時間是想不到的時候，沒有人知道，連天上的使者也不知道，子也不知道，惟有父知道。但這世代還沒有過去，這些事都要成就。

　　信徒要做的是要謹慎，恐怕因貪食、醉酒、並今生的思慮累住了心，惟要警醒祈禱。

　　究竟耶穌再來時的情境是怎樣的？沒有人知道，但我們可以用不同的角度去猜想。

　　有人認為世界可能祇是一臺戲，當到了終局時，一切的佈景都要更換，燈光要熄滅；然後，燈光重開的時間，就是主角出場，大結局上演。

　　有人認為應從靈意的理解。當耶穌再來的時候，一切外邦所拜的天上神明都變得暗淡無光，代表撒但的眾星都要下墜；天空上的掌權者的國度都要震動，海洋所代表的邪惡勢力亦受到衝擊，地上的國家和民族的權勢都要瓦解，耶穌和祂的選民要永遠作王。

　　亦有人從已知的科學角度去解釋：

　　閃電從東邊發出，直照到西邊，就是巨大的太空磒石進入大氣層，由東邊劃破長空，向西邊飛去，在空中如閃電經過一樣。

　　磒石撞擊土地，揚起漫天沙塵，遮蔽日頭，月亮無光；磒石碎片高速墜入大氣層燃燒，有如眾星從天上墜落，所發出的巨響震動整個天空。

　　磒石碎片掉進大海，引發巨浪的響聲，海嘯把人全都沖去。災後，地面屍橫遍野，地上國家困苦，各民族都要哀哭。

　　耶穌這個時候以能力和榮耀駕雲降臨，收拾殘局；他要差遣天使，用號筒大聲招聚四方的選民，屆時聖徒被提，與耶穌相遇。

　　耶穌再來有三個目的：第一、祂要回來接世間屬祂的人；第二、要叫死人復活；第三、要按天父的意思審判世界。

約翰福音6章35節記載耶穌說:「我就是生命的糧,到我這裡來的,必定不餓,信我的,永遠不渴。」

跟著,約翰福音6章37-40節記載耶穌說:「凡父所賜給我的人,必到我這裡來,到我這裡來的,我總不丟棄他。……差我來者的意思,就是他所賜給我的,叫我一個也不失落,在末日卻叫他復活。因為我父的意思,是叫一切見子而信的人得永生,並且在末日我要叫他復活。」

約翰福音5章24-30節亦記載耶穌說:

我實實在在地告訴你們,那聽我話、又信差我來者的,就有永生;不至於定罪,是已經出死入生了。我實實在在地告訴你們,時候將到,現在就是了,死人要聽見上帝兒子的聲音,聽見的人就要活了。因為父怎樣在自己有生命,就賜給他兒子也照樣在自己有生命,並且因為他是人子,就賜給他行審判的權柄。你們不要把這事看作希奇。時候要到,凡在墳墓裏的,都要聽見他的聲音,就出來:行善的,復活得生;作惡的,復活定罪。我憑著自己不能做甚麼,我怎麼聽見就怎麼審判。我的審判也是公平的;因為我不求自己的意思,只求那差我來者的意思。」

耶穌說得很清楚,凡在墳墓裏的,都要聽見祂的聲音,不論行善或行惡的,都要出來。耶穌的審判是:行善的,復活得生;作惡的,復活定罪。

耶穌第一次來的時候,不是要審判世界,而是要拯救世界;但祂再來時,就要施行審判。約翰福音12章46-48節記載祂說:

「我到世上來,乃是光,叫凡信我的,不住在黑暗裏。若有人聽見我的話不遵守,我不審判他。我來本不是要審判世界,乃是要拯救世界。棄絕我、不領受我話的人,有審判他的 —— 就是我所講的道在末日要審判他。」

很多人以為耶穌愛世人，祂不審判人；這是對的，但祂是要給世人悔改的機會。正如耶穌親口所說，棄絕祂、不領受祂話的人，在末日有審判等著他的。

不單耶穌會審判世人，祂的門徒也與耶穌一同審判世人，而且是以色列的十二支派。路加福音22章28-30節記載耶穌對門徒說：

「我在磨煉之中，常和我同在的就是你們。我將國賜給你們，正如我父賜給我一樣，叫你們在我國裏，坐在我的席上吃喝，並且坐在寶座上，審判以色列十二個支派。」

耶穌警告，祂的審判是嚴厲的，路加福音10章12-16節記載祂說：

「我告訴你們，當審判的日子，所多瑪所受的，比那城還容易受呢！哥拉汛哪，你有禍了！伯賽大啊，你有禍了！因為在你們中間所行的異能若行在泰爾、西頓，他們早已披麻蒙灰，坐在地上悔改了。當審判的日子，泰爾、西頓所受的，比你們還容易受呢！迦百農啊，你已經升到天上，將來必推下陰間。」

路加福音11章31-32節繼續耶穌的警告：

「當審判的時候，南方的女王要起來定這世代的罪；因為她從地極而來，要聽所羅門的智慧話。看哪，在這裏有一人比所羅門更大。當審判的時候，尼尼微人要起來定這世代的罪，因為尼尼微人聽了約拿所傳的就悔改了。看哪，在這裏有一人比約拿更大。」

耶穌要按照甚麼準則進行末日的審判？馬太福音5章17-30節記載祂說：

「莫想我來要廢掉律法和先知。我來不是要廢掉，乃是要成全。我實在告訴你們，就是到天地都廢去了，律法的一點一畫也不能廢去，都要成全。所以，無論何人廢掉這誠命中最小的一條，又教訓人這樣做，他在天國要稱為最小的。但無論何人遵行這誡命，又教訓人遵行，他在天國要稱為大的。我告訴你們，你們的義若不勝於文士和法利賽人的義，斷不能進天國。」

　　耶穌清楚表明，祂來到世上最要成全律法，祂自己亦服從於律法之下，以至親身作為贖罪祭，擔當律法下的刑罰。天地都要廢去，律法的一點一畫也不能廢去，都要成全。耶穌甚至要求，門徒的義若不勝於文士和法利賽人死守律法的義，斷不能進天國。耶穌要求的不單是表面遵行誡命律法，而要進一步實行律法的精義，才能進入天國。

　　耶穌指出：

　　「你們聽見有吩咐古人的話，說：『不可殺人』；又說：『凡殺人的難免受審判。』只是我告訴你們，凡向弟兄動怒的，難免受審判；凡罵弟兄是拉加的，難免公會的審判；凡罵弟兄是魔利的，難免地獄的火。所以，你在祭壇上獻禮物的時候，若想起弟兄向你懷怨，就把禮物留在壇前，先去同弟兄和好，然後來獻禮物。你同告你的對頭還在路上，就趕緊與他和息，恐怕他把你送給審判官，審判官交付衙役，你就下在監裏了。我實在告訴你，若有一文錢沒有還清，你斷不能從那裏出來。」

　　文士及法利賽人的義止於「不可殺人」，耶穌的要求是：向弟兄動怒的要受審判；罵弟兄的要受地獄的火。弟兄懷怨而不去和好的，斷不能從那裏出來。

　　耶穌又對眼目的情慾發出嚴厲的警告：

　　「你們聽見有話說：『不可姦淫。』只是我告訴你們，凡看見婦女就動淫念的，這人心裏已經與她犯姦淫了。若是你的右眼叫你跌倒，就剜出來丟掉，寧可失去百體中的一體，不叫全身丟在地獄裏。若是右手叫你跌倒，就砍下來丟掉，寧可失去百體中的一體，不叫全身入地獄。」

　　耶穌的要求不單是誡命上的「不可姦淫」，祂看動淫念已觸犯姦淫，祂認為人要狠下決心，不叫全身下入地獄。

　　耶穌對口舌之慾亦作出嚴厲的警告，馬太福音12章36-37節記載祂說：

「我又告訴你們，凡人所說的閒話，當審判的日子，必要句句供出來；因為要憑你的話定你為義，也要憑你的話定你有罪。」

難怪耶穌在馬太福音7章13-14節說：

「你們要進窄門。因為引到滅亡，那門是寬的，路是大的，進去的人也多；引到永生，那門是窄的，路是小的，找著的人也少。」

進入永生的門是窄的，路是小的，找著的人也少。

耶穌在馬太福音11章12節亦指出：

「從施洗約翰的時候到如今，天國是努力進入的，努力的人就得著了。」

是的，耶穌的救恩是白白，人不能拿任何善行去換取救恩；但進入天國的門亦是窄的，天國是要努力進入的。

有很多人以為耶穌基督的救贖既是本乎恩，就不用作任何事情，像大豪客般勉強說句「我接受」便成。

耶穌在馬太福音25章31-46節鄭重告訴我們末日大審判時的情景：

「當人子在他榮耀裏、同著眾天使降臨的時候，要坐在他榮耀的寶座上。萬民都要聚集在他面前。他要把他們分別出來，好像牧羊的分別綿羊山羊一般，把綿羊安置在右邊，山羊在左邊。於是王要向那右邊的說：『你們這蒙我父賜福的，可來承受那創世以來為你們所預備的國；因為我餓了，你們給我吃，渴了，你們給我喝；我作客旅，你們留我住；我赤身露體，你們給我穿；我病了，你們看顧我；我在監裏，你們來看我。』義人就回答說：『主啊，我們甚麼時候見你餓了，給你吃，渴了，給你喝？甚麼時候見你作客旅，留你住，或是赤身露體，給你穿？又甚麼時候見你病了，或是在監裏，來看你呢？』王要回答說：『我實在告訴你們，這些事你們既做在我這弟兄中一個最小的身上，就是做在我身上了。』王又要向那左邊的說：

『你們這被咒詛的人，離開我！進入那為魔鬼和他的使者所預備的永火裏去！因為我餓了，你們不給我吃，渴了，你們不給我喝；我作客旅，你們不留我住；我赤身露體，你們不給我穿；我病了，我在監裏，你們不來看顧我。』他們也要回答說：『主啊，我們甚麼時候見你餓了，或渴了，或作客旅，或赤身露體，或病了，或在監裏，不伺候你呢？』王要回答說：『我實在告訴你們，這些事你們既不做在我這弟兄中一個最小的身上，就是不做在我身上了。』這些人要往永刑裏去；那些義人要往永生裏去。」

耶穌舉了六件事情去判斷義人和受咒詛的人，就是在小弟兄身上：餓了，給他吃；渴了，給他喝；作客，留他住；赤身，給他穿；病了，看顧他：及在監裏，伺候他。

應作而不作的話，審判的結果令人難以置信！耶穌對他們說：「你們這被咒詛的人，離開我！進入那為魔鬼和他的使者所預備的永火裏去！」

然而，耶穌的審判是公平和公義的，因為他們等於不做在耶穌身上！祂是配得一切的服侍的。

耶穌比喻末日的審判好像園丁修理果園一樣，馬太福音7章18-20節記載：

「凡好樹都結好果子，唯獨壞樹結壞果子。好樹不能結壞果子；壞樹不能結好果子。凡不結好果子的樹就砍下來，丟在火裏。所以，憑著他們的果子就可以認出他們來。」

耶穌甚至預警，他的許多僕人亦不一定能進天國，馬太福音7章21-23節記載：

「凡稱呼我『主啊，主啊』的人不能都進天國；唯獨遵行我天父旨意的人才能進去。當那日必有許多人對我說：『主啊，主啊，我們不是奉你的名傳道，奉你的名趕鬼，奉你的名行許多異能嗎？』我就

明明地告訴他們說：『我從來不認識你們，你們這些作惡的人，離開我去吧！』」

對於不遵行天父旨意的人，即使是大有能力，趕鬼行異能的傳道人，耶穌在審判時都說不認識他們。

對於未預備好迎接耶穌再來的人，耶穌在馬太福音25章1-13節比喻道：

「那時，天國好比十個童女拿著燈出去迎接新郎。其中有五個是愚拙的，五個是聰明的。愚拙的拿著燈，卻不預備油；聰明的拿著燈，又預備油在器皿裏。新郎遲延的時候，她們都打盹，睡著了。半夜有人喊著說：『新郎來了，你們出來迎接他！』那些童女就都起來收拾燈。愚拙的對聰明的說：『請分點油給我們，因為我們的燈要滅了。』聰明的回答說：『恐怕不夠你我用的；不如你們自己到賣油的那裏去買吧。』她們去買的時候，新郎到了。那預備好了的，同他進去坐席，門就關了。其餘的童女隨後也來了，說：『主啊，主啊，給我們開門！』他卻回答說：『我實在告訴你們，我不認識你們。』所以，你們要警醒；因為那日子，那時辰，你們不知道。」

沒有充足燃點心裡的燈去盼望耶穌再來的，耶穌的回答是：「我實在告訴你們，我不認識你們。」

對於未有按恩賜盡上本分和努力的人，耶穌在馬太福音25章14-30節比喻道：

「天國又好比一個人要往外國去，就叫了僕人來，把他的家業交給他們，按著各人的才幹給他們銀子：一個給了五千，一個給了二千，一個給了一千，就往外國去了。那領五千的隨即拿去做買賣，另外賺了五千。那領二千的也照樣另賺了二千。但那領一千的去掘開地，把主人的銀子埋藏了。過了許久，那些僕人的主人來了，和他們算帳。那領五千銀子的又帶著那另外的五千來，說：『主啊，你交給我五千銀子。請看，我又賺了五千。』主人說：『好，你這又良善又忠

心的僕人，你在不多的事上有忠心，我要把許多事派你管理；可以進來享受你主人的快樂。』那領二千的也來，說：『主啊，你交給我二千銀子。請看，我又賺了二千。』主人說：『好，你這又良善又忠心的僕人，你在不多的事上有忠心，我要把許多事派你管理；可以進來享受你主人的快樂。』那領一千的也來，說：『主啊，我知道你是忍心的人，沒有種的地方要收割，沒有散的地方要聚斂，我就害怕，去把你的一千銀子埋藏在地裏。請看，你的原銀子在這裏。』主人回答說：『你這又惡又懶的僕人，你既知道我沒有種的地方要收割，沒有散的地方要聚斂，就當把我的銀子放給兌換銀錢的人，到我來的時候，可以連本帶利收回。奪過他這一千來，給那有一萬的。因為凡有的，還要加給他，叫他有餘；沒有的，連他所有的也要奪過來。把這無用的僕人丟在外面黑暗裏；在那裏必要哀哭切齒了。』」

這些得到恩賜，卻沒有放膽運用的僕人，耶穌的審判亦極之嚴厲：凡有的，還要加給他，叫他有餘；沒有的，連他所有的也要奪過來。並且，祂把這無用的僕人丟在外面黑暗裏；在那裏必要哀哭切齒。

耶穌愛世人，但祂作為審判者，祂不能違背自己的公義，沒有預備好自己的人祇好在外面黑暗裡哀哭切齒。

使徒保羅在哥林多前書15章50-57節勸勉：

「弟兄們，我告訴你們說，血肉之體不能承受上帝的國，必朽壞的不能承受不朽壞的。我如今把一件奧祕的事告訴你們：我們不是都要睡覺，乃是都要改變，就在一霎時，眨眼之間，號筒末次吹響的時候。因號筒要響，死人要復活成為不朽壞的，我們也要改變。這必朽壞的總要變成不朽壞的，這必死的總要變成不死的。」

我們復活之後，必朽壞的身體要成為不朽壞的，必死的要變成不死的。當我們以為人死如燈滅，一切都鈎銷的時候，聖經告訴我們，義人和惡人身體都要復活，不再朽壞，不再死亡，以永恆的生命去承

受永遠的大審判。在聖經的末卷啟示錄20章11-15節，記載了上帝給使徒約翰的末世異象：

「我又看見一個白色的大寶座與坐在上面的；從他面前天地都逃避，再無可見之處了。我又看見死了的人，無論大小，都站在寶座前。案卷展開了，並且另有一卷展開，就是生命冊。死了的人都憑著這些案卷所記載的，照他們所行的受審判。於是海交出其中的死人；死亡和陰間也交出其中的死人；他們都照各人所行的受審判。死亡和陰間也被扔在火湖裏；這火湖就是第二次的死。若有人名字沒記在生命冊上，他就被扔在火湖裏。」

啟示錄21章7-8節所記載的審判是：「得勝的，必承受這些為業，我要作他的神，他要作我的兒子。惟有膽怯的、不信的、可憎的、殺人的、淫亂的、行邪術的、拜偶像的，和一切說謊話的，他們的分就在燒著硫磺的火湖裏；這是第二次的死。」

如此，耶穌再來的末日大審判到此終結。

第 27 章

新耶路撒冷

　　末後的日子，聖城耶路撒冷要再在地上出現，但這聖城不是人手所造的，是從上帝那裡，從天而降。啟示錄 21 章 1-5 節記述使徒約翰的異象：

　　我又看見一個新天新地；因為先前的天地已經過去了，海也不再有了。我又看見聖城新耶路撒冷由上帝那裏從天而降，預備好了，就如新婦妝飾整齊，等候丈夫。我聽見有大聲音從寶座出來說：「看哪，上帝的帳幕在人間。他要與人同住，他們要作他的子民。上帝要親自與他們同在，作他們的上帝。上帝要擦去他們一切的眼淚；不再有死亡，也不再有悲哀、哭號、疼痛，因為以前的事都過去了。」坐寶座的說：「看哪，我將一切都更新了！」又說：「你要寫上；因這些話是可信的，是真實的。」

　　令人驚訝的是，上帝的帳幕要在人間，他要與人同住，要親自與他們同在。換言之，上帝不再在天上，祂要在人間與我們同在！上帝要擦去我們一切的眼淚；不再有死亡，也不再有悲哀、哭號、疼痛。這是比喻嗎？是修辭學嗎？不是！天使說：「你要寫上；因這些話是可信的，是真實的。」

　　啟示錄21章10-27節記述：

　　「我被聖靈感動，天使就帶我到一座高大的山，將那由上帝那裏、從天而降的聖城耶路撒冷指示我。城中有上帝的榮耀；城的光輝如同極貴的寶石，好像碧玉，明如水晶。有高大的牆，有十二個門，門上有十二位天使，門上又寫著以色列十二個支派的名字。東邊有三門，北邊有三門，南邊有三門，西邊有三門。城牆有十二根基，根基上有羔羊十二使徒的名字。對我說話的，拿著金葦子當尺，要量那城和城門城牆。城是四方的，長寬一樣。天使用葦子量那城，共有四千里，長、寬、高都是一樣；又量了城牆，按著人的尺寸，就是天使的尺寸，共有一百四十四肘。牆是碧玉造的；城是精金的，如同明淨的玻璃。城牆的根基是用各樣寶石修飾的：第一根基是碧玉；第二是藍寶石；第三是綠瑪瑙；第四是綠寶石；第五是紅瑪瑙；第六是紅寶石；第七是黃璧璽；第八是水蒼玉；第九是紅璧璽；第十是翡翠；第十一是紫瑪瑙；第十二是紫晶。十二個門是十二顆珍珠，每門是一顆珍珠。城內的街道是精金，好像明透的玻璃。我未見城內有殿，因主上帝－全能者和羔羊為城的殿。那城內又不用日月光照；因有上帝的榮耀光照，又有羔羊為城的燈。列國要在城的光裏行走；地上的君王必將自己的榮耀歸與那城。城門白晝總不關閉，在那裏原沒有黑夜。人必將列國的榮耀、尊貴歸與那城。凡不潔淨的，並那行可憎與虛謊之事的，總不得進那城；只有名字寫在羔羊生命冊上的才得進去。」

　　新聖城耶路撒冷是四方的，共有四千里，長、寬、高都是一樣。城牆共有一百四十四肘。牆是碧玉造的；城是精金的，城牆的根基是用各樣寶石造的。城內沒有殿，因主上帝就是城內的殿。那城內又不

用日月光照；因有上帝的榮耀光照，又有羔羊為城的燈。

在新聖城耶路撒冷的生活是怎樣的？啟示錄22章1-5節描述：

「天使又指示我在城內街道當中一道生命水的河，明亮如水晶，從上帝和羔羊的寶座流出來。在河這邊與那邊有生命樹，結十二樣果子，每月都結果子；樹上的葉子乃為醫治萬民。以後再沒有咒詛；在城裏有上帝和羔羊的寶座；他的僕人都要事奉他，也要見他的面。他的名字必寫在他們的額上。不再有黑夜；他們也不用燈光、日光，因為主上帝要光照他們。他們要作王，直到永永遠遠。」

在新聖城當中有一道生命水的河，在河兩邊有生命樹，結十二樣果子，每月都結果子；樹上的葉子可醫治萬民，以後再沒有咒詛。在城裏有上帝和羔羊的寶座，他的僕人要見他的面，都要事奉他。祂的名字必寫在他們的額上，他們要作王到永遠。

誰可以進入新聖城耶路撒冷？啟示錄22章14-15節指出：

「那些洗淨自己衣服的有福了！可得權柄能到生命樹那裏，也能從門進城。城外有那些犬類、行邪術的、淫亂的、殺人的、拜偶像的，並一切喜好說謊言、編造虛謊的。」

主耶穌說：「看哪，我必快來！賞罰在我，要照各人所行的報應他。我是阿拉法，我是俄梅戛；我是首先的，我是末後的；我是初，我是終。」

聖靈和新婦都說：「來！」

聽見的人也該說：「來！」

口渴的人也當來；

願意的，都可以白白取生命的水喝。（啟示錄22章12-13, 17節）

主耶穌啊，我願你來！